食の文化フォーラム

朝鮮半島の食

韓国・北朝鮮の食卓が映し出すもの

守屋亜記子 編
公益財団法人味の素食の文化センター 企画

平凡社

水刺床に並ぶおかずの数々
材料・調理法はすべて異なる。素材の味を活かし、辛くなくやさしい味わい。
写真提供：(財)宮中飲食文化財団

↑ソルロン湯《タン》　牛骨や内臓などを長時間煮込んだスープ。牛のうま味が溶け込んでいる。
撮影：守屋亜記子

←チャプチェ　材料別に調理して、最後にすべてを混ぜ合わせる手間のかかる料理。
撮影：守屋亜記子

安東《アンドン》チムタク　甘辛い味は酒によく合う。唐麺が入っているのでボリュームもある。
撮影：Mustapha Madoul ／ iStock

↑御腹錚盤《オ ボッジェンバン》　平壌を代表する酒肴。牛肉ベースのスープで肉や野菜、梨を煮込む。

←平壌温飯《オンバン》　平壌四大料理のひとつ。上品な味わいは金大中大統領をも虜にした。

この見開きの写真はすべて、提供：李愛蘭

↑白キムチ　辛くなく、比較的甘みがある。北朝鮮では水キムチや白キムチが主流。

↑緑豆チヂミ　旧正月の節句料理。挽いた緑豆に豚肉などを混ぜて香ばしく焼く。

↓平壌冷麺　そばの香り高い冷麺。冷麺の風習はユネスコ無形文化遺産に登録された。

上：農村の食卓　右から二人目の女性はベトナム人のお嫁さん。
2006年、忠清南道青陽郡。撮影：守屋亜記子

下：現代核家族の食卓　家族三人が揃う週末の朝食には肉を焼く。
2019年、京畿道城南市。撮影：守屋亜記子

巻頭言　人類の食の問題を考えるヒントに――池谷和信

人類にとって食とは何だろうか。食材、調理、料理、台所、食事、料理本など、食をめぐる日本語の語彙は多い。一般に食は、生き物としての人類の生存にとって欠かせない行為であると同時に、その内容は文化によって異なっている場合が多い。また、「東アジアの食」のように、コメを基本とした食材の選択志向や箸を用いて食事する方法など、国を越えて食に関する習慣の共通性が存在することも事実である。

一方で、現代の社会では食をめぐる南北問題が指摘されてきた。八〇億人を超えてもますます増える地球の人口総数と食料需給、フードロスと食糧不足、肥満と栄養失調、共食と個食のような食べ方の違いなど、世界の食をめぐる様相は多様化している。いったい人類は、地球のなかでどのように食料を持続的に獲得して、食文化を展開していったらよいのだろうか。私たちは、人類の食の未来に対してどのような視点から考えればよいのだろうか。

それには、人類はいつ、どこで、どのように、誰と何を食べてきたのかという問いへの答えが必要である。この点に関しては、食材の獲得や調理の技術のように個々のテーマ別に探るか、複数のテーマをいっしょに特定の地域で考えるのかという二つのアプローチがとられてきた。本書では、朝鮮半島から食を考えるという後者の方法が選択されている。思えば、日本の主食とされるコメは、弥生時代に朝鮮半島から九州北部に入ったといわれている。その後、現代では金属と木製という素材の違いはあるが、コメを食べるために箸を利用する習慣も同様のルートで入ってきた。そして今、キムチ、ビビンバ、スントゥブ、チゲ、プルコギ、冷麺など、私たちの周囲に韓国起源の食があふれている。

このように日本の食を知るには、朝鮮半島からの食文化の流入の影響を無視できない状況になっている。それらのなかには、日本の家庭やレストランの食事文化のなかに溶け込んでいて、日本風に変貌したものもある。ただ、これらが本当に「朝鮮半島」の食といってよいのかはわからない。北朝鮮の食の情報があまりにも少ないからだ。同時に、王朝の伝統を受け継ぐ食とか、茶碗を口につけない食べ方など、日本とは大きく異なっている食の文化を私は経験したことがある。これらの違いはどうして生まれたのであろうか。

本書は、日本と韓国の食の研究者・関係者による協働の成果であり、近現代に焦点を当てた歴史、北朝鮮・韓国・日本における食の地域性、グローバル化する経済と社会という三つの視点から総合的に朝鮮半島の食がまとめられている。読者が朝鮮半島の食をとおして日本の食との違いや共通性を知ることのみならず、冒頭で言及した人類や地球がかかえている食の問題を考える際にヒントを見出すことができる内容になっているであろう。

朝鮮半島の食——韓国・北朝鮮の食卓が映し出すもの

もくじ

序章　東アジア食文化の普遍性と地域性

守屋亜記子《もりやあきこ》

今から四〇年余り前の一九八一年、味の素株式会社主催による「食の文化シンポジウム'81　東アジアの食の文化」が東京プリンスホテルで開催された。日中韓の研究者のほか各分野の専門家一七〇名、抽選で選ばれた一般の方々一九〇名が集い、二日間にわたり学際的・国際的討論が行われた。

当時、日本は高度経済成長期を経て、都市化、核家族化、共働き世帯の増加など、社会が大きく変貌し、その変化は次第に食生活にも及んでいた。食産業が発達し食の欧米化、簡便化、外部化、多様化が進むにつれ、バランスがよいとされた日本型食生活は崩れ、家庭や地域での伝統的食文化の継承がおぼつかなくなるなど日本の食文化は大転換期を迎えていた。小松左京氏はシンポジウムの総括において、「世界的な食生活の脱前近代文化状況」にあることを指摘しているが、日本の伝統的食文化の輪郭がぼやけ、そのルーツが曖昧になりはじめた時代にこのシンポジウムは開催されたのである。

写真1　食の文化シンポジウム'81　東アジアの食の文化
本稿の写真はすべて、
提供：公益財団法人 味の素食の文化センター

写真2　石毛直道氏

写真3　愛新覚羅浩氏

一九八一年といえば、日本が中国と国交を結んで一〇年にも満たず、韓国とは国交正常化から一六年と日が浅く、両国との民間レベルでの往来は現在と比べものにならないほど少なかった。メディアを通じてもたらされるこれら地域の食文化に関わる情報も限定的であり、それだけに、このシンポジウムは多くの聴衆に関心を持って迎えられたのであろう。

シンポジウムでは、企画者である石毛直道氏が東アジア食文化圏における食文化の共通性について解説し、中国、韓国のシンポジストはそれぞれの地域の食文化の独自性について語った。発表後には登壇者と参加者との間で熱い議論が交わされた。また、愛新覚羅《あいしんかくら》浩《ひろ》氏により清朝宮廷料理が、黄慧性《ファンヘソン》氏により朝鮮王朝宮廷料理がそれぞれ再現され、参加者に振る舞われた。再現にあたり、黄慧性氏は王様のお膳である水刺床《スラサン》のセットを韓国から持ち込んだ。黄慧性氏のこのシンポジウムにかける熱い思いが伝わってくる。

余談だが、シンポジウム終了後、この水刺床のセットは味

写真4　黃慧性氏

写真5　黃慧性氏により再現された王朝宮廷料理

の素食の文化センターの倉庫で三〇年余り大切に保管された後、東京の韓国文化院に寄贈され、現在は韓国の食文化を広く伝えるべく活用されている。一九八〇年から三年にわたって開催された「食の文化シンポジウム」を引き継ぎ、公益財団法人味の素食の文化センターが主催する会員制の研究討論会、食の文化フォーラム（以下「食の文化フォーラム」）が一九八三年より開始された。

以来、四〇年余りの月日が流れ、現在の日本の食の状況はというと、食のグローバル化はさらに進み、今や世界各地で産する食材によって和食が支えられている状況である。主食である米はもとより、和食の基本調味料である味噌や醤油の消費量は減少の一途を辿り、一方で食の外部化、多様化はいっそ

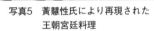

う進んでいる。現在は日本の食文化の輪郭がぼやけるどころか、骨格そのものがゆらいでいる時代といってよい状況である。

食文化は自然環境と密接に結びつき、また、それぞれの地域の社会的環境の中で独自に発展してきた。しかしながら、今日、私たちの食は、科学技術の飛躍的な進歩により工場栽培された野菜や培養肉など自然環境と切り離され、一方で世界中に張り巡らされたフードシステムの中に取り込まれ、長年培ってきた文化的伝統知を使うことなく、流通システムによってあてがわれる食を安心しきって口にするという状況にある。

こうした背景から、「食の文化フォーラム」企画委員会において「地域から食について考えてみよう」との声があがった。また、一九八一年以降、「食の文化フォーラム」で特定の地域の食を取り上げて議論したことがなく、そのこともこのテーマを設定する動機となった。こうして二〇二二年度「食の文化フォーラム」では、東アジアの食文化をメインテーマに、まずはお隣の朝鮮半島の食について考えることになったのである。

朝鮮半島の食文化は、日本と同じく東アジア食文化圏に属する。食文化を構成する要素やシステム、食の背後にある価値観等において共通点をもち、それらを比較研究するにふさわしい地理的広がりとして東アジアを設定し、これを東アジア食文化圏と命名したのは石毛直道氏である。

石毛氏は、東アジア食文化圏の範囲を万里の長城以南の中国、朝鮮半島、日本、ベトナムとし、次のような共通点があるとした［石毛編　一九八五］。主食／副食の別があり、地域差はあるものの、主食の中心はコメであること、発酵調味料が発達していること、箸の使用や喫茶習慣、コウジ＝カビを利し穀物を糖化させる酒造りの技術、蒸すという調理法が発達していること、さらには伝統的に乳・乳製品が欠如していることに加え、年中行事に関係する飲食、食に影響を与えたイデオロギー（大乗仏教、儒教、道教）等が共通点として挙げられる。

東アジア食文化圏の食の要素の多くは中国大陸に起源をもつが、伝播した地域の気候・風土、嗜好の違いなどにより、それぞれの地域で独自の食文化が発展した。

朝鮮半島の食文化は、献立構成の点で日本と共通性をもつが、独自性を挙げれば次のようなものになる。（1）匙の日常的な使用、（2）トウガラシ、ニンニクの多用、（3）植物油（ごま油・エゴマ油）の使用、（4）肉食文化の発達、（5）汁物とキムチが食事に必須であること、（6）儒教による影響である。このうち儒教は、いわゆる孔子時代を志向する復古主義として、平面羅列型の配膳方式、犬肉食を発展させる一方、イデオロギーの面でも少なからぬ影響を与えている。例えば、儒教の長幼有序や男女有別の教えは配膳順序や配膳方法に、事親孝養（孝養を以て親に事《つか》える）の教えは、老親の不老長寿のための食文化を発達させたとされる。

本書の構成

本書は、二〇二二年度「食の文化フォーラム」での発表をもとに書き下ろしたものに、一部新たな論考を加えて構成されている。一九八一年のシンポジウムは、当時、この地域の食文化研究が未開拓で基本的な資料も十分ではなかったため、時代差、地域差、階層差を超えた最大公約数的な共通性に準拠し発表と討議が行われた。その後、日韓における食文化研究は大きく進展し、その蓄積もかなりのものとなった。こうした現状を踏まえ、二〇二二年度の「食の文化フォーラム」は「歴史的視点」「地域から見た食文化」「食のグローバル化」という三本の柱で、時代差、地域差、階層差の内部に切り込んでいくような構成にした。

第I部「近代以降の朝鮮半島の食――歴史の視点から」では、四一年前のシンポジウムでは扱われなかった近代以降の食を取り上げる。朝鮮半島の近代は、一八七六年の日朝修好条規による開国に始まり、一九一〇年の日本による大韓帝国併合と植民地支配へと続く。

丁《チョン》ラナ氏には、朝鮮王朝の宮廷料理の過去・現在・未来について報告していただいた。丁ラナ氏は、四一年前のシンポジウムの登壇者黄慧性の孫であり、重要無形文化財第三八号「朝鮮王朝宮中飲食」第三代技能保有者である韓福麗《ハンボンリョ》氏の姪である。洗練された料理文化である宮廷料理の食材調達から調理の現場とそこで働く人々、さらには料理に盛り込まれた思想に至るまで、豊富な史料を交えて、その魅力を分かりやすく解説していただいた。

植民地時代の食については、歴史学、民俗学がご専門の周永河《チュヨンハ》氏に報告していただいた。植民地近代都市は、前近代的空間と近代的空間が広がる二重都市であり、そこには産業化された朝鮮・中国・日本の料理が三重に重なっていたという。当時、朝鮮人の食卓には近代と伝統が混在し、調理法や食品には三つの地域の技術と食材が混淆する様相がみられた。これまで日本ではあまり知られてこなかった植民地時代の食の実相がここに明らかになる。

近代の料理書については、韓福眞《ハンボクチン》氏に解説していただいた。氏は、黄慧性の次女であり、一九八一年のシンポジウムにも参加している。朝鮮王朝宮廷料理および韓国食文化の研究者として知られ、多数の著作がある。一五世紀から二〇世紀までの料理書の研究成果をまとめた共著『飲食古典』のなかから、今回、近代の料理書について日本語でまとめていただいた。近代の料理書が著述された時代背景は、日本と共通する部分もあり興味深い。

コラムは李昭姈《イソヨン》氏に執筆していただいた。氏は第三代技能保有者韓福麗氏のもと、社団法人宮中飲食研究院において長年にわたり朝鮮王朝宮廷料理の研究に従事されてきた。今回、宮廷料理がどのような熱源で、またどのような調理器具を用いて調理されたのかについてコラムを執筆していただいた。いわば調理場から見た宮廷料理であり、華やかな宮廷料理の舞台裏について、豊富な史料に基づき詳述していただいた。日本でも放映され、人気のあった歴史ドラマ「宮廷女官チャングムの誓い」の調理シーンが思い起こされる。

特別コラムとして、石毛直道氏には「食の文化シンポジウム’81」を企画しコーディネーターを務めた立場から、当時を振り返っていただいた。食文化研究の地平を切り拓いてきた氏の歩みは、日本における食の文化研究の歴史そのものである。四〇年余り前、氏が蒔いた食文化研究の種は、日本では「食の文化フォーラム」において、韓国では氏の兄弟子である李盛雨《イソンウ》氏が設立した食文化の学会に

写真6　李盛雨氏

おいて大切に育てられ、今では根を深く張り見上げるような大樹に成長した。またこの間、日韓の研究者・実務家間の交流は世代を超えて深まり、研究の土壌をより豊かなものにしてきた。四十数年ぶりに開かれたシンポジウムは、氏の目にどのように映ったであろうか。

第Ⅱ部「地域から見た食文化」では、北朝鮮の食、韓国慶《キョン》尚北《サンブク》道《ド》安東《アンドン》地域の食、在日コリアンの食について取り上げた。

これまで、日本において北朝鮮の食文化について知る機会はほとんどなかったといってよい。今回、北朝鮮出身の李愛欄《イエラン》氏に故郷平壌の食について報告していただいた。脱北者として初めて韓国で博士の学位を取得し、現在ソウル市内で北朝鮮料理店を経営する立場から、北朝鮮の食文化と平壌の伝統料理の詳細なレシピをご紹介いただいた。高句麗の首都平壌の洗練された食には目を見張るものがある。

韓流ブームを機に、韓国の食文化はかつてないほど私たちにとって身近なものになっている。しかしながら、韓国の地方の食文化に触れる機会はそれほど多くないのではないだろうか。今回、韓国の地域として慶尚北道安東地方を取り上げ、「安東チムタク」を例に郷土食の生成過程とメカニズムについて、裵永東《ベヨンドン》氏より民俗学の見地から解説していただいた。「安東チムタク」は、その生誕の地である安東の伝統と歴史性を帯びて首都へ、そして全国へと広がり、さらなる進化を遂げて安東で再定着する。韓国の一地方の郷土食の実態について、これほど詳細な報告はこれまでなかっただけに大変興味深い。

世界各地には七〇〇万人以上の在外コリアンが暮らしている。各地に暮らすコリアンの中から、今回は在日コリアンの食を取り上げた。コウ静子氏は、料理研究家李映林《りえいりん》氏を母にもち、弟のコウケンテツ氏も料理研究家という家庭環境で、自身も料理家、中医学薬膳師、茶人として活動されている。ご自身の生まれ育った家庭の食について、また料理家として日本人に韓国料理を教える立場から、文化表象としての韓国料理について報告していただいた。

特別コラムとして、朝倉敏夫氏には朝鮮半島の食文化と東アジアとの関係について、「地域」という視点から概観していただいた。長年にわたり韓国の社会と食の研究に従事してこられただけに現地の研究者との親交も深く、この地域の食文化を俯瞰して語っていただくのに氏ほどの適任者はほかにない。朝鮮半島の食文化の基層に東アジアに共通する食文化が横たわることを指摘し、その基層の上に朝鮮半島の各地域の食が成立していることが示された。また、先行研究の概観からは、朝鮮半島から他地域へ移住し根を張り生きるコリアンの食の様相が見て取れる。

裵永東氏には論考に加え、コラムを寄せていただいた。カザフスタンに住む高麗人の食生活は、支配国家や他民族との接触と交流による影響を受け混淆化が進んでいるが、その基本には朝鮮半島の食文化があるという。米飯や自家製味噌で作った味噌汁、キムチを常食し、汁に飯を加えて食べる食べ方がそれである。ただ、箸ではなくフォークで飯を食べ、パンに味噌を塗って食べるというから驚きだ。ルーツである韓民族の食文化の要素を継承しつつ、移住先の多様な要素を取り入れた食生活は在日コリアンとも通じるものがあり興味深い。

李愛俐娥《イエリア》氏は北朝鮮の訪問経験があり、フォーラムでは、これまで見聞した北朝鮮の民衆の食生活の一端を紹介して下さった。コラムでは、ご自身と北朝鮮料理との出会いについて執筆していただいた。モスクワの平壌レストラン、中国丹東市にある食堂、北朝鮮での食経験は、朝鮮半島の食文化が南北で異なることを浮かび上がらせる。また、ニンジンの和え物や生ネギに味噌をつけて食べる食習慣が、中央アジアの高麗人をそのルーツである北朝鮮と繋いでいる様は、朝鮮半島から世界各地に移住した人々の食を考える上でも興味深い。

第Ⅲ部「食のグローバル化」では、林采成《イムチェソン》氏より経済史の視点から、また鄭惠京《チョンヘギョン》氏からは食文化の視点から韓国食文化の未来について展望していただいた。

林采成氏には、植民地時代の朝鮮半島から日本列島、満州へと至る日本帝国内のフードシステムについて考察した著作がある。経済史の専門家として、今回のフォーラムでは、時間軸を戦後に移し、韓国におけるフードシステムの再編、食糧の自給化、食生活の変化、食品産業の成長、さらにはK－FOODの隆盛と韓国食品の輸出という観点から解説していただいた。朝鮮戦争後の食糧難に対する米国による小麦等の農産物援助が、その後の韓国の食文化に影響を与えた様は戦後日本の状況を彷彿とさせる。

鄭惠京氏には食の人文学の専門家として、韓国の飲食文化の歴史を紐解き現状を分析した上で、その未来について展望していただいた。近代化、日本による植民地支配、朝鮮戦争を経て、経済発展を機に食生活は「量から質」へ、さらに二〇〇〇年代には美食が重視されるようになったという。そして現代では伝統食の摂食が減り、欧米化、多様化が進んでいるとする。こうした韓国の食文化の変遷は、日本が辿った道そのものである。果たして韓国の食の未来はどのように展望されるのか。日本の食の未来を考える上でも非常に注目される。

現在、韓国には一六〇万を超える長期在留外国人がおり、このうち約一割が結婚移民資格保有者であるという。多文化家族の食生活とはどのようなものであるか。宋受珍《ソンスジン》氏には、多文化家族の青少年を対象にした国のデータに基づき、その実相についてコラムを執筆していただいた。そこには韓国人の若者と共通する食生活上の問題も見られる一方、多文化家族ならではの問題も見て取れる。フォーラムでは取り上げられなかった韓国における多文化家族の食生活の実相を知る貴重な報告である。

一九八一年の総括講演において小松左京は、「普遍性を文化伝統としての経験、歴史的蓄積との間でクロスさせていけば、近代科学をブレークスルーさせる何かが生まれてくるのではないか」と述べ、このシンポジウムでもっともエキサイトしたのはこの点であったと語っている［石毛編 一九八二］。

本書では、人間にとっての食、東アジアの食文化の普遍性を縦糸に、朝鮮半島の食の歴史、地域、グローバル化を横糸としてクロスさせることを試みた。それによりどのような模様が織りなされ、どのような未来の食の形が見えてくるか。読者の皆様には、ぜひエキサイトしてお読みいただきたい。

参考文献

石毛直道編　一九八一『東アジアの食の文化』平凡社
石毛直道編　一九八五『論集　東アジアの食事文化』平凡社

参考ＵＲＬ

大韓民国　法務部　https://www.moj.go.kr/moj/2412/subview.do（最終閲覧二〇二三年一〇月一日）

第I部

近代以降の朝鮮半島の食——歴史の視点から

第1章　韓国宮廷料理の過去・現在・未来

丁《チョン》ラナ

1　朝鮮王朝における宮廷料理文化

「朝鮮王朝の宮廷料理」とは、朝鮮時代（一三九二〜一九一〇）宮廷の料理文化のこと。最も優れた食材を用い、最高の腕前の人たちが真心を込めて作ったもので、韓国料理文化の真髄であり、韓国を代表する料理文化である。朝鮮は、王権中心国家であったため、政治はもちろん、文化や経済的な権力が王に集中していた。したがって、自ずと、王の統治領域でもあり、生活領域でもある宮廷の食生活および食文化が最も発達した。宮廷料理文化に関する記録として、日常食に関する文献はほとんど残されていないが、宴会食に関する記録は比較的多数残っており、現在「朝鮮王朝宮廷料理」は韓国の文化遺産として国家重要無形文化財第三八号に指定、伝承されている。

2　宮殿、食べ物があった空間

(1) 朝鮮の宮殿

朝鮮時代の宮殿は、朝鮮時代の統治文化と身分制が凝縮されているところで、王朝の統治者であり主権者である王の活動空間であると同時に、王室の日常生活空間であり公的業務空間でもあった。また、官僚の業務空間で、兵士には守備区域であった。王室の日常空間でもあった宮殿には、王室の生活を支えるため、宮女《グンニョ》や内侍《ネシ》などが起居を共にし、技能職としての業務を担当した。

(2) 宮殿の調理関連組織

朝鮮時代の官庁組織は、『経国大典《キョングックデジョン》』『新増東国輿地勝覧《シンズンドングックヨジスンラム》』『満期要覧《マンギヨラム》』などの文献を通じて知ることができる。『経国大典《キョングックデジョン》』〈1〉には、宮廷料理に関する職制や事務規定などが書かれているだけで、具体的な宮廷料理の材料、調理法、配膳、食事礼法などについては出てこない。宮廷料理や儀礼にかかわる官庁は、六曹《ユックジョ》〈2〉のうち、吏曹《イジョ》、戸曹《ホジョ》、礼曹《イエジョ》の三曹であり、それぞれに属した下級官庁で実務を担当した。

そのうち、朝鮮時代の代表的な食生活関連組織として、司饔院《サオンウォン》〈3〉がある。司饔院は、吏曹〈4〉に属する正式衙門〈5〉であり、主な業務は王の食事および宮殿内の食べ物の供給などで、宮中王家の食材を調理加工

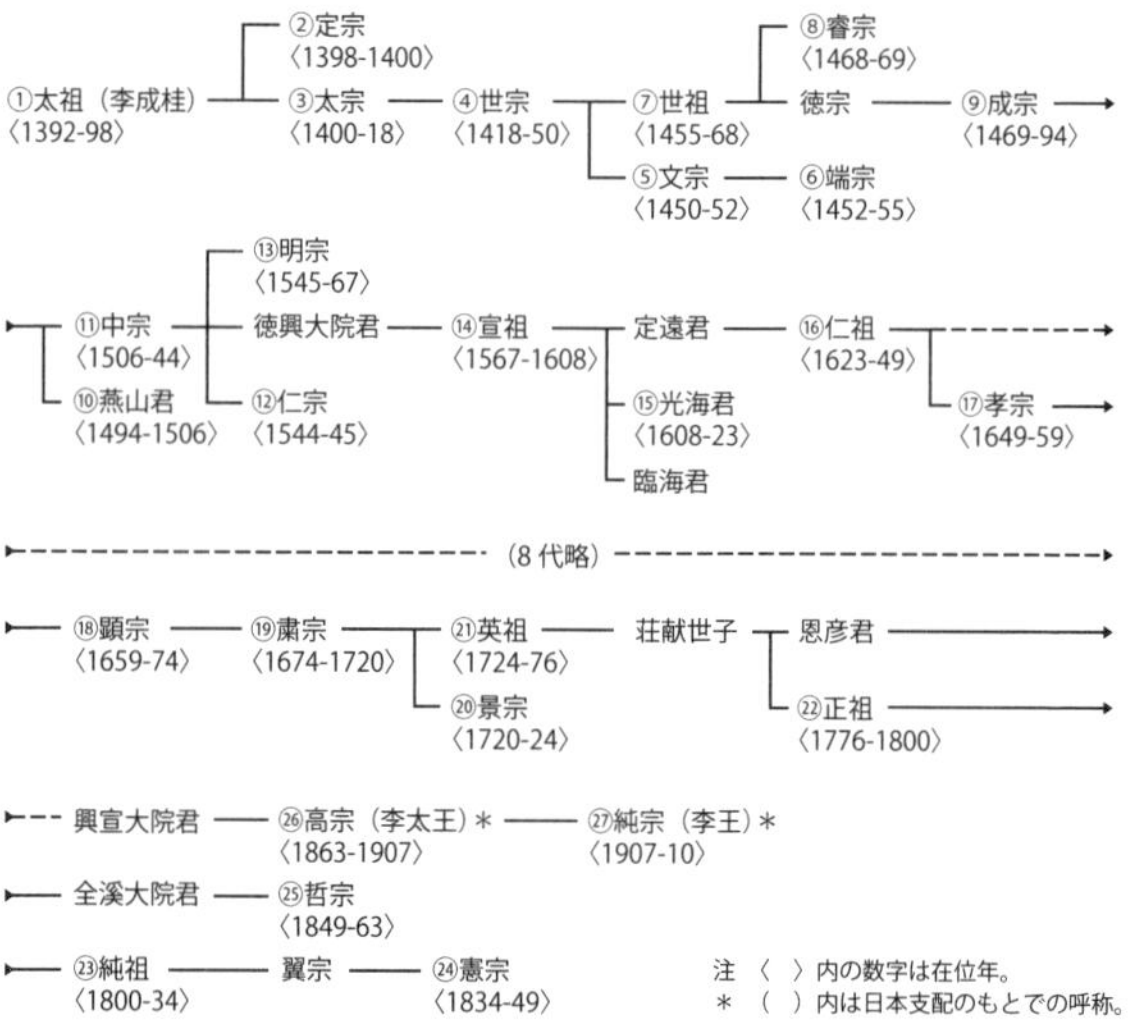

図１　李朝系図

出典：黄慧性・石毛直道『新版　韓国の食』2005年、平凡社

して、日常の食事および食べ物、行幸食、祭祀食などを用意した。

また、高麗時代王室の料理を担当した司《サ》膳署《ソンソ》も朝鮮時代に入ってからも引き続き業務を担当した。戸曹に属していた司膳署は、さまざまな経路を経て司導寺《サドシ》となり、王室の米穀や醤《ジャン》などをつかさどった。他にも、王室に食べ物を進上する衙門としては、米、麵、酒、醬、油、蜂蜜、野菜、果物などを供給する内資寺《ネジャシ》があった。

（3）宮殿の厨房

宮殿内の食事を作る空間としては、水刺《スラ》間《カン》または内《ネ》・外焼厨房《ウェソジュバン》があった。宮殿で食べ物を用意する厨房は火災の恐れがあり、必ず寝殿とは離れた建物に配置した。また大殿《デジョン》、中宮殿《チュングンジョン》、世子宮《セジャグン》、大妃殿《デビジョン》など、王室家族が生活する空間ごとに、調理施設と調理師が個別に存在した。その他に食べ物を作る空間としては、生果房《セングァバン》／

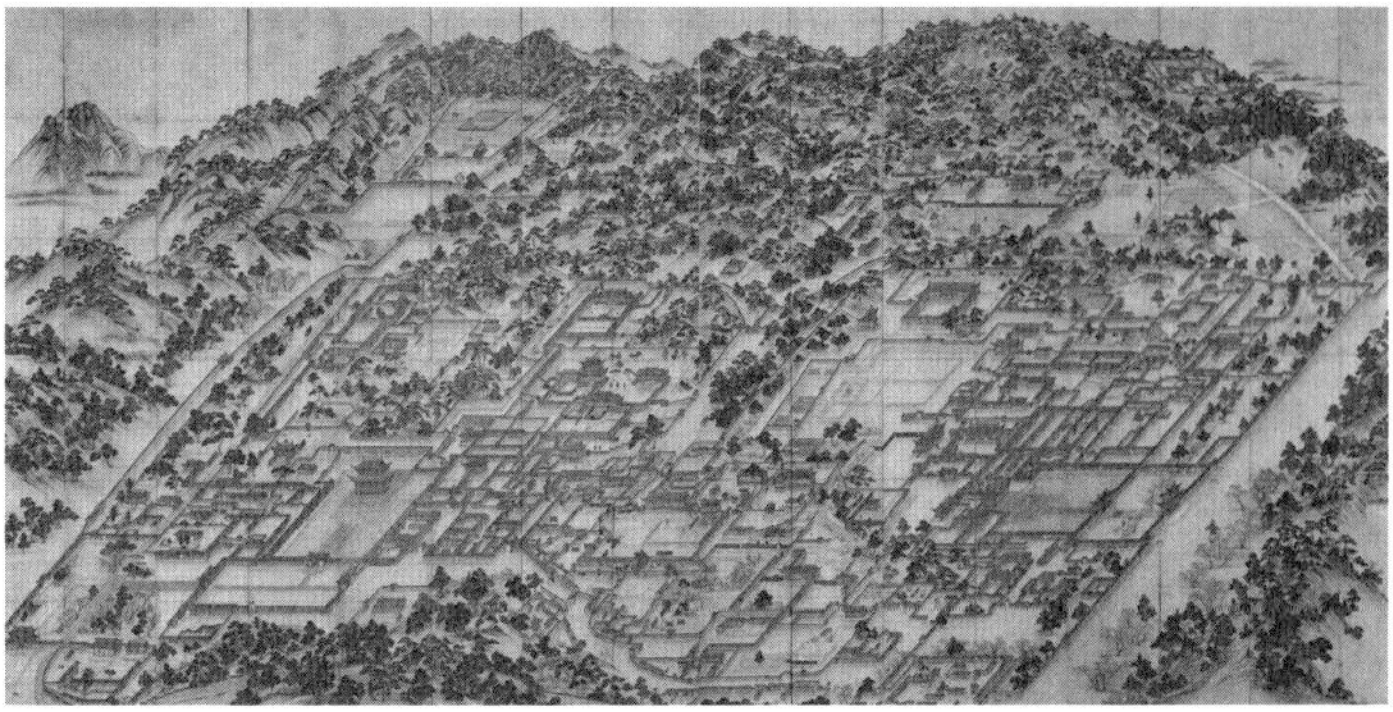

写真１　東闕図　1824〜1830年頃、高麗大学所蔵

生物房《センムルバン》、退膳間《テソンガン》、醬庫《ジャンゴ》、熟設所《スクソルソ》などがあった。

焼厨房は、各殿閣についた厨房で、内焼厨房と外焼厨房に分けられる。内焼厨房は王・王妃の普段の朝夕の水刺床《スラサン》と、昼の主食に必要な各種おかずを担当して調理した。食前の初早飯《チョジョバン》（または、チャリッチョバン）・点心《ジョンシム》・夜饌《ヤチャム》などのような軽食やおやつは、生果房と協力して作った。初早飯としては、ウンイ（重湯）・松の実粥・ゴマ粥・駝酪粥《タラクジュク》などの流動食を供え、点心は、麺を入れたチャングック床や茶菓を出し、夜饌は水正果《スジョングァ》・食醯《シッケ》・果物などを出した。外焼厨房は、主に宮中の大小の宴の際の料理を準備するところで、普段の日常食を作る内焼厨房とは対照的だ。宮殿内の宴はもちろん、王家の誕生日に宴会の食事を用意し、茶礼《チャレ》や祭祀なども担当した。王様のご子息の百日お祝いや誕生日には、白《ペック》ソルギ（蒸し餅）を蒸して宮内の各宮に配り、その他にも、宗親と外戚にも行き渡るようにする仕事も担当した。生果房は、普段の朝夕の食事である水刺の他にデザートに属するもの、すなわち生果《セングァ》・熟実果《スクシルグァ》・造菓《ジョグァ》・茶・花菜《ファチェ》・お粥などを作った。宴会料理のお茶菓子もここで担当した。退膳間《テソンガン》の退膳《テソン》は、お膳を下げるという意味だが、お膳を下げることだけでなく、食事を作り、内焼厨房で用意してきた食べ物からスープや焼き物などを温め直してお膳を整える中間的台所としての役目を果たすところだった。また、水刺を召し上がる時に使われるさまざまな器皿《キミョン》・火鉢・膳などを管理した。

熟設所《スクソルソ》は、宮中の宴会の時に臨時の仮家を建てて設置した厨房で、熟設所または内熟設所といった。そして臨時設置した厨房を行厨房《ヘンジュバン》といった。その他、宮中には、塩庫《ヨムゴ》と醤庫《ジャンゴ》があったが、東闕図《トンクォルド》〈6〉にもいろいろなところにジャンドク（甕）がずらりと並んでいるジャンドク台が描かれている。宮殿内で使われていた醤油・味噌・コチュジャンなどの醤《ジャン》と、キムチ、塩辛などを甕に保管するところで、主に宮中宴会や祭礼、水刺床に使われた醤を管理・保管していた。ここは醤庫媽媽《ジャンコママ》と呼ばれていた尚《サン》宮《グン》が直接管理した。

3　宮廷料理を手がけていた人々

王と王妃、そして王族の生活領域周辺には、彼らに仕える宮女《グンニョ》と内侍《ネシ》、賤民技術者らがいた。彼らのうち、宮女は宮中に常駐し、内侍の一部と賤民技術者は出勤をした。王の水刺床と大小の宴会の食べ物は、各殿の水刺間《スラカン》の宮女と熟手《スクス》たちによって作られた。大殿以外に王妃殿と世子殿にもそれぞれ専門調理人が割り当てられていた。実際、料理を作る人たちは司饔院に所属する差備《チャビ》たちで、賤民技

表１　朝鮮時代の宮中の王族の食事担当内侍と宮女

所属	職位	品階	担当職務	備考
内侍府《ネシブ》	尚膳《サンソン》	従2品	食饌をつくるための品種を用意する責任を担っていた。	
	尚醞《サンオン》	正3品	酒作りをつかさどる。	
	尚茶《サンダ》	正3品	茶菓用意の仕事をつかさどる。	
	薛里《ソルリ》	従4〜6品	本来モンゴル語で、中国語では「助」の意味。そばで仕える業務を担当する者。	
内命婦《ネミョンブ》	尚宮《サングン》	正5品	中宮（王妃）に仕える総責任を負う。宮官の中で最上位。	
	尚食《サンシク》	従5品	おかずを作る品種をそろえて供給する総責任を負う女官。	
	典賓《チョンビン》	正7品	賓客、朝見、賞賜などに関する仕事を担当する女官。元々「司賓」と設定されたが、称号を変更。	
	典膳《チョンソン》	正7品	調理（制烹煎和）を担当する女官。元々「司膳」と設定されたが、称号を変更。	
	掌饌《ジャンチャン》	従7品	食饌を用意して上にあげる仕事を担当する宮官。	世子宮
	典賛《ジョンチャン》	正8品	賓客の朝見や延享（祝宴）の際の案内役を担当する女官。	
	掌食《ジャンシク》	従9品	おかず・酒・薪・灯燭・器皿にかかわる宮官。	世子宮

術者たちだった。

（1）内命婦《ネミョンブ》の宮女と内侍府《ネシブ》

宮女《グンニョ》は、王の私生活が営まれる九重宮殿の奥にて衣食住を担当する女性たちで、内命婦に属した。宮女の中で最も低い職級は従九品であり、最も高い宮女は尚宮《サングン》で、正五品の位階で、尊い方に奉仕する仕事をした。宮女のうち、食べ物にかかわる職務を担当する者は、尚宮（正五品）が最も高く、尚食（従五品）、典膳（正七品）があった。世子宮には、掌饌《ジャンチャン》（従七品）、掌食《ジャンシク》（従九品）が属する。彼女らは、宮中の焼厨房や水刺間で王と王族の日常のお食事と宴会のおかずを担当していた。

焼厨房内人《ソジュバンナイン》は、他の宮女たちと同じく、一三歳頃に入宮し、宮内で上の尚宮に師匠のように仕え、さまざまなことを見習った。厨房内人は処所内人に属し、普段は王と王妃の朝夕の水刺床を用意した。厨房内人の服色は、他の内人と同じように空色のチョゴリに紺色のチマをはいた。作業中は袖を折り上げ、紫色の一重のチョゴリを重ね着して、さっぱりとした白いエプロンをまとっていた。厨房尚宮は、焼厨房内人として、宮殿で料理を作る仕事を三〇年以上勤めた専門調理師で、大体四〇歳を過ぎて尚宮になる。

内侍府宦侍《ネシブファンシ》たちも、監饍《カムソン》（宮殿の食事を監督すること）、伝命《ジョンミョン》、守門《スムン》、掃除の任務を受け持っていた。宮廷料理担当は、尚膳《サンソン》（従二品、定員二人、食事担当）、尚醞《サンオン》（正三品、定員一人、酒担当）、尚茶《サンダ》（正三品、定員一人、茶担当）、尚薬《サンヤク》（従三品、定員一人、薬担当）などが行い、そばで仕える薛里《ソルリ》が従う。甲午改革

表2 『経国大典』の宮中薹備の職務と人員

職位	担当業務	文昭殿	大殿	王妃殿	世子宮
飯監《バンガム》	御膳《オソン》と進上《ジンサン》を担当するビョスルアチ	2名	6名	4名	4名
別司饔《ビョルサオン》	料理を作るクスルアチ	4名	14名	6名	4名
床排色《サンベセク》	お膳立てをするクスルアチ	4名	10名	4名	4名
湯水色《タンスセク》	庭の設備と鍵の保管をするクスルアチ	4名	10名	4名	4名
炙色《ジョクセク》	焼き担当	4名	6名	4名	4名
飯工《バンコン》	ご飯担当	6名	12名	6名	6名
泡匠《ポジャン》	豆腐担当	4名	2名	2名	2名
酒色《チュセク》	酒担当	4名	4名	2名	2名
茶色《ダセク》	茶担当	2名	4名	2名	2名
餅工《ビョンコン》	お餅担当	4名	2名	2名	2名
蒸色《ズンセク》	各種の蒸し料理担当	4名	10名	4名	4名
灯燭色《ドゥンチョクセク》	灯と燭担当		4名	4名	2名
城上《ソンサン》	宮殿の門を守る者	4名	34名	8名	10名
守僕《スボク》	祭祀の準備	4名			
水工《スゴン》	庭を掃き、水を汲む者	2名	18名	6名	4名
別監《ビョルカム》	掖庭署《エクジョンソ》（王様の命令伝達、文具管理など）の下人	6名	46名	16名	18名

をきっかけに内侍府がなくなり、朝鮮時代後期には、この仕事を尚宮が引き受けることになった。

(2) 熟手《スクス》と差備《チャビ》

朝鮮王朝後期の宮廷では、普段の水刺床にあげる料理は厨房尚宮たちが作り、進《ジン》宴《ヨン》や進饌《ジンチャン》のような大きな宮中宴会の時は、待令熟手《テリョンスクス》と呼ばれる男性調理師が大量に食べ物を作った。国が滅びてからは外に出て明《ミョン》月館《ウォルグァン》などの料亭の厨房で働くようになるが、これをきっかけに宮廷料理が一般人に知られるようになった。

写真２　料理をする宮中差備（「宣廟朝諸宰慶寿宴図」）
1605年、弘益大学所蔵

『経国大典』に闕内各差備《クォルネガクチャビ》に関する規定がある。差備《チャビ》〈7〉とは、各宮司《グンサ》の最下位雇用人で、司饔院に属する差備が、宮中の料理作りの実務を担当した。宮殿内の文昭殿《ムンソジョン》、大殿、王妃殿、世子宮の四ヶ所に分けて各殿の定員が決まっており、飯監《バンガム》をはじめ、飯工《バンコン》など、一六職種に三九〇人が属していた。上位職級である差備官《チャビグァン》（ビョスルアチ）としては、飯監《バンガム》（全体をつかさどる）、別司饔《ビョルサオン》、湯水色《タンスセク》、床排色《サンベセク》があり、下位職級である差備奴《チャビノ》（仕事担当下人）は、担当業務によって炙色《ジョクセク》（焼き）、飯工《バンコン》（飯）、泡匠《ポジャン》（豆腐）、酒色《チュセク》（酒）、茶色《ダセク》（茶）、餅工《ビョンコン》（餅）、蒸色《ズンセク》（蒸し）、水工《スゴン》（水汲み）、別監《ビョルカム》などがあった。

4　何をどのように食べたのか

（1）宮廷の食材

宮や官衙では、食品はもちろん様々な物資の生産活動は行わない。民の生産物を租税貢物《チョセコンムル》として上げれば、これを受けて使った。特に、宮殿は、全国で最も品質の良い物が優先的に進上され、需要量も多かった。宮殿とともに造成された宗廟《ジョンミョ》[8]と社稷《サジク》[9]は、国の祭祀を行う場所だったため、祭祀に必要な様々な物品が使われた。

朝鮮時代、王と王族の食生活に使われる食品は、供上《コンサン》[10]、貢物[11]、進上《ジンサン》[12]という名目で宮中に入ってきた。進上品は、宮殿の日常生活、祭祀《ジェサ》、賓礼《ビンレ》、賜与《サヨ》などに使われた。朝鮮時代の進上については、『経国《キョングック》大典《デジョン》』『新増東国輿地勝覧《シンズンドングックヨジスンラム》』『満期要覧《マンギヨラム》』『度支志《ドジジ》』『大典会通《デジョンホェトン》』『貢膳定例《コンソンジョンレ》』などを通じて垣間見ることができる。

朝鮮時代にはすべての郡県に首領が派遣され、貢物徴収と上納については、中央から派遣された首領が責任を負うようになった。また、各道の観察使《グァンチャルサ》、兵馬節度使《ビョンマジョルドサ》、水軍節度使《スグンジョルドサ》の責任の下で、各種進上品を徴収し宮中に上納した。しかし、朝鮮時代の貢納と進上は、文禄慶長の役以後、大同《テドン》法の施行により変貌を遂げることになった。貢物は、米に換算して徴収し、中央が必要とする物品は、貢《コン》人《イン》を通じて納品させた。これにより王室の食材の調達方式も大きく変化したが、大同法の施行を契機に貢納は大きく変わったが、進上は、ほとんど変わらず温存された。

進上は、毎年の貢物の他に、王室および国の祭祀に対する民による奉上礼物《ボンサンイエムル》という観念によるもので、その物目、数量、回数、上納の時期などを詳しく規定している。進上は、物膳《ムルソン》、方物《バンムル》、祭享《ジェヒャン》、薦新《チョンシン》、薬材《ヤクジェ》、薦子《チョンジャ》および別例《ビョルレ》進上に大きく分けられる。

物膳とは、食材のことで、物膳進上は、食材を王室に捧げることだ。物膳進上を進膳ともいう。他の別膳に比べ、物膳進上は朔膳《サクソン》または月膳《ウォルソン》ともいわれる。これは他の進上は不定期なのに比べ、物膳は毎月定期的であったためだ。物膳の範囲は、国王、王妃、王世子はもちろん、前代の王や王妃がいらっしゃる場合は彼らにも上げる。

物膳貢物のうち、朔膳は毎月初日に捧げる物種で、各村ごとに異なるものを捧げる。物膳の記録により、朝鮮時代の各村の特産物をよく知ることができ、また、物種の計量単位も知ることができる。物膳は食べ物に使われる穀類、野菜類、魚介類、海藻類、肉類、干物、調味料類、果実類などの材料はもちろん、各地の名産品の中で塩辛、脯《ポ》、正果《ジョングァ》、糤子《サンジャ》、醬《ジャン》類など、すでに加工された食べ物も含まれている。

宮中で使われた食材を垣間見ることができるもう一つの方法としては、下賜品目を見ることだ。朝鮮時代には、官僚の給与が米や豆などの食料で支給されたため、王室の食材が士大夫《サデブ》の家に下げられた。また、給与の他にも王室からは士大夫に様々な食べ物を贈っていた。その例として、一七世紀正祖が李徳武《イドクム》（奎章閣《キュジャンガク》〈朝廷の文書庫〉検書官）と尹善道《ユンソンド》に下賜した品目が書かれている古文書により、一七世紀の士大夫の家が、王室とどのような食べ物を共有していたのかを分析することができた。これを通じ、全国各地から王室に上がってきた食べ物がどのように流通および再分配されたのか具体的な事例を確認することができる。

薦新《チョンシン》は、先祖の神位にその年はじめて収穫した食べ物を真心を込めて供えることだ。朝鮮時代の王たちは、薦新を吉例のうち、非常に重要なこととして認識し、開国始祖である太祖を祀った宗廟に優先的に捧げる薦新礼を徹底して行ってきており、王が率先して宗廟に薦新し、民もこれを見習って祠堂に薦新した。薦新に捧げる食べ物の種類は、月令で定められているが、祭礼のように決まった日ではなく、初物がでた時にすぐ上げることが原則であり、薦新の種類の月令を見れば韓国で生産される食品の季節をよく知ることができる。

(2) 水刺《スラ》

朝鮮時代は韓国食生活文化の伝統が再整備された時期である。前期は、科学技術の発展と医薬学の発達で農業技術が増進し、医食同意《ウィシクドンイ》の観点から食生活に対する科学的な意識が向上した。儒教を国教として、食生活に大きな変化をもたらし、現在と似た韓国料理の姿に発展した時期である。特に先祖に対する奉祭祀《ボンジェサ》、家族制度の変化と中人《ジュンイン》階級の台頭で上下層の食生活交流が、一般庶民の食生活風習に多くの影響を与えた。

王の食事は、「水刺《スラ》」というが、これは韓国固有の言葉ではなく、高麗末、王家がモンゴル帝室と婚姻関係にあった時代、モンゴルから伝わった言葉だ。朝鮮時代の宮中では、王と王妃が普段とる食事を水刺床といった。水刺を召し上がることを「水刺ルルジョッスシンダ（수라를 젓수신다）」といい、「ジンジルルチャプスシンダ（진지를 잡수신다 ご飯を召し上がる）」よりも上級の敬語で表現した。宮中の日常食に関する記録は多くなく、はっきりとは分からない。しかし、水刺床は王をとおして民生を観察する機会でもあり、進上された食品で民の苦労に気付き、時節を感じ、礼を示す聖君の姿勢をあらわしていた。王の水刺床の構成は、王の信念、食性、当時の時代状況と環境条件によって変わった。

(3) 日常食

宮中の日常食では、王・中殿・大妃殿・大王大妃殿に、平日早朝七時前に初朝飯《チョジョバン》を捧げるが、これがお粥水刺である。朝一〇時頃、朝食、午後五時頃、夕食を摂るが、これを水刺と呼んだ。午後一時頃または二時頃、夜九時頃には麺を中心とする茶菓床《タクァサン》を用意する。しかし、この茶菓床は、初朝飯の

表3　8日間のサンチャリム（お膳立て）

2月9日	2月10日	2月11日	2月12日	2月13日	2月14日	2月15日	2月16日
早茶小盤果	朝水刺	粥水刺	朝水刺	粥水刺	粥水刺	朝水刺	朝水刺
朝水刺	夕水刺	朝水刺	早茶小盤果	早茶小盤果	朝水刺	米飲	昼水刺
米飲	米飲	昼茶小盤果	夕水刺	進饌	昼茶小盤果	昼水刺	昼茶小盤果
昼茶小盤果	昼茶小盤果	夕水刺	夜茶小盤果	朝水刺	夕水刺	昼茶小盤果	
夕水刺	夕水刺	夜茶小盤果		晩茶小盤果	夜茶小盤果	夕水刺	
夜茶小盤果	夜茶小盤果			夕水刺		夜茶小盤果	
米飲				夜茶小盤果			

代わりにだす場合もあり、供される時間によって、早茶小盤果《チョダソバンクァ》、昼《チュ》茶小盤果《ダソバンクァ》、昼茶別盤果《チュダビョルバンクァ》、晩茶小盤果《マンダソバンクァ》、夜茶小盤果《ヤダソバンクァ》などというように、飯果床《バンクァサン》を区別した。

一九七〇年に作成された「朝鮮王朝の宮廷料理」無形文化財調査報告書には、水刺床に関する説明と宮廷料理と器皿、お膳立てに関する内容が記録されている。朝鮮時代末期の宮中では、普段の日常食として五回の食事を上げたという。早朝七時前に初早飯を上げ、水刺床は二回だが、午前一〇時以降朝飯、午後五時頃に夕飯を上げた。この他に昼食の時は、ナッコッサン（昼の膳）を上げ、夜中には夜饌《ヤチャム》（夜食）を上げた。

『園幸乙卯整理儀軌《ウォンヘンウルミョジョンリぎき》』（一七九五）は、乙卯年の一七九五年（正祖一九年）閏二月九日〜二月一六日、正祖が母親である恵慶宮洪氏《ヘキョングンホンシ》のお供をし、妹の清衍《チョンヨン》郡主、清璿《チョンソン》郡主とともに、華城の顕隆院《ヒョンリュンウォン》（思《サ》悼世子《ドセジャ》の墓）に行った背景と経緯、手続きと、華城《ファソン》で施行した行事などを記録した宮廷文献だ。計八日間の献立が、巻四饌品条に詳しく載っており、特に、日常食に該当する水刺床と粥床、ウンイ床、コイム（高盛り）床、そして茶菓床に該当する茶小盤果《ダソバンクァ》が載っている。当時は一八世紀後半で、一九〇〇年代初めの、宮中の尚宮と王孫の口伝によって伝えられた水刺床の姿とは大きく異なることが分かる。これは、一八世紀宮廷の日常食を推測できる重要な記録となっている。

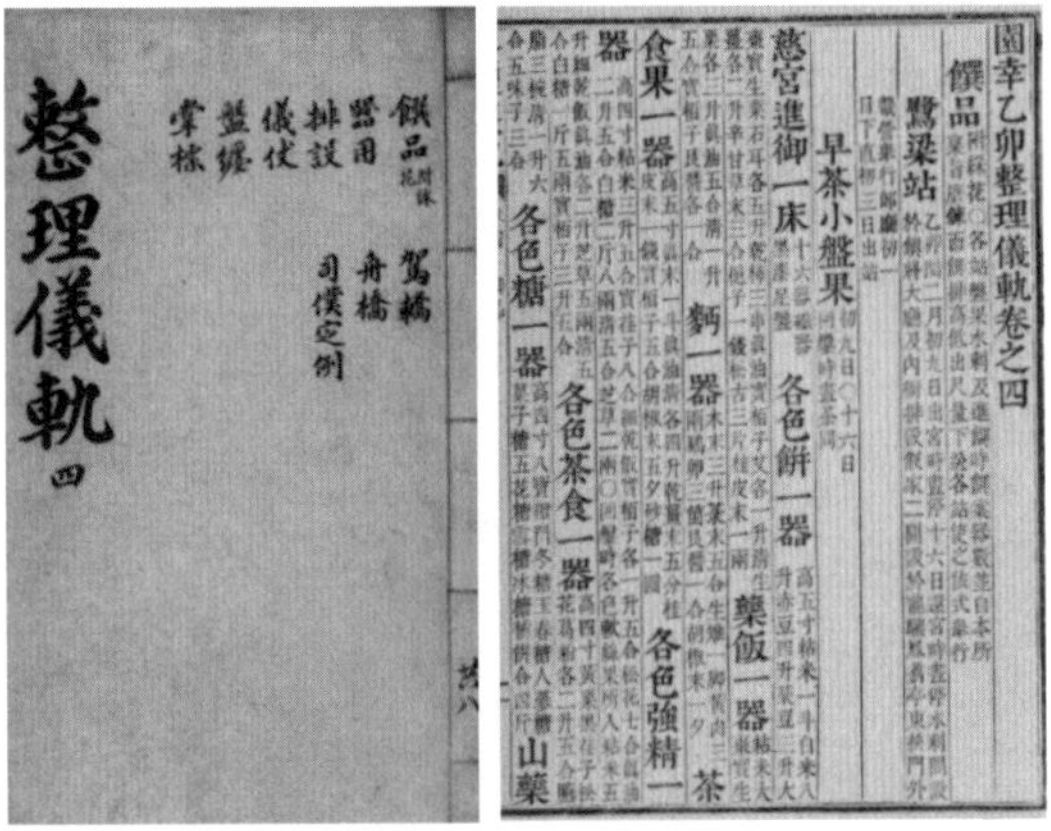

写真３　『園幸乙卯整理儀軌』
1797年、韓国学中央研究院蔵書閣蔵

写真４　1795年2月16日、
恵慶宮洪氏が鷺梁站《ノリャンチャム》で摂られた昼水刺
『園幸乙卯整理儀軌』の記述による再現
写真提供：(財)宮中飲食文化財団

写真5　再現された1900年代初めの王の水刺床
写真提供：(財)宮中飲食文化財団

朝鮮末から大韓帝国時代（一八〇〇年代末〜一九一〇年）における宮殿の日常食は、黄慧性《ファンヘソン》教授が最後の厨房尚宮である韓熙順《ハンヒスン》をはじめ、高宗と純宗に仕えた尚宮の証言に基づいて実際の調理法を整理したものが再現、伝授されている。

当時の水刺床は、大きな円盤《ウォンバン》と補助的な盤である小さな円盤と冊床盤《チェクサンバン》の三つの床に用意された。大円盤《デウォンバン》は朱塗りをし、模様を入れたり、竜の装飾が彫刻されている。大円盤は中央に置かれ、王または王妃が座って召し上がる膳である。補助盤として、小さな円盤と四角い冊床盤が使われる。冊床盤の代わりに、時には丸い小盤《ソバン》を使うこともある。

饌物《チャンムル》を入れる器は、季節によって異なる。寒い季節の秋夕から翌年の端午前までは銀飯床器《ウンバンサンギ》を使い、暑い季節の端午から秋夕前までは陶器の飯床器《バンサンギ》を使った。匙と箸は、年中、銀のものが使われていた。朝鮮末期に使われた水刺床と銀盤床器《ウンバンサンギ》、七宝盤床器《チルボバンサンギ》などが昌徳宮《チャンドックン》展示室に保存されている。

普段の水刺床は、パプ（ご飯）と湯《タン》、チゲをそれぞれ二種類、キムチ三種類（ここまでが基本のおかず）のほか、一二種類の饌物を楪子《チョブ》（蓋付きの小皿）に盛った。水刺は、白飯と、小豆を茹でたお湯で炊いたもち米ご飯である紅飯、二種類をのせ、スープは、わかめスープとコムタンを二種類とも汁椀に入れ、その日によって好きなものを選んで召し上がるよう準備する。ジョチは、醤ジョチと塩辛ジョチの二種類を用意し、蒸し煮、鍋料理、沈菜《チムチェ》（キムチ）の三種類が基本料理である。そして上位に置

表4　飯床の原則

料理＼献立の種類	三楪飯床（一汁三菜）	五楪飯床（一汁五菜）	七楪飯床（三汁七菜）	九楪飯床（三汁九菜）	十二楪飯床（五汁十二菜）
パプ（ご飯）	○	○	○	○	○○ 二種
タン（汁）	○	○	○	○	○○ 二種
チゲ チム		○チゲ	○チゲ ○チム	○チゲ ○チム	○○チゲ ○チム
キムチ	○	○	○○ 二種	○○○ 三種	○○○ 三種
センチェ	○	○	○	○	○
ナムル	○	○	○	○	○
クイ	○ クイまたはチョリム	○ クイまたはチョリム	○	○○ 二種	○○ 二種
チョリム チャンアチ			○	○チョリム ○チャンアチ	○チョリム ○チャンアチ
チョニュファ		○	○	○	○
フェ			○	○	○
ポ チョッカル		○ ポまたはチョッカル	○ ポまたはチョッカル	○ ポまたはチョッカル	○ ポ チョッカル
スラン ピョニュック					○スラン ○ピョニュック
調味品	うす口しょうゆ	うす口しょうゆ 酢じょうゆ	うす口しょうゆ 酢じょうゆ 酢トウガラシみそ		練りがらし

出典：黄慧性・石毛直道『新版　韓国の食』2005年、平凡社

かれる調味品として、清醬、酢醬、ユンジプ（酢コチュジャン）、キョザジプ（からし）などを小皿に入れる。小皿には一二種類の饌物を多様な食材を使って、多様な調理法を使って作る。

（4）儀礼食

儀礼食の記録としては、進饌《ジンチャン》儀軌《ぎき》、進宴《ジンヨン》儀軌、謄録《ドゥンロク》、飲食《ウムシク》バル記《ギ》、または飲食件記《ウムシクコンギ》などがあり、日常食の記録に比べ比較的多く残されている。

宮殿では、年中、特別な行事が頻繁に行われる。恒例の行事としては、正月《ジョンウォル》、端午《ダノ》、秋夕《チュソク》、冬至《ドンジ》などの節句と、王と王族の還暦、誕生日などが特別な日だった。その他、嘉礼（婚礼、養老宴、節句）、賓礼（使臣の出迎えなど外交行事）、吉礼（宗廟《ジョンミョ》社稷《サジク》に対する祭祀）、凶礼（国葬）、軍例（軍隊閲兵および狩猟儀式（講武）などが重要な儀礼だった。

宴会の規模や儀式の手続きによって、進宴《ジンヨン》、進饌進爵《ジンチャンジンジャク》、受爵《スジャク》などに分けられるが、進饌は国レベルの行事がある時、そして、進宴は王族に慶事がある時に開く祭りで、進宴が進饌より規模が小さく、儀式が簡単だとはいえ、宴会料理の内容は大きく変わらなかった。

宮中宴会は、王と王族には多彩な種類の食べ物を高く積んだコイム床をあげ、親戚、命婦《ミョンブ》、諸臣などの客には賜饌床《サチャンサン》を与える。王が受ける床《サン》を、進御床《ジンオサン》または御床《オサン》といい、実際に召し上がるのは、別に用意して供える別饌案《ビョルチャンアン》や、お酒とともに出す進御味数《ジンオミス》、進御小膳《ジンオソソン》、進御大膳《ジンオデソン》、進湯《ジンタン》、進饅頭《ジンマンドゥ》、進御果榼《ジンオクァハップ》などがある。途中、進御塩水《ジンオヨムス》の順番があり、茶を供える進茶《ジンダ》は最後に上げる。

5　宮廷料理に込められた思想

朝鮮時代の宮中宴会料理の華やかさによって、宮廷料理に込められた深い意味が隠れてしまうこともある。実際、宮廷料理は、「薬食同源《ヤクシクドンウォン》」と「食治《シクチ》」の哲学を基に、食べ物を通じ王の健康をあらかじめ察し、王と国の安寧を祈願しようとするものであった。食品は、薬と同じだとして、毎日摂取する食べ物は医薬に劣らないほど重要だと強調する「薬食同源」思想に基づいて、病気になる前に食べ物の適切な摂生を通じて病気を予防する「食治」を強調し食べ物を作った。『医薬論』（一四六三）を編纂した世祖《セジョ》は、医師を八種類に分け、そのうち、病人の心を楽にする心医《シンウィ》と、食べ物を処方して体の世話をする食医《シグイ》を望ましい医師として挙げた。

宮廷料理は、民と通じ、交流する統治のもう一つの手段でもあった。王は水刺床に献上されて上がってきた食品を見て地方の状況をあまねく察し、国が日照りや洪水などの災難に処している時は、水刺床の料理の数を減らす「減膳《ガムソン》」をし、進上を止めるようにした。『英祖実録《ヨンジョシルロク》』（英祖四七年、一七七一年）によると、英祖は「今年は、雨があまり降らなかったので松茸を見つけるのは容易ではないだろう。すでに進上したもの以外は、進上しないようにし、民に苦労をかけることがないようにせよ」と命じたり、『正祖実録《ジョンジョシルロク》』（正祖二一年、一七九七年）には「肉を禁じ、野菜料理を食べ、自ら節制と質素を実践する王の食卓で、民の苦痛を慰め、王として自責する態度がうかがえる」という記述がある。

朝鮮時代の王は、食べ物を通じて恭敬と配慮の姿も示した。『園幸乙卯整理儀軌』によると、正祖は母親である恵慶宮洪氏の還暦祝いを行った後、その地域の老人たちのための養老宴《ヤンロヨン》を別途設けた。これは、王が国レベルで老人を敬う姿をしめすことで、民の徳が豊かになり、親に孝行をすると考えたからだ。このように徹底した哲学と礼法の基準のもと、真心を込めて用意された宮廷料理は、食卓一つからも民と国を守ろうとした王朝の歴史をよく感じとることができる大切な文化遺産といえる。

6　宮廷料理の活用および伝授

韓国は五〇〇〇年の歴史を経て朝鮮王朝に至り、最も華やかで発展した韓国の食文化を成し遂げた。朝鮮時代における宮中宴会の記録である『進宴儀軌』『進爵儀軌』から宮廷の宴の全貌を垣間見ることができる。しかし、饌品条《チャンプムジョ》には、宴に設けられた料理名、材料と分量は記載されているが、調理法は出ていない。宮中の文献の中には、宮廷料理を実際に作る調理法に関する記録はほとんどない。幸い、朝鮮末期高宗と純宗に仕えた韓熙順《ハンヒスン》厨房尚宮が、生前、黄慧性《ファンヘソン》をはじめ、何人かの人に伝授したため、現在その技術が綿々と続いている。

現在は、単に宮廷料理を作る調理技術の伝授にとどまっておらず、宮廷料理を一つの文化として認識し、多様なコンテンツとして啓発、活用して図2のような豊かな結果を出している。

- 活用方策
  - メニュー開発
    - 専門飲食店
    - ホテル
    - 機内食
  - イベントおよび展示
    - 国の重要イベント
    - 文化イベント
  - 放送および出版
    - ドキュメンタリー
    - ドラマ
    - 古調理書の発行

図２　朝鮮王朝宮廷料理の活用策

写真６　宴会図から行事の再現へ
『戊申進饌図屏』(1848 年、韓国国立中央博物館所蔵)
と再現された宮中行事の進饌

（1）国家重要無形文化財第三八号「朝鮮王朝宮廷料理」

一九七〇年一一月当時、文化財専門委員であった黄慧性は、宮廷料理の伝承、保護を目的に「朝鮮王朝宮廷料理」という無形文化財調査報告書第七五号を文化弘報部文化財管理局に提出し、一九七一年一月、重要無形文化財第三八号に指定される。報告書には宮廷料理の沿革、伝承方法、種別、宮廷料理法および使用道具などと伝授状況が含まれている。国はこれを審議し、一九七一年一月六日、重要無形文化財第三八号として「朝鮮王朝宮廷料理」を指定し、第一代技能保有者として韓熙順尚宮を指定した。第一代技能保有者である韓熙順尚宮は、指定一年後の一九七二年一月五日に死去、彼女の伝授者である黃慧性が第二代技能保有者として一九七三年一一月一三日に指定された。第二代技能保有者の黃慧性は、朝鮮時代の宮中内人の腕前をこの世に引き出し、韓国食文化の土台となる最高レベルの宮廷料理を重要無形文化財として指定してもらい、世に広く知らせた。ただ単に宮廷料理の調理法を後代に伝授するだけでなく、宮廷料理と関連した昔の文献を調査し、伝授した宮廷料理の調理法の原型と変遷を研究するなど、朝鮮王朝宮廷料理を体系的に研究できる学問的な基礎を築いた。二〇〇七年九月、第三代技能保有者として、韓福麗《ハンボンリョ》と鄭吉子《チョンギルジャ》が指定され、伝授活動を続けている。

（2）宮廷料理の伝授館

韓熙順尚宮生前の一九七一年、宮廷料理伝授機関として「社団法人宮中飲食研究院（food.co.kr）」が設立され、現在まで約五〇年間宮廷料理の伝授教育と研究、定期発表会、調理書出版などを持続的に行っている。また、二〇一八年には、「財団法人宮中飲食文化財団」を設立し、学術セミナーの開催、韓食芸術職人の発掘養成、食文化コンテンツアーカイブの構築およびコンテンツ活用拡大事業などを展開し、韓国の宮廷料理文化の普及と国際交流・広報などに努めている。

注

〈1〉法令を総合して編纂した朝鮮時代の基本法制書。

〈2〉朝鮮時代、国の政務を分けて担当していた六曹に対する総称。六曹は、吏曹、戸曹、礼曹、兵曹、刑曹、工曹のこと。

〈3〉司饔院は、朝鮮開国以来運営されてきた司饔房《サオンバン》を世祖一三年（一四六七）に改称。

〈4〉朝鮮時代、国家行政を担当した機関である六曹のうちの一つ。

〈5〉朝鮮時代に官員が勤めていたソウルと地方の官庁。

〈6〉朝鮮時代の法宮である景福宮の東側に位置する昌徳宮《チャンドクグン》と昌慶宮《チャンキョングン》を詳細に描いた宮廷絵画。

〈7〉朝鮮前期に将帥の下で各種雑務を担当する軍卒。

〈8〉朝鮮時代の歴代王と王妃、そして追尊王と王妃の位牌を奉安した祠堂。

〈9〉中国と韓国で国土と穀物の繁栄を祈願した祭祀または場所を表す儒教用語。

〈10〉国王および王族の日常生活、権威の維持に必要な様々なものを調達、供給すること。

〈11〉土地物産上納制。全国で二七一種、薬材二〇〇種など。

〈12〉朝臣または民が個人的または公的な名目で上げる。

参考文献

宮中飲食研究会、韓福麗、鄭吉子　二〇一八『水剌日記（수라일기）』宮中飲食研究院

金命吉　一九七七『楽善斎周辺（낙선재 주변）』中央日報

金用淑　一九八七『朝鮮朝宮中風俗研究（조선조궁중풍속연구）』一志社
キム・ジョンスほか　二〇一三『朝鮮宮中の宴、宴享《ヨンヒャン》（조선 궁중의 잔치 연향）』グルハンアリ
ソン・スファンほか　二〇一四『朝鮮王室の食卓（王に捧げる日常料理）（조선왕실의 식탁（왕에게 바치는 일상음식））』
　韓食財団
尹瑞石　一九九九『韓国食生活文化の歴史（우리나라 식생활 문화의 역사）』新光出版社
韓国精神文化研究院　二〇〇三『朝鮮後期宮中宴享文化（조선후기의 궁중연향문화）』巻一　民俗苑
韓国学中央研究院　二〇〇五『朝鮮後期宮中宴享文化（조선후기 궁중연향문화）』巻二　民俗苑
韓福麗、韓福眞、李昭姈　二〇一六『料理古典（음식고전）』玄岩社
韓福眞　二〇〇五『朝鮮時代宮廷の食生活文化（조선시대 궁중의 식생활 문화）』ソウル大学出版部
ハン・ヨンウ　二〇〇二『朝鮮時代の儀軌編纂と現在の儀軌調査研究（조선시대 의궤편찬과 현재 의궤 조사 연구）』（韓国史論）ソウル大学人文学部国史学科四八巻
黄慧性　一九七〇『朝鮮王朝宮廷料理（「조선왕조 궁중음식」 무형문화재 조사보고서）』無形文化財調査報告書第七五号　文化財管理局
黄慧性　一九七六『韓国料理百科事典（한국요리백과사전）』三中堂
黄慧性ほか　一九九七『韓国料理大観六巻（한국음식대관 6권）――宮廷の食生活・寺の食生活』翰林出版社
黄慧性、韓福麗、鄭吉子　二〇一〇『朝鮮王朝宮廷料理（조선왕조 궁중음식）』宮中飲食研究院
黄慧性、韓福麗、韓福眞、丁ラナ　二〇一〇『三代が書いた韓国の伝統料理（3대가 쓴 한국의 전통음식）』教文社

第2章　境界と混淆

植民地時代（一九一〇―一九四五）朝鮮半島の三重食卓

周《チュ》　永河《ヨンハ》

1　はじめに――植民地二重都市の三つの民族食

朝鮮は、一八七六年の日本を皮切りに、一八八三年にドイツとイギリス、一八八四年にロシアとイタリア、そして一八八六年にはフランスと通商条約を締結し、本格的に外国に門戸を開いた。西洋の外交官・宣教師・旅行家・商人が中国や日本を経て開港場を通じて朝鮮を訪れ、ワイン、コニャックのような酒や缶に入った異国の食べ物の流入が始まった。開港とともに朝鮮は世界のフード・レジーム（food regimes）の中に組み込まれることになったのである［マニャン　二〇二〇：六一九―六二二］。朝鮮人の食卓の上には、決して「朝鮮的」ではない食材で作られた食品が定着し始めた。その反動で、朝鮮人自身も「朝鮮料理」を自覚するようになった。

一九一〇年八月二九日、朝鮮は日本により国権が奪われた。朝鮮総督府は、行政官僚、軍人、警察官、教師などで構成された比較的少数の統治権力が、一定期間朝鮮半島で勤務した後帰国する植民統治方式を採用した［オスターハンメル 二〇〇六：二七―二八］。これらの少数権力が中心となった朝鮮総督府の植民地政策は、朝鮮半島の人的・物的資源の搾取・活用に目的があった。朝鮮半島での朝鮮総督府の統治は一九四五年八月一五日まで続いた。

韓国の学界による植民地時代の食生活や食の歴史に関する研究は、おおむね次のようないくつかの種類に分けられる。（1）食生活の様相の再構成、（2）外食業に関する研究、（3）食の近代性に関する研究、（4）食生活に関する概説的な研究、（5）特定の食品に関する研究、（6）味の素に関する研究、そして最後に、食に関する研究ではないが、植民地時代の華僑の飲食業と野菜栽培従事に関する研究などがある。まだ量的・質的な面で、植民地時代の食生活と食についてはいっそう多くの研究が必要だ。

朝鮮総督府は、効率的な植民地政策を展開するため、朝鮮半島を近代的な空間に再構成した。一九一〇年代後半になると、朝鮮半島の至る所に近代的な都市が形成された。この時期に構築された朝鮮半島の近代都市は大きく三つの類型に分けられる。朝鮮時代から行政都市であり商業の中心地だったソウル・平壌・開城・全州・大邱、一九世紀末の開港以降から近代都市となった釜山・仁川・元山・馬山・群山・木浦、そして朝鮮時代の行政中心地として官庁だけが存在した場所ではあるものの、朝鮮総督府の府・郡・邑・面の行政組織改編によって地域の行政・経済・教育の中心地となった数多くの都市がある。

植民地近代都市は、前近代的な空間と近代的な空間、そして韓国人と日本人の居住地域が区分されている「植民地二重都市（colonial dual city）」だった〔ヘンリー 二〇二〇：八〕。しかし厳密に言えば、植民地近代都市には「朝鮮人」と呼ばれた朝鮮人、「内地人」と呼ばれた在朝日本人と、「支那人」と呼ばれた朝鮮華僑が存在した。彼らは、都市の至る所で産業化された（industrial）朝鮮料理、日本料理、中国料理を提供する空間を確保し店を営んだ。筆者は植民地朝鮮の二重都市に、朝鮮料理、日本料理、中国料理の三つが重なっている三重の様相が広がっていたと見ている。

2　植民地近代都市の朝鮮レストラン

植民地時代の近代都市には、朝鮮料理を販売する飲食店が数多く誕生した。この時期の朝鮮料理屋は大きく三つの類型に分けられる。第一は、最も高級な飲食店であった朝鮮料理屋で、朝鮮料理店とも呼ばれた。第二は、チョンゴル（鍋料理）・冷麵《ネンミョン》、ピョンス（饅頭《マンドゥ》）、醬《チャン》クッパ（野菜や肉を入れた醬油味のクッパ）、ソルロン湯《タン》（牛のスープのクッパ）、鰍魚湯《チュオタン》（ドジョウ汁）、ビビンバ、大邱湯飯《テグタンパン》、プルコギ、カルビ焼きなどの特定のメニューを販売する飲食店である。このうち、醬クッパ・ソルロン湯・鰍魚湯・大邱湯飯を販売する飲食店はクッパ屋《チプ》と呼ばれた。第三は酒場だ。客が立って酒を飲むソンスルチプ（立ち飲みの店）、アンチェ（母屋）で主である婦人が酒と肴を並べたお膳を下人を使ってパッカッチェ（外棟）の客に出す内外酒店《ネウェジュジョム》、そして売春も行われた色酒家《セクチュガ》などが代表的な酒場だった。

朝鮮料理屋は一九世紀末に朝鮮半島に流入した日本の料理屋を真似て作られた。朝鮮料理屋にも妓生《キーセン》（芸者）がいた。料理が出る順番も日本料理屋と似ていて、出される料理は全て朝鮮料理だったが、最初に酒と肴が出されて、最後に簡単な食事が出た。一九三〇年代になると、朝鮮半島の大都市や中小都市には必ず日本料理屋とともに朝鮮料理屋と高級中国料理店である清料理屋があった。朝鮮料理屋の主な客は、権力と財力のある日本人と朝鮮人だった。

「クッパ屋」の主なメニューは、チョンゴル（鍋料理）、醤クッパ、ソルロン湯、ビビンバ、トックク、大邱湯飯などだった。客は朝鮮人の紳士、労働者など階層や老若男女を問わなかった。酒場や中・下級飲食店の客は、テーブルに並べられた料理を席を選ばず座って食べたり立って食べたりした。ソウルの中・下級朝鮮料理店のメニューの中で人気があったのはソルロン湯だった。一部の両班《ヤンバン》出身の客は依然として階級や男女の区別を気にし、モダンボーイやモダンガールは自分自身も植民地の国民でありながら下層民を軽蔑し、ソルロン湯屋への出入りを控えた。ソウルのソルロン湯屋の主人の中には、このような〝変わった〟客のために家庭に出前をした人もいる。

酒場は、都市に住んでいた植民地時代の朝鮮人にとって遊興の場だった。一九二〇年代ソウルの鍾路通りには、朝鮮人の酒飲みのためのソンスルチプが路地裏に軒を連ねていた。すでに一九二〇年代初めから植民地の民としての辛い暮らしにさいなまれていたソウルの朝鮮人は一日も欠かさず酒を飲んでいた。ソンスルチプでは、酒代だけ払えば酒の肴が無料で提供された。ソンスルチプの肴の中では、カルビ焼きとプルコギが最も人気だった。カルビ焼きはソウルのソンスルチプ、プルコギは平壌のソンスルチプの肴だった。一九三〇年代半ばになると、平壌の牡丹台には乙松亭《ウルソンジョン》、鳳凰閣《ボンファンガク》、奇林亭《キリムジョン》などの炭火焼きのプルゴギ専門店が登場した。

一九二〇～三〇年代の都市のモダンボーイは、近代的な遊興空間であるカフェ（cafe）を好んで利用した。日本からソウルに流入したカフェは、コーヒーハウスであり、酒が飲めるバーでもあった。一九二〇年代の終わりになると、ウェイトレスが男性客を接待するカフェが盛んになった。当時のカフェの主なメニューは洋酒、カクテル、ビールだった。カフェのウェイトレスは、朝鮮料理屋の妓生のように男性を相手に接客をしていた。

一九二〇～四〇年代初頭、ソウルをはじめとする大都市の朝鮮人街には、朝鮮料理屋、パプチプ（飯屋）、ソンスルチプ、カフェなどが共存していた。このような共存は、植民地時代の朝鮮半島に近代（modern）と伝統（tradition）が混在していたことを端的に示している。また、料理法も朝鮮的なものに日本と中国の技術や材料が融合するようになった。朝鮮の飲食店のレシピにも朝鮮的なものに日本と中国の技術や材料が融合する混在現象が現れ始めた。朝鮮料理屋の料理の配膳は、日本料理屋に近いものになっていった。外形的には朝鮮料理の境界が守られているように見えたが、実際の調理法や料理の味覚は混淆の道を歩んでいた。

3　在朝日本人の集団居住と日本式産業食品

植民地朝鮮に居住していた日本人は、一九一〇年にはおよそ一七万人だったのが一九二〇年代半ばには四〇万人、一九三〇年代には五〇～六〇万人、一九四四年五月には約七一万人に増加した［李東勲 二〇一八：二三六―二三七］。朝鮮に住んでいた日本人は、自分の故郷で食べていたものと同じような食材や食べ物があったため、西洋人と違って相対的に住みやすかった。しかし、慣れ親しんだ食べ物の味と朝鮮の食べ物の味の違いを克服するのは難しかった。帝国の中心部から来たという意味で「内地人」と呼ばれた植民地朝鮮の日本人は、行政官僚・軍人・警察官・教師として働いたり、各種の企業を営んだりした。中でも、農・漁業、食品製造業、飲食業などに従事する日本人は、朝鮮・日本間での流通はもちろん、ヨーロッパや北アメリカ地域まで流通網を拡大した。

一九一〇年代から始まった日本人による近代的な食品工場の開設は、一九二〇年代まで相次いだ。日本国内で成功した小規模食品工場は、植民地朝鮮でも金鉱のように富を蓄積する手段となった。醤油製造業、製粉業、澱粉製造業、酒造業などがすべて日本人の主導で運営された。日本人集団居住地域には、豆腐、煎餅、野菜、魚、醤油、味噌などの日本食材や活魚を販売する店や日本料理店、日本料理屋、カフェ、サロン、レストランなどが立ち並んだ［高崎 二〇〇六：二〇―二二］。富裕層の朝鮮人は、日本で開発されたライスカレーやトンカツなどの和洋折衷料理を西洋料理として受け止めていた。

醬油は、北東アジアの様々な地域で料理の味付けに古くから使われてきた調味料である。北東アジアの醬油の主成分は「大豆と塩水」だが、地域によって配合比率や追加される材料が少しずつ異なり、味に微妙な違いがあった。一九世紀末、在朝日本人の数が少なかった頃は、在朝日本人は醬油を日本から輸入していたが、二〇世紀初頭、朝鮮居住者の数が増加すると居住地の近くに工場を設立して醬油を生産するようになった。ソウルをはじめとする朝鮮半島各地の日本人居住地域には、日本人による、日本人のための醬油醸造所が建てられた［李漢昌 一九九九：八一―一一四］。一九三七年に日中戦争が起こり、日本の醬油メーカーでは主原料である大豆と小麦が不足していた。この時開発された醬油が、酸分解醬油やアミノ酸醬油だ［三木 一九三五］。在朝日本人のうち、官僚や裕福な商人は高級朝鮮料理屋の主な顧客であった。このため、高級朝鮮料理屋では日本の醬油で調理していた。朝鮮の富裕層の主婦は日本の醬油を「ウェカンジャン（倭醬油）」あるいは「チンカンジャン（濃い醬油）」と呼び、日本料理はもちろん、朝鮮料理にも使用した。

植民地時代の朝鮮半島の日本式醬油工場は、産業食品（industrial food）の出発点だった。林采成《イムチェソン》は、帝国日本と植民地朝鮮、台湾、中国東北などに構築されたフードシステム（food system）を「食料帝国」と呼んでいる［林采成 二〇一九］。朝鮮米、朝鮮牛、紅蔘（高麗人参）などは植民地朝鮮の農家が生産者で、在朝日本人商人が流通者で、日本に運ばれて消費された。この時期に、日本列島から朝鮮、台湾、中国東北部、東南アジアにつながる日本主導の東アジア食品レジーム（food regimes）が構築された。

4　味の素の拡散

味の素が朝鮮に紹介されたのは一九一五年だった。しかし、朝鮮人から大きな関心を集めることはできなかった。朝鮮で味の素の販売量が急増したのは一九二九年からだった［チョン・グンシク 二〇〇四：七七］。特に一九二九年九月一二日から一〇月三一日まで景福宮《キョンボックン》で開催された「朝鮮博覧会」は味の素のマーケティングの大きな転換点だった。朝鮮総督府は景福宮の前に庁舎を新築し、植民地支配二〇年間の「進歩」を記念する朝鮮博覧会を開催した。味の素の日本本社と朝鮮代理店は朝鮮博覧会に参加し、展示場に看板やアドバルーンを設置し、懸賞イベントを開くなど積極的なマーケティングを行った。

写真１　平壌の冷麺屋
味の素を座卓の上に置いて、客が自由にスープに入れるようにした。出典：味の素株式会社 1951年『味の素沿革史』441頁

同時に新聞広告も朝鮮人の関心を引くような方向に変えた。朝鮮人作家を雇って似顔絵で朝鮮人を主人公にした広告を作った。広告のイメージには、主婦をはじめ家長・両親・子供、モダンボーイやモダンガール、

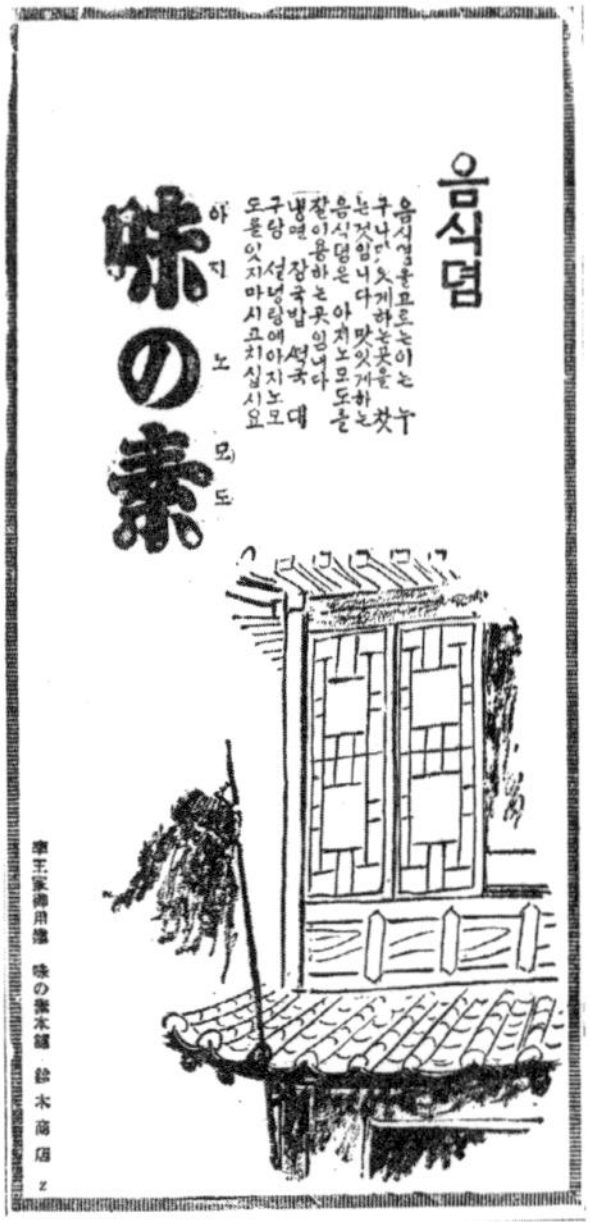

写真２　『東亜日報』1929年10月22日、6面の広告

朝鮮料理を出す飲食店の店主と客まで網羅された。このようなイメージとともに、広告には味の素が家庭の必需品であり、冷麺《ネンミョン》やクッパを出す飲食店で味の素を使って料理を出すと繁盛し、さらに家庭でキムチを漬ける時にも使うべきとの内容が盛り込まれている［周永河二〇一五：八六］。

飲食店の経営者を対象とした味の素の広告は非常に具体的だった。一九二九年一〇月二二日付『東亜日報』の六面に掲載された広告のヘッドコピーは「飲食店」だった。そして、「飲食店を選ぶ人は誰もがうまい料理を出す店を探し求めるものです。おいしい店は、味の素を上手く使っている店です。冷麺・醤クッパ・トク・大邱湯（飯）・ソルロン湯に味の素を忘れずに入れて下さい」と書いた。スープの調理にはとにかく味の素を入れるよう謳った広告だ。広告コピーの下に掲載された二階建ての韓屋（韓国伝統家屋）の絵もとてもリアルだ。当時の冷麺屋では、紙で作った糸を竹に結び、出入り口側の軒先に吊るしていた。冷麺だけでなく、麺類を出す飲食店もこのような標識を掲げていた。味の素の広告はこのような点も見逃さず反映している。

味の素の朝鮮販売を担当していた鈴木商店では、一九三四年に『四季の朝鮮料理』という冊子を韓国語版で出版した。この冊子の表紙には「味の素本舗 鈴木商店 撰」と書かれており、著者が「味の素」の会社であることを示している。この料理本は横一一cm、縦一五cmの大きさで、表紙と序文を除くと四〇ページの小さな冊子だ。一九三四年に出た初版本は、奥付に非売品と書かれている。鈴木商店では一九三五年と一九三七年に増補版を出した。やはり商品宣伝用であったため、非売品だった。ただし、増補版は横一三cm、縦一八・二cmの大きさで初版より大きくなり、ページ数も九七ページに増えた。

初版本に掲載されていた五二種のレシピに加え、朝鮮料理四五種、西洋料理一一種が加わり、合計一〇八種の調理法が掲載された。すべてのレシピに味の素が材料として入っている。おそらく鈴木商店が味の素の販売促進のために贈呈用としてこの書籍を発行したとみられる。植民地朝鮮の飲食店や富裕層家庭では、日本産の味の素の使用量を増やしていった。もともと味の素は日本人好みの味から出発した発明品だ。そのため、朝鮮人にとっては古くから慣れ親しんだ味ではなかった。しかし、使用量が増えるにつれ、植民地朝鮮人の味覚も味の素の味に適応するようになった。

5 朝鮮華僑の中国料理店と食の名称の日本化

植民地時代の朝鮮華僑の人口は一九一〇年に約一万人、一九一八年に約二万人、一九二二年に約三万人、一九二五年に約四万人、一九二七年に約五万人、一九三〇年に約六万人、一九四一年に約七万人、一九四二年に約八万人と増加していった。ただし、朝鮮華僑の人口は一九三一年の華僑排斥事件と満州事変勃発時に約六万人（一九三〇年）から約三万六〇〇〇人に、一九三七年の日中戦争勃発の時に約六万三〇〇〇人（一九三六年）から四万一〇〇〇人に減少した［李正熙 二〇一八：二九―三二］。

一九三七年の日中戦争勃発前、ソウルには中国料理店が二九二軒もあった。一九三五年のソウルの人口は約四四万四〇〇〇人だった。一九三六年にソウルの近隣地域である高陽郡・始興郡・金浦郡の一部が京城府の管轄区域に編入され、人口が急激に増加し、一九四〇年のソウルの人口は約九三万五〇〇〇人に達した。一九三五年のソウルの人口を基準にすると、一九三七年のソウル人口一〇〇〇人当たりの中華料理店の数は約〇・六五軒だった。中国料理店一軒の人口占有率は約一五二〇人になる。二〇〇五年の韓国の飲食店数は人口一〇〇〇人当たり一二・二軒、日本は二〇〇六年に五・七軒、米国は二〇〇二年に一・八軒であることに比べれば、一九三七年のソウルの中華料理店の数は少なかったとは言えない［イ・ビョンヒ、カン・ギウ 二〇〇八］。それほど朝鮮人はもちろん、在朝日本人にも中華料理店は人気があった。

一九二四年に朝鮮総督府が発行した『朝鮮に於ける支那人』では、植民地時代の朝鮮の中華料理店を「支那料理店」「支那飲食店」「支那パン商」の三種類に分けている［朝鮮総督府 一九二四：六二―六三］。「支那料理店」は「高級中華料理店」で売り上げが多く、規模も大きい高級飲食店である。朝鮮人はこの高級中華料理店を「清料理店」と呼んだ。清料理店は通常二階建ての大型建物で、一階にホール、二階に部屋がある施設だった。「支那飲食店」は火食舗《ファシッポ》、包舗《ポポ》、饅頭舗《マンドゥポ》などをすべて含むと書かれている。「火食舗」は中華鍋である鑊（wok、広東語）を使って高温で各種の炒め物を作って出す中級中国料理店だ。「包舗」はパオズ（包子）を、「饅頭舗」は餃子を主なメニューとする飲食店だ。「支那パン商」は「支那パン」の製造・販売業者を指す。「支那パン」は、今日韓国人が「ホットク」と呼ぶ食べ物である。日本人客が多い高級中華料理店では、付け合わせに日本式の漬物である「沢庵」を提供し、消費者は麺を「うどん」と呼んだ。

6　ハイブリッド・フードの誕生――チャプチェ（雑菜）と辛子明太子

今日の韓国料理の「チャプチェ（雑菜）」は、厳密に言えば「唐麺《タンミョン》（春雨）雑菜《チャプチェ》」と呼ぶのが正しい。一七世紀後半にハングルで書かれた張桂香《チャンゲヒャン》（一五九八～一六八〇）の『飲食知味方《ウムシクディミバン》』にも「チャプチェ」の調理法が載っているが、唐麺は入っていない［張桂香 二〇〇三］。二〇世紀初頭に出た料理本にはチャプチェの調理法が必ず載っている［方信榮 一九二一：二四］。一九世紀以前の雑菜の調理法には唐麺は入っていなかったが、二〇世紀に入ってから春雨を使うようになった。当時、ソウルの同徳女子高等学校の家庭科教師であった宋今璇《ソングムソン》（一九〇五～一九八七）が書いた一九三〇年三月六日付『東亜日報』五面の「婦人が知っておくべき春の料理法」には、チャプチェの調理法が掲載されている。宋今璇のチャプチェの調理法で注目すべきは、「おいしい醤油」の後に括弧を付けて説明されている日本の醤油だ。

二〇世紀のチャプチェの主材料は唐麺《タンミョン》、つまり春雨である。唐麺は中国の「粉条」あるいは「粉糸」を指す。唐麺は、サツマイモやジャガイモのデンプンに熱いお湯を足して糊のようにしてかき混ぜ、摂氏四〇度程度の熱湯をさらに注いで捏ね、この生地を押し出し式の製麺機に入れて、麺が出たら沸騰した湯の入った釜に入れ、取り出して冷やし、天日干しすれば完成する。植民地時代の唐麺は朝鮮半島でも生産された［周永河 二〇二一：一六五―一六七］。

一九七〇年代の韓国の中国料理店では「チャプチェ」を中国語で「炒肉糸」あるいは「炒肉」と表記していた。ただし、韓国式の唐麺を使ったチャプチェは材料を混ぜて和える調理法だが、中国式の唐麺チャプチェは炒める調理法なので味が少し違う。和える方式の韓国式唐麺チャプチェが一九七〇年代に韓国料理として市民権を得たのである。一九三〇年代以来、今日に至るまで誕生日、一歳の誕生日、還暦などの祝いの席に欠かさず登場する唐麺チャプチェは、二〇世紀前半に帝国日本に編入された中国の東北地域と朝鮮半島に住んでいた朝鮮人・中国人・日本人の合作である。

朝鮮の明太子が日本人によって「明太子」と「辛子明太子」になったのも混淆の結果である。特に「辛子明太子」はスケソウダラの卵を塩漬けにした後、表面に唐辛子をまぶした塩辛である。明太子は朝鮮時代の咸鏡道の人々が食べていた食べ物だ。一九一〇年代以降、元山をはじめ、咸鏡道の主要漁港に進出した日本人漁師は発動機船でスケソウダラを大量に漁獲し始めた［周永河 二〇一三：二七五―二七六］。一九三〇年代初頭、日本人が運営するタラコ商店では、タラコを洗って水気を切った後、塩漬けにして表面に唐辛子の粉をまぶし、木製の樽に入れて加工する技術まで開発した。朝鮮でタラコを扱っていた日本人商店の中でも、樋口商店は加工技術が優れた商店の一つであった。樋口商店の主人は東京出身の樋口伊都羽（一八七二〜一九五六）だった［今西、中谷 二〇〇八：八四—八七］。

日本の明太子と辛子明太子が植民地朝鮮から帝国日本に渡った食べ物であることは否定できない。ただ、タラコを塩漬けにして唐辛子をまぶした辛子明太子は、植民地時代の朝鮮人と朝鮮在住の日本人によって開発されたものである可能性が高い。その後、明太子は日本人の嗜好品として商品化の道を歩んだ。朝鮮の味が帝国の味になったのである［林采成 二〇一九：一八八］。一九八〇年代以降、食の歴史を研究する一部の学者は、帝国と植民地の支配関係が解消された後、むしろ植民地の食が帝国に移動する事例があることを証明し始めた。イギリスのカレーがそうであり［セン 二〇一三］、日本の辛子明太子、そして焼肉もその例だと言える。

7 おわりに——植民地時代以降の日本スタイルの食の変形

石毛直道は「戦後日本が発明した食品で世界に普及したものは三つある。味の素とキッコーマンの醬油とインスタントラーメンである」［安藤 二〇〇九：二二九］と述べている。日本の帝国主義の傘下でキッコーマン型の醬油と味の素は植民地朝鮮に流入した。キッコーマン型の醬油が主に植民地に居住する日本人を消費者としたとすれば、味の素は植民地の国民を消費者にしたという点が異なる。これらとはまた異なり、インスタントラーメンはアメリカの「新帝国主義」が生み出した余剰農産物の小麦によって発明され、派生した食品だった［周永河 二〇一五：九一］。

植民地時代の朝鮮半島は帝国と植民地、そして植民地に移住した外国人にとって政治・経済的に複合的な空間だった。日本の朝鮮半島占領期の植民地に朝鮮人、在朝日本人、朝鮮華僑は同じ空間で生活しながら互いに絶え間なく支配・受容・ライバル視の関係を維持した。この三者は居住地域と食卓の上で再現された食べ物の味においては一定の境界を保ったが、人と人との関係から生じる交流を通じて混淆の過程を歩んだ。このため植民地朝鮮半島の食卓の上には三重の様相が広がっていた。独立後、韓国人の食卓には日本式韓国料理と産業化した食べ物、そして韓国式中国料理が共存した。これが植民地三五年が作り出した韓国の食卓の上の料理学的、社会文化的変容だった。

ただし、ここで議論すべき問題は、韓国の歴史学界と経済史学界で論争中の「植民地近代化論」と今日の韓国の食品産業の成長との関係である。二〇一〇年代以降、日本の水準を超え始めた韓国の食品産業が、植民地時代の在朝日本人が主導した近代食品産業の影響をどれだけ受けたかは、今後さらに多くの研究が必要である。ただ、筆者のこれまでの研究に照らしてみると、植民地時代の在朝日本人の食品産業が一九六〇年代初頭まで一定の影響を及ぼしたと言える。

しかし、これは技術と資本の問題ではなく、産業食品の技術的側面に関するものである。一九六五年の日韓国交正常化以降、日本の食品産業をベンチマークした結果が一九九〇年代初頭まで韓国の食品産業に大きな影響を与えた。筆者は、一九五〇年代以降の韓国の食品産業において「植民地近代化論」は妥当ではないと見ている。むしろ一九九〇年代初頭まで韓国人の味覚には、植民地時代の朝鮮人・在朝日本人・朝鮮華僑による合作のハイブリッドな食品の味が染み込んでいたと見るほうが妥当である。したがって、私は一九九〇年代初頭までの韓国料理には「ポストコロニアル」なあり方が潜んでいたと見ている。

参考文献

日本語

味の素株式会社　一九五一『味の素沿革史』味の素株式会社

安藤宏基　二〇〇九『カップヌードルをぶっつぶせ！――創業者を激怒させた二代目社長のマーケティング流儀』中央公論新社

李正熙　二〇一二『朝鮮華僑と近代東アジア』京都大学学術出版会

今西一、中谷三男　二〇〇八『明太子開発史：そのルーツを探る』成山堂書店

今村鞆　一九三七「京城花柳界の變遷」、『朝鮮及滿洲』第三五四号

林采成　二〇一九『飲食朝鮮――帝国の中の「食」経済史』名古屋大学出版会

周永河　二〇二一『食卓の上の韓国史――おいしいメニューでたどる20世紀食文化史』丁田隆訳　慶應義塾大学出版会

三木彌兵衛　一九三五「アミノ酸調味料製造に関する研究（第三報）：アミノ酸原料としての醬油粕」、大阪釀造學會『釀造學雜誌』一三（六）

韓国語

オスターハンメル、ユルゲン　二〇〇六『植民主義（식민주의）』パク・ウンヨン・イ・ユジェ訳　歴史批評社

高崎宗司　二〇〇六『植民地朝鮮の日本人：軍人から商人、そして芸者まで（식민지 조선의 일본인들：군인에서 상인、그리고 게이샤까지）』イ・ギュス訳　歴史批評社
パク・スンボク　二〇〇九『長寿経営の知恵（장수경영의 지혜）』チョンリム出版
方信榮　一九二一『朝鮮料理製法』広益書館
マニャン、アンドレ　二〇二〇「食品体制（식품체제）」、ジェフリ・M・フィルチャー『オクスフォード食の歴史：二七のテーマで見る食の研究（옥스퍼드 음식의 역사：27개 주제로 보는 음식 연구）』キム・ビョンスン訳　タビ
尹瑞石　一九七七『韓国料理』修学社
李東勳　二〇一八「「在朝日本人」社会の形成に関する考察：人口統計分析と時期区分を通じて（'재조일본인' 사회의 형성에 관한 고찰：인구 통계 분석과 시기 구분을 통해）」、『日本研究（일본연구）』第二九集　グローバル日本研究院
イ・ビョンヒ、カン・ギウ　二〇〇八『生計型サービス産業の現状と課題（생계형 서비스산업의 현황과 과제）』韓国銀行調査局産業分析チーム
李正熙　二〇一八『朝鮮半島の華僑史：近代の礎から日帝強占期までの経済史（한반도 화교사：근대의 초석부터 일제강점기까지의 경제사）』東アジア
李漢昌　一九九九『醬、歴史と文化と工業（醬、歴史와 文化와 工業）』シンクワン出版社
張桂香　二〇〇三『飲食知味方（음식디미방）』慶北大学出版部
チョン・グンシク　二〇〇四「味の帝国、広告、植民地的遺産（맛의 제국、광고、식민지적 유산）」、『社会と歴史（사회와 역사）』六六巻　韓国社会史学会
チョン・ヨンシク　二〇〇八「朝鮮時代以降の稲と米の相対的価値と容量（조선시대 이후 벼와 쌀의 상대적 가치와 용량）」、韓国歴史研究会『歴史と現実（역사와 현실）』通巻六九号

朝鮮総督府　一九二四『朝鮮に於ける支那人』朝鮮総督府

周永河　二〇〇八「「酒幕《チュマク》」の近代的持続と分化（「주막」의 근대적 지속과 분화）」、『実践民俗学研究（실천민속학연구）』第一一号　実践民俗学会

周永河　二〇一一「朝鮮料理屋の誕生：アン・スンファンと明月館（조선요리옥의 탄생：안순환과 명월관）」、『東洋学（동양학）』五〇集　檀国大学東洋学研究所

周永河　二〇一三『食卓の上の韓国史：メニューから見た二〇世紀の韓国飲食文化史（식탁 위의 한국사：메뉴로 본 20세기 한국 음식문화사）』ヒューマニスト

周永河　二〇一五「東アジア食品産業の帝国主義と植民地主義：キッコーマン型醤油、味の素、そしてインスタントラーメン（동아시아 식품산업의 제국주의와 식민지주의：깃코망형 간장、아지노모토、그리고 인스턴트라면）」、『アジアレビュー（아시아리뷰）』第五巻第一号　ソウル大学アジア研究所

周永河、キム・ヘスク、ヤン・ミギョン　二〇一七『韓国人、何を食べて生きてきたか：韓国現代食生活史（한국인、무엇을 먹고 살았나：한국 현대 식생활사）』韓国学中央研究院出版部

周永河　二〇二〇『百年食史：大韓帝国洋風晩餐会からK-フードまで：一八七六～二〇二〇（백년식사：대한제국 서양식 만찬부터 K-푸드까지：1876～2020）』ヒューマニスト

周永河　二〇二一『食べ物を勉強します（음식을 공부합니다）』ヒューマニスト

セン、コリーン・テイラー　二〇一三『カレーの地球史（커리의 지구사）』カン・ギョンイ訳　ヒューマニスト

ヘンリー、トッド・A　二〇二〇『ソウル、権力都市：日本植民地支配と公共空間の生活政治（서울、권력 도시：일본 식민 지배와 공공 공간의 생활 정치）』キム・ベギョン、チョン・ジュニョン、イ・ヒャンア、イ・ヨンギョン訳　サンチョロム

第3章　料理書の近代

韓《ハン》　福眞《ボクチン》

1　近代韓国料理の料理本

単一民族で構成された韓国は、五〇〇〇年の歴史において、固有の食文化を形成してきた。二〇世紀前半は日本統治時代とその後の政府樹立、朝鮮戦争などで政治、経済、社会、文化の面で大きな変化と発展を遂げた時期だが、食生活においては国民のほとんどが貧しかった時期で、食生活は食料の不足でクオリティどころか量も満たされなかった時期だった。

韓国には一九世紀末の開化期から外国料理は入ってきて、宮廷料理と西洋料理と日本料理、中国料理を出す飲食店が登場した。日本統治時代には、都会に住む権力者や富裕層と日本に留学した人が日本を通じて外国の文物を受け入れ、韓国料理のアイデンティティが揺らぎ始めた時期だったといえる。

2　印刷本のはじまりとベストセラー

二〇世紀に入ると、筆写本の料理書は次第に減り、印刷技術の発達とともにハングル新活字で出版される本が登場し始めた。一九〇〇～一九二〇年代までは活字で印刷されたものの、以前の料理本のように料理名と調理法だけが記載された本が多かった。一九三〇年代からは従来の長い説明文ではなく、材料と分量、作り方に分けて説明され、調理過程も番号を振って整理されるようになった。複雑な調理過程や完成した料理を絵や白黒写真を添えて表現することもあった。

写真１　『朝鮮無雙新式料理製法』表紙

一九二四年、韋観《ウィクワン》・李用基《イヨンギ》（一八七〇～一九三三?）が書いた「朝鮮に二つとない最新の料理本」という意味を持つ『朝鮮《チョンソン》無《ム》雙《サン》新式《シンシッ》料《ヨ》理《リ》製法《ジェポッ》』が出版された。表表紙だけがカラー印刷で、神仙炉《シンソンロ》と一緒に白菜、キュウリ、リンゴ、梨、カニ、貝、キジ、卵など様々な食材がカラーで描かれている。これを見て、当時の

写真２　『朝鮮料理製法』表紙

食卓によく登場した食材が何であったかを推測することができる。酒、酢、味噌や醤油の作り方をはじめ、韓国料理だけでなく、西洋料理、中国料理、日本料理の作り方まで、合計七九〇種以上の調理法が掲載されている。『朝鮮無雙新式料理製法』は男性が書いた料理書で、『林《イム》園《ウォン》経済志《キョンジェジ》』（一八二七）の料理に関する内容が書かれた「鼎爼志《チョンジョジ》」の部分をもとに、伝統的な調理法に新しい調理法を加え、料理の由来や風習、外国人の視点から見た韓国料理と外国料理の受容などを記録した。このため、近代を迎えた韓国料理の変化の様相を垣間見ることができる資料である。

一九〇〇年代以降、近代印刷術で大量生産と流通が可能になり、次第に料理本も普及し始めた。この時期が、料理本が最も売れた時期で、料理本が他の本を抜いてベストセラーになることもあった。料理本ブームの中心には、一九一七年から一九六二年まで四五年間、三四版という驚異的な記録を残し、絶えず人気を博した『朝鮮料理製法《チョソンヨリジェポッ》』という本がある。

『朝鮮料理製法』は梨花女子専門学校の家事科教授である方信榮《パンシンヨン》（一八九〇〜一九七七）が韓国料理の

調理法を集大成して近代式調理技術の形にして書いた本だ。方信榮は一九〇〇年代前半に女学校と梨花女子大学に在職しながら日本とアメリカに留学して学んだ食品学、栄養学、調理学などを自身の著書に反映した。『朝鮮料理製法』は方信榮が二三歳の一九一三年から執筆を始め、一九一七年に『萬《マン》家必備《ガビルビ》 朝鮮料理製法《チョソンヨリジェボッ》』というタイトルで初めて出版した。初版には、母親から学んだ伝統料理をもとに朝鮮料理と外国料理の作り方を収録した。その後、内容が修正・補完され、タイトルも数回に渡って変更された。一九四〇年には英語版『韓国料理』を出版し、独立後は『我が国の料理の作り方』（一九五二）にタイトルを変えて発行し、一九五八年に再版、一九六二年に最後の改訂版が出た。これらの本は『朝鮮料理製法』の内容を時代に合わせて補完したもので、現代韓国料理の模範となる本だといえる。

方信榮は伝統的な調理法を近代的なレシピに発展させてきた。数百種の韓国料理を計量化して整理することで、韓国料理の調理科学的発展と大衆化に貢献した。半世紀に及ぶ間、時代の変遷を盛り込み、読者の目線に合わせて内容を修正し続けながら纏められたこれらの本は、韓国の食生活史の研究において貴重な資料として評価されている。

3　調理教育教材

開化期以前の韓国の女性教育は非制度的な家庭教育に限られていた。儒教的な文化風土の中で、女性は家事を担い、家庭の和睦を図ることを重要な役割としていた。その後、開化期に入ると、宣教師が宗教を広めるための一環として女性教育のための学堂を設立し、日本統治時代には女性教育が家庭から学校へと移り始めた。

時代が変わり、多数の女性が教育を受ける時代になると、料理や家事教育は学校の必修科目となった。家庭で調理法を伝授する際には料理本を必要としなかったが、集団教育のためには調理教育教材が必要になった。一九二〇年代、女子師範学校と女子大学の家庭科で韓国料理、西洋料理、日本料理の教材が出版された。一部の有識者は、日本とアメリカなどに留学し、食品学、栄養学、調理学などを学んできたため、食品学や栄養学関連の書籍と韓国料理が調理科学的な体系を整えるようになった。

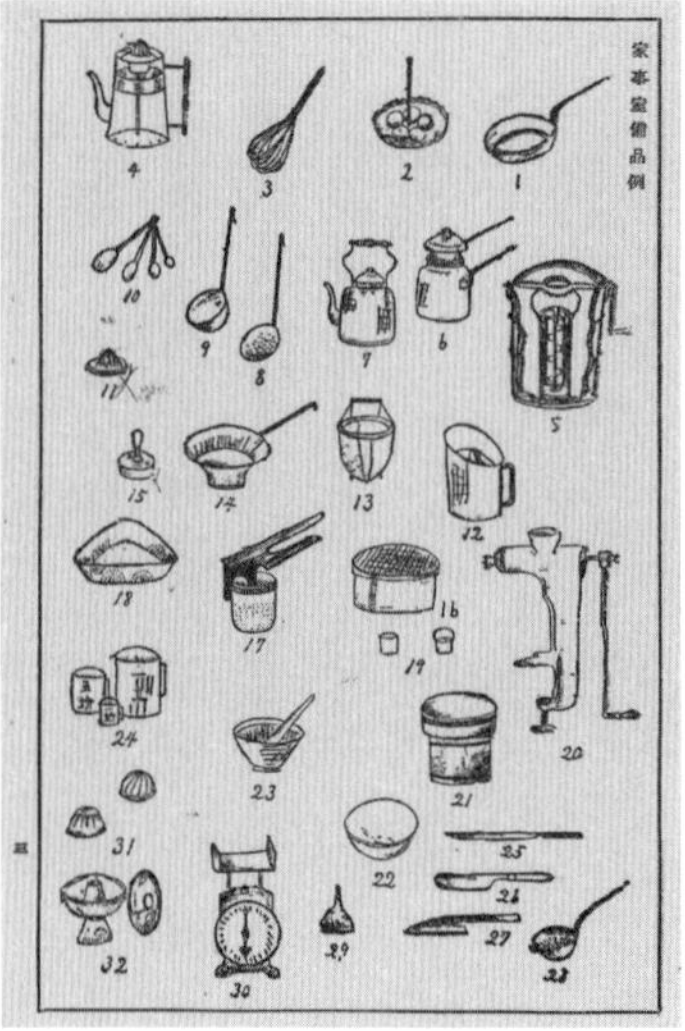

日本語で出版された『割烹研究』（一九三七）、ハリエット・モリソンが英語で書いた『朝鮮料理法（Korean Recipe）』（一九四五）、方信榮が書いた『高等家事教本——料理実習編』（一九五八）、『高等料理実習』（一九五八）などは、調理教育を目的として出版された教材である。

代表的な調理教育教材『割烹研究』は、ソウル大学校師範大学の前身である京城女子師範学校で調理実習の教科書として使用するため、一

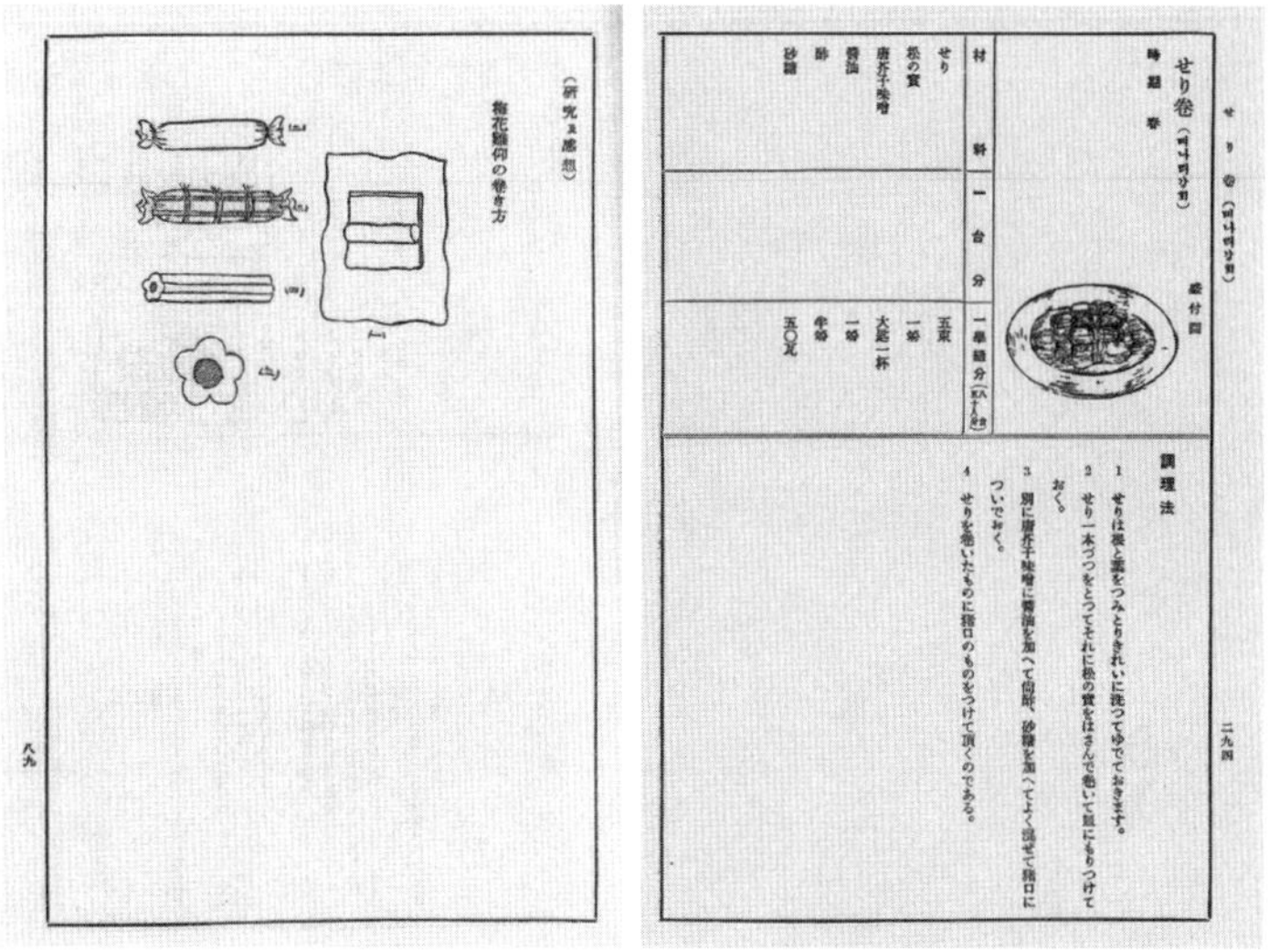
（研究と感想）
梅花鶏卵の巻き方

八九

せり巻
時期 春
盛付図

材料	一台分	一學級分
せり		五束
松の實		一勺
唐芥子味噌		大匙一杯
醤油		一勺
酢		半勺
砂糖		五〇瓦

調理法
1 せりは根と葉をつみとりきれいに洗つてゆでておきます。
2 せり一本づつをとつてそれに松の實をはさんで卷いて皿にもりつけておく。
3 別に唐芥子味噌に醤油を加へて酢、砂糖を加へてよく混ぜて猪口についでおく。
4 せりを卷いたものに猪口のものをつけて頂くのである。

二九四

写真3 『割烹研究』

九三七年に日本語で出版された本だ。「割烹」は、材料を切って煮ることとで調理することと、完成した料理を意味する日本語だ。この本の前半には日本料理、後半には韓国料理が掲載されており、おそらく日本料理と韓国料理を一緒に教えるための教材だったと思われる。一つのページに一つの料理を紹介する編集で、料理名、旬の季節や食べる時期、調理道具と完成した料理の図が掲載されている。材料欄には、実際の授業において必要な分量が示されており、六人用実習台用の分量と、一クラス五〇人分の分量が正確に書かれている。下段の調理法では番号を振って詳しく説明し、難しくて複雑な調理過程は絵で補足している。

方信榮は、『朝鮮料理製法』の他にも多くの著書を残した。特に女子学校の教材として使われた栄養学と食材の保存法、衛生、計量法を扱った『食品管理法』（一九五六）、中学校及び高校の教科書として製作された『高等家事教本』（一九五八）、『中等調理実習』（一九五八）、『高等調理実習』（一九五八）などが代表的である。その中でも『高等調理実習』は第一課から第六四課まで、食品学、栄養学の理論と献立、総菜、ピクニック料理、汁物、中華風炒飯、夏季の料理、定食のお総菜、中華風お惣菜、醬油や味噌作り、技術家庭科準備法、揚げ物、漬物など作り置きのお惣菜の種類、栄養価の高い昼食、代用食の昼食、魚料理、正月料理、洋食の朝食メニュー、酒の肴の種類、テーブルマナー、患者の流動食、離乳食など膨大な資料が掲載されている。韓国料理、中国料理、日本料理のメニューを様々なテーマ別に分けた調理法と理論の説明もある。

4　レシピの標準化

料理は時代とともに変化する。食材や調理法もそうだ。だから昔の料理本に材料やレシピが載っていても、それを正確に再現するのは難しい。また、今のようにカラー写真に詳細な作り方や正確な分量が記載されていれば問題ないが、漠然とした説明だけでは、きちんと再現できているのか心配になるものだ。近代以降に出版された料理本は、ほとんど計量単位を標準化し、科学的な調理法で説明することに努めている。何人分かを明記し、写真はないものの、調理器具や食器、材料、調理過程を絵で描くなど、今の料理本に近づき始めた。

一九四八年に発行された『我が国の食』は、ソウル大学校師範大学教授の孫貞圭《ソンジョンギュ》（一八九六〜一九五〇?）が一九四〇年に日本語で書いた『朝鮮料理』という本を独立後に韓国語で再刊行したものだ。著者は数年間、大学で調理実習科目を実際に教えた経験をもとに本の内容を修正・補完し、調理法だけでなく、食品学、栄養学的な知識と韓国固有の食文化を分かりやすく纏めた。また、科学的に執筆するため努力した結果、調理法に分量（五人基準）が登場し、全ての材料はキログラム（kg）、グラム（g）、リットル（ℓ）、デシリットル（dℓ）など重量や体積を測る標準単位で記載された。

朝鮮時代には家庭で料理の作り方を学んだが、近代に入ると学校の家庭科教育を通じて料理を学ぶようになった。また、一九三〇年代には一般の若い女性を対象にした朝鮮料理講習会が盛んに行われた。このような講習会は、料理が苦手な若い女性に韓国料理だけでなく、西洋料理、中国料理も教えることで人気が高まり、有名な料理講師、料理研究家も誕生した。

一九三九年に発行された『家庭主婦《カジョンチュブ》必読《ピルトッ》』は、韓国料理のほか、外国料理の調理法、子供の育て方や洗濯法など、主婦の日常生活に必要な内容を収録した本だ。著者の李貞奎《イジョンギュ》は料理研究家で、料理講習会の講師として活躍した人物である。一九三九年一一月には、攻玉《コンオッ》婦人会という団体の主催で開かれた朝鮮料理無料講習会の講師として招かれたという記録も残っている。

本の序文には、主婦になった女性の役に立つよう自身の経験を書いたので、簡潔で不完全だが家庭の必需品として使ってほしいという願いが書かれている。特に序文の前の章に著者の写真を掲載しているが、近代の料理本の中で女性著者の写真が載った本はほとんどなかったので、これは非常に異例のことだった。

『家庭主婦必読』には、韓国料理、日本料理、西洋料理、中国料理など全部で一四八種類のレシピが載っている。国別に分けずに、ご飯、汁物、蒸し物、揚げ物、お茶やフルーツポンチ、水飴や飴、正果《チョン クワ》（果物や高麗人参を蜂蜜や砂糖に漬けたり煮込んだ菓子類）、お菓子、ケーキ、果片《クワピョン》（酸味のある果物を煮て、でんぷんを溶かして濃度を濃くし、固めたもの）、餅《トッ》、キムチ、果物、ジャム、ピクルスなどが順番に掲載されている。この本では西洋料理の名称を西洋式発音そのままでは使わず、オイスターチャウダー（Oyster Chowder）をクルクッ（カキの汁もの）、ドーナツ（donut）をドナッソルコ（餅の種類）など韓国料理の名称から借用した。これは、韓国人に馴染みのある名称で呼ばれて親しまれるようにという意図だと思われる。

5 簡単な韓国料理？ 手のかかる韓国料理？

近代に入ってから、朝鮮時代から伝わる伝統料理は手間も時間もかかり、経済的ではないという低評価の意見が出たことがある。特に日本統治時代と朝鮮戦争などを通じて韓国は食糧不足を経験し、この問題を解決するための様々な代替案が登場した。この時代に料理本を書いた方信榮、孫貞圭のような学者は、時代に合わせて簡単で経済的な大衆料理が必要であり、これを普及することが重要だと考えた。

このような流れの中で、一九三四年に李奭萬《イソクマン》が書いた『簡便朝鮮料理製法《カンピョンチョソンヨリジェポッ》』が登場した。著者の序文には、この本を編纂した意図が書かれている。李奭萬は当時出版された料理本を批判し、簡単に手に入る材料で手軽に作り、栄養価が高くおいしい料理を作って食べられるようこの本を書いたという。

このように二〇世紀に入ると、工程が複雑で時間がかかる非経済的な韓国料理の調理技術を改善しなければならないという声が高まった。そのため、この時期に出版された料理本は、ほとんどが簡単で手軽な調理法を採用し、外国料理も一緒に紹介している本が多かった。しかし、このような流れの中でも主流とは異なり、独自の路線を堅実に歩む本があった。『朝鮮料理法《チョソンヨリポッ》』（一九三九）がその代表的な例だ。

『朝鮮料理法』は一九三九年に両班家の女性が韓国料理の伝統調理法を中心に記述した本だ。著者の趙慈鎬《チョジャホ》（一九一二～一九七六）は、ソウルの両班《ヤンバン》（官僚を輩出する上流階級）家の子弟で、純宗の皇后尹氏の従姉妹だった。日本東京製菓学校を卒業し、京城家庭女塾《キョンソンカジョンヨスッ》（現中央女子高等学校）を設立、教師として勤務し、伝統料理を教えた。一九三七年から三年間、新聞に「代表的な朝鮮料理いくつか」「朝鮮料理で本格的な正月料理いくつか」「思い浮かべるだけで食欲をそそる春の朝鮮料理」などを連載した。朝鮮料理講習会はもちろん、様々な学校で韓国料理の調理法を講義した。一九五三年には国内初の伝統餅菓子専門店「好圓堂《ホウォンダン》」を設立し、ソウル両班家の伝統餅菓子を大衆に紹介した。特に餅とお菓子の腕前は評判が高く、好圓堂は代々受け継がれ、現在も続いている。

著者が序文に書いた執筆理由は、外国の文物の流入によって変質し廃れていく韓国料理を残念に思い、かつて家々で引き継がれてきた味と伝統的な調理法を大衆と共有し、後世に伝えるためという。韓国料理の伝統的な調理法を紹介しながらも、材料と分量を詳細に記述し、作り方を段階的に説明するなど、近代的な料理書の様相を呈している。

6 韓国に紹介された外国料理 vs. 海外に紹介された韓国料理

近代に入り、韓国料理には混淆と変容が起こったが、一方で料理の種類はより豊かになった。西洋、中国、日本などの外国料理が紹介される一方、韓国料理も外国に紹介された。ご飯とおかずを基本とする韓国の食卓とコース式の西洋の食卓は混在しにくいように思えるが、当時の人々は珍味として外国料理を楽しんでいたので、それほど問題にはならなかった。

韓国に駐在していた外国人婦人の集まりである「京城西洋婦人会《キョンソンソヤンブインフェ》」は西洋料理を紹介するために一九三〇年に韓国初の西洋料理本を発行した。西洋文化が韓国の衣食住に影響を与えるようになり、西洋料理への関心が高まった主婦のために発行された本で、婦人や若い女性を対象とした西洋料理講習の教材として広く使われた。

スープをクッ（汁物）と呼び、イルニョンガムクッ（トマトスープ）、クルクッ（カキチャウダー）、ボックックッ（フランススープ）など一〇種、魚介類料理六種とそれに合うソース三種、肉料理一五種、豆類料理八種、チーズを使った料理九種、二〇種類以上のサラダとドレッシング、プリン一七種、アイスクリーム八種、ソース五種、パイ一三種など、様々な調理法が掲載されている。そのほか、餡餅《サタントッ》と呼ばれるケーキ、クッキー、ジュース、ジャム、ピクルス、キャンディーなどのレシピも掲載されている。朝鮮式とされるカリンジャム、レンコンコロッケ、豆腐料理など、西洋のレシピに韓国の食材を加えて開発したレシピも掲載されている。

一方、韓国料理の調理法が翻訳され、外国に紹介されることもあった。『Oriental Culinary Art』(一九三三)は、中国、韓国、日本、フィリピンの代表的な調理法を集めた東洋料理本である。一一五ページの英文書籍で、一九三三年にカリフォルニア州ロサンゼルス所在の出版社 Wetzel Publishing から出版された。著者はジョージ・クォン(George I. Kwon)とパシフィコ・マグピオン(Pacifico Magpiong)で、ジョージ・クォンは韓国人だと思われる。

簡単に作ることができて、広めることができそうな最も人気のある東洋料理をまとめている。料理を国別に分けず、調理方法によって Soup(スープ)、Rice(ご飯)、Chop Suey(チョップスイ、ひき肉と野菜の炒め物)、Noodles(麺類)、Eggs(卵料理)、Fish(魚料理)、Suki-Yaki(すき焼き、鍋)、その他に分類している。韓国料理では、ミヨックッ(わかめスープ・Miyuk Soup、Seaweed Soup)、夏バテ防止用のユッケジャン(牛肉の辛い汁物・Summer Soup)、ヤッパ(もち米に醬油と黒砂糖、ナツメなどを入れて炊いたおこわ・Yakbap、Sweet Rice)、韓国式野菜チャプチェ(Korean Vegetable Variety Chop Suey)、魚の煎《チョン》(魚肉に小麦粉、溶き卵をまとわせて油で焼いたもの・Fish Chun-Yuak)、豆もやしの和え物(Bean Sprout Salad)、キムチ

SOONGKI-AKTANG

1 good-sized carp, scales and insides removed and cleaned well,
½ pound bean sprouts, washed well,
5 stems of celery, cut fine,
1½ dozen mushrooms, softened, cut fine, with stems removed,
¾ pound tenderloin steak, cut fine,
1 cup dried lily flowers, soaked in hot water to soften,
8 water chestnuts, shaved thin, skin removed,
½ pound water cress, washed well,
3 eggs,
12 fresh green onions cut fine, separating the green and white parts,
½ cup of pine nuts, shelled,
Steamed rice,
Korean rice cake,
Noodles,
1 pound **wancha** (see p. 86 on how to make **wancha**).

Cut both sides of the fish diagonally in parallel lines 1 inch apart, cutting to, but not clear through, the bones. Salt it a little outside, inside and in the cuts, smear it well with **soyo**, then broil it until it is brown and thoroughly cooked. Set it aside. Season the finely cut beef with **soyo**, Korean sesame oil, **ga-so-gum**, and pepper to taste. Work it well with the hand for a few minutes to allow ample time for the liquid and powdered ingredients to soak into the meat. Set it aside.

Fry each vegetable separately and season each with

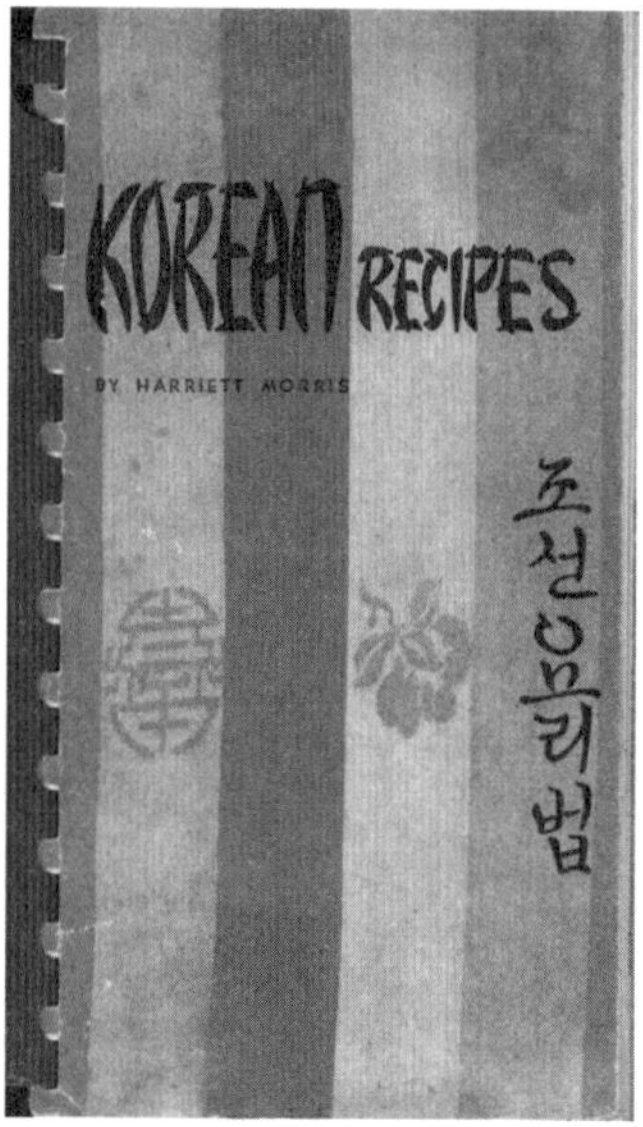

写真４　『Korean Recipes』表紙、本文

(Korean Cabbage Pickle)、水正果《スジョングワ》（シナモンと生姜を煮出し、砂糖などを入れ、干し柿などを浸した甘い飲み物・Korean Persimmonade）など日常の中でよく食べる韓国料理とともに、勝妓楽湯《スンギアッタン》、龍鳳湯《ヨンボンタン》、特製神仙炉《シンソンロ》など特殊な韓国料理のレシピが掲載されている。

　韓国に宣教師として来て梨花女子専門学校の家事科の教授として在職し、西洋料理を教えたハリエット・モリス（Harriett Morris、?～一九五九）は、一九四五年、米国カンザス州ウィチタで方信榮の『朝鮮料理製法』を基礎とした『Korean Recipes（朝鮮料理法）』を出版した。韓国人だけが知っている韓国料理をアメリカの一般大衆に広く知らせるために書いた九六ページの本で、当時八〇〇〇冊以上も販売され、韓国女性の教育課程で教科書として使われることもあった。この本は料理の写真が多く掲載されているのが特徴だ。パンサンチャリム（日常の膳立て）、交子床《キョジャサン》チャリム（お祝い事や集いの膳立て）、煎骨《チョンゴル》サンチャリム（鍋物の膳立て）、神仙炉、トッ（餅）と韓菓《ハングワ》など伝統的な膳立て以外にも、キムチの材料、大根を切る様子、豆もやしのひげ根を取る様子などを写真で確認できる貴重な資料だ。調理法は英語で書かれている。キムチが韓国語の発音通り「Keem-Chee」と表記されており、本の最後には季節ごとのコース料理メニューとして活用できる料理構成も提案している。

一八七六年の江華島条約以降、開化期に入り、徐々に外国の食文化が伝わった。一八七六年には日本の清酒である正宗が、一九〇〇年代初めには日本のビールが紹介された。特に一九一〇年代末に韓国に進出した日本の化学調味料会社・味の素は、独立直前の一九四三年まで会社名と同一の「味の素」という調味料を販売していた。味の素は、膳立て、キムチ、神仙炉など朝鮮人の食生活のイメージを積極的に活用した新聞広告を通じ、商品に対する肯定的なイメージを伝えながら、おいしくて簡単かつ経済的に調理できることを強調した。韓国の食生活に「味の素」は抵抗感なく受け入れられ、積極的に使用された。同社は商品を販売する目的で、調味料「味の素」を使った朝鮮料理本『四季の朝鮮料理』を発行した。

『四季の朝鮮料理』は一九三四年を皮切りに、一九三五年の増補版（ソウル大学校奎章閣韓国学研究院所蔵版）、一九三七年の一〇版本（味の素食の文化センター所蔵版）まで一九三〇年代中盤から後半にかけて持続的に刊行された。一九三四年の初版本は奥付に非売品と書かれているが、当初は鈴木商店で

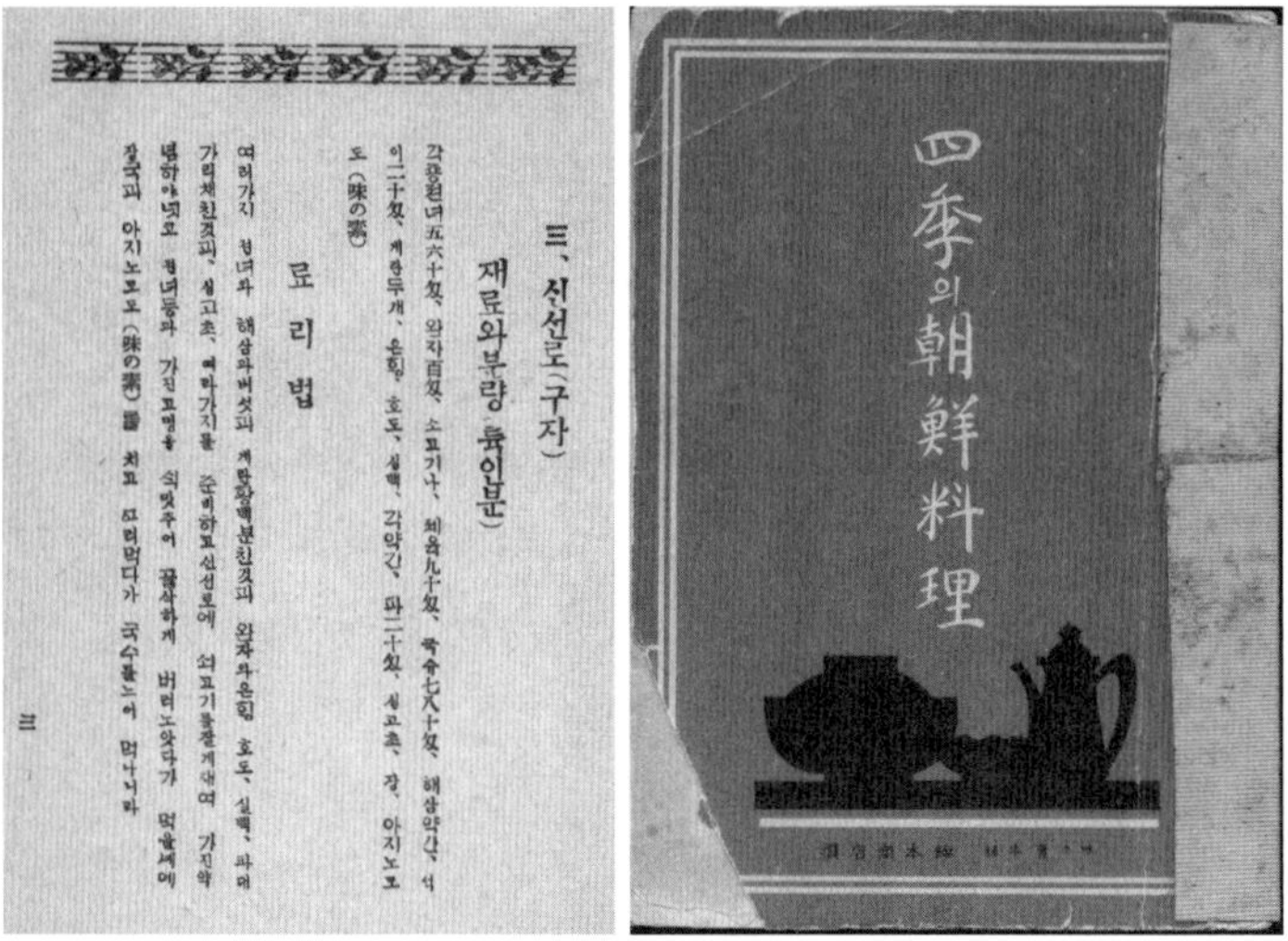

写真５　『四季の朝鮮料理』表紙、本文

調味料を販売する目的で広報のための贈呈用として発行したものと思われる。初版本は一一㎝×一五㎝の大きさで、表紙と巻頭言を除くと四〇ページの小さくて薄い本だった。一九三五年と一九三七年に発行された版本は、サイズも大きくなり、料理の種類もさらに数多く追加された。

巻頭言には、時代の移り変わりとともに流行や制度が変わるように、食べ物も時代の流れに沿って、経済的かつ簡単に作れるようになるべきだと指摘し、「味の素」が経済性、味、栄養、簡便さなど全ての要件を満たすので、食べ物の近代化を実現でき、現代人が料理を作るのに理想的な食材になるという宣伝文句で締めくくられている。

それぞれの料理に合わせて汁物、調味料、醤油や味噌に調味料を加える。

一九三四年に出版された『四季の朝鮮料理』初版は、後に出版された本とは異なり、朝鮮料理五二種の調理法のみを掲載した。料理の内容は主食類六種、総菜類四四種、飲み物類二種に分けられる。調理書によく含まれる餅と韓菓類は収録されていないが、おそらく調味料を使うのに適していないため除外されたと思われる。汁物や総菜類では、クッ（汁物）、タン（一品料理になる汁物）、チョンゴル（鍋）が九種で最も多く、蒸し物六種、生菜・火を通した野菜六種、チゲ五種、焼き物五種、炒め物・煮物四種、チヂミ三種、漬物二種、サム（葉っぱに包んで食べる料理）二種、和え物一種、魚熟膾《オスッフェ》（刺身のように薄く切ってさっと湯がいた魚）一種が掲載されている。料理の分量は六人分と表示されており、全ての料理に調味料の「味の素」が使われてる。汁がある料理は、汁に「味の素」を入れることもあるが、カルビ湯《タン》のように下味の味付け用に使うこともあった。チヂミやさっと火を通した魚熟膾は、酢醤油や酢を入れたコチュジャンに「味の素」を入れ、ヨンゲベッスッ（もち米を入れた若鶏の煮込み）はスープに、イイダコをお湯にくぐらせたスッフェはスッフェを付けて食べる酢コチュジャンに入れることを推奨した。韓国料理の調理法やそれぞれの料理を食べるシチュエーションに合わせて「味の素」を少しずつ使い分けたのだ。

7　朝鮮王朝宮廷料理の継承

宮中料理は、王に献上される進上《ジンサン》と臣下に下賜される下賜《ハサ》、頒賜《バンサ》を通じて、士大夫《サデブ》や中人《チュンイン》、庶民にまで伝わり、韓国の伝統的な文化に影響を及ぼした。五〇〇年以上続いた朝鮮王朝が幕を閉じると、宮中で料理を作っていた熟手《スッス》や内人《ナイン》たちは宮廷を離れ、朝鮮料理屋に職を得た。その結果、自ずと料理屋は宴会を行うとともに宮中料理を味わえる特別な場所として発展した。しかし、外食業という経済的状況は宮中料理を保存する方向とは程遠く、ほとんどの膳立てが宴会料理を中心に華やかに構成され、宮中料理はむしろ変質していった。

最初の朝鮮料理屋は一八九〇年代に開業した恵泉館《ヘチョンクワン》だが、名声が高かった料理屋は一九〇三年に明月樓《ミョンウォルル》として始まり、一九〇六年九月に増築して開店した明月館《ミョンウォルクワン》である。明月館の創立者である安淳煥《アンジュンファン》は、宮中の宴会料理を担当していた典膳司の最高職の管理者だった。彼は料理の腕前がいい男性料理人の熟手《スッス》とお酒を作るのが上手な宮中内人を起用し、有名な妓生《キーセン》まで採用し、新聞に広告を出した。明月館は宮廷料理と宴会を楽しめる場所として有名になり、繁盛した。

一九〇〇年代初頭に出版された『夫人必知《プインピルチ》』は、主に『閨閤叢書《キュハッチョンソ》』(一八〇九)の内容を抜粋したものだが、当時有名な料理屋である明月館の料理も紹介されている。その中でも明月館の冷麺は別途調理法を記載して説明しているが、トンチミを説明する項目の中で、冷たいトンチミに麺を入れて冷たく食べる明月館の冷麺が登場する。大根と梨をたくさん入れ、柚子も入れてトンチミを作り、そのスープに麺を入れて大根、梨、柚子を細く切って入れ、水煮した豚肉、卵、梨、松の実を飾りとしてのせる方法だという。明月館の料理として紹介されたが、当時、明月館の調理担当が宮廷の熟手《スッス》と内人であったことから、これも宮廷料理から伝わったものだと見做すことができる。

韓国料理の真髄とされる「朝鮮王朝宮廷料理」を国家重要無形文化財に指定するために努力した黄《ファン》慧性《ヘソン》（一九二〇～二〇〇六）は、一九四〇年代に淑明《スツミョン》女子専門学校家事科の教授として在職しながら、朝鮮王朝最後の厨房上宮である韓煕順《ハンヒスン》（一八八九～一九七二）を師匠として迎え、宮廷料理を学び、それを学生に教えた。黄慧性は韓煕順上宮から伝授された宮中料理の調理法をまとめ、一九五七年に『李朝宮廷料理通考《イジョクンジョンヨリトンゴ》』を発行した。宮廷料理のレシピを世に知らしめたこの本は、韓煕順上宮と淑明女子専門学校家事科の黄慧性、李恵卿《イヘギョン》教授が一緒に執筆した。これは失いかけた宮廷料理を文献記録として残した貴重な資料で、近代調理書の最後の出版物といえる。

巻頭言で、朝鮮時代以降の宮廷料理の全貌が宮廷の一部の人々にのみ口伝され、時間が経つにつれてそれさえも消えていくことを惜しむ心情とともに、研究を通じて韓国料理の民族的な情緒を活かすという意図があることを明らかにした。伝統的な韓国料理が外国料理の影響で変容し始めた頃、韓国料理の根幹を守り、その伝統を継承するために執筆したのである。『李朝宮廷料理通考』は宮中で作っていた料理を計量化し、近代の調理法で記述し、宮廷料理の調理法と風習まで紹介した。場合によっては歴史の舞台裏に消え去りそうになった宮中料理を今日まで続くようにした礎《いしずえ》のような本である。最後の付録部分には、宮廷の食材、料理、調理用語、器名、食習慣などの用語解説を加えた。詳細に記録された宮中用語解説部分を通じて、宮廷や士大夫が主に使っていた用語を確認することができる。近代に移り変わる時に変化してしまった用語もあり、このような記録はその間隙を埋める架け橋の役割を果たす。

おわりに

開化期から日本植民地時代は、国権の収奪という時代的苦痛があった時期であり、近代化の過程で長い間維持してきた伝統的な生活様式がなくなるなどの変化があった時期でもある。近代の韓国料理の料理書を調べてみたところ、伝統文化が持続される過程で新たに変化したり、新しい文化が生まれたようすが明らかになった。特に食は一般庶民の生活と密接に関連があるという点で、伝統文化の受容と変容を確認する上で大変意義深かったといえる。

参考文献

姜仁姫　一九七八『韓国食生活史（한국식생활사）』三英社
姜仁姫ほか　一九八二『韓国の食生活風俗（한국 식생활 풍속）』三英社
ユ・テジョン　一九九七『韓国料理大観 一巻　韓国料理の材料（한국음식대관 1권 – 한국음식의 재료）』韓国文化財保護財団
李盛雨　一九七八『古代韓国食生活史研究（고대 한국식생활사 연구）』郷文社
李盛雨　一九八一『韓國食經大典（한국식경대전）』ヒャンムン社
李盛雨　一九九二『韓国古式文献集成古料理書（한국고식문헌 집성 고조리서）（Ⅰ～Ⅶ）』修学社

周永河　二〇一一『食の人文学（음식인문학）』ヒューマニスト
韓国民俗辞典編纂委員会　一九九一『韓国民俗大辞典（한국민속대사전）』民族文化社
韓国精神文化研究院　一九九一『韓国民族文化大百科事典（한국민족문화대백과사전）』韓国精神文化研究院
韓福麗　二〇〇一『私たちの生活一〇〇年・飲食（우리 생활 100년，음식）』玄岩社
韓福麗ほか　二〇一六『食の古典（음식고전）』玄岩社
黄慧性　一九七六『韓国料理百科事典（한국요리 백과사전）』三中堂
黄慧性ほか　一九九七『韓国料理文化大観　六巻（한국음식문화대관 6권）』韓国文化財保護財団
黄慧性ほか　二〇一〇『三代が書いた韓国の伝統料理（3대가 쓴 한국의 전통음식）』教文社

コラム

宮廷の調理道具と熱源

李《イ》 昭姈《ソヨン》

宮殿と厨房

朝鮮（Joseon, 一三九二〜一九一〇）の宮殿の中には、王室の家族が居住する生活空間がある。王室の人々の食事をまかなうための空間もある。宮殿の厨房空間としては、焼厨房《ソジュバン》、生物房《センムルバン》、退膳間《テソングァン》などがあった〔韓福麗 二〇一五〕。焼厨房は、火を使って食品を調理し、温める空間だ。生物房は、餅やお菓子、飲み物を作るところで、生果房《センクァバン》とも呼ばれる。退膳間は、王室の家族が住む殿閣についている小さな厨房だ。焼厨房で作られた料理を温めたり、簡単な調理をし、王のお膳を下げた後の処理をする機能を担った。

宴会のような特別な行事がある場合は、宮殿内の広い空間に熟設所《スクソルソ》という臨時の厨房を設置した。熟設所では外部の料理人まで招いて大量の料理を用意した。

朝鮮時代の熟設所の様子が生き生きと描かれた記録画がある〔写真1、周永河 二〇二二〕。

写真１　『宣廟朝諸宰《ソンミョジョジェジェ》慶《キョン》寿宴図《スヨンド》』(1605)**に描かれた熟設所《スクソルソ》の様子**（左）**と、釜、燔鉄《ポンチョル》、ジャベギ、かご**（右上から、国立民俗博物館所蔵）

絵の左上には蓋で覆われた鋳鉄釜が見えるが、釜の中には汁やご飯がある可能性が高い。その下には、三つの燔鉄《ポンチョル》が並べられている。そのとなりには、炭を入れた刳《く》り鉢が見え、男性たちがチヂミや炙《ジョク》などを焼いているように見える。その後ろには脚の長いテーブルがあり、その上に白磁の器、ジャベギ（陶器の器）、まな板が置かれている。料理する二人の男のうち、一人は包丁を持っており、大きな甕の近くの男性は杓子で甕から何かをすくって出している。酒や醤油、水が入っているものと見られる。甕の横には食材を入れておいたようなかごも見える。

宮殿の調理道具

食べ物を調理するためには様々な道具が必要だ。朝鮮の宮殿内の厨房にも様々な調理道具が備わっていた。宮殿の調理道具だからといって、一般家庭の厨房器物と大きく違っていたわけではない。朝鮮後期の王室家族の誕生日のお祝いを記録した『進饌儀軌《ジンチャンぎき》』『進宴《ジンヨン》儀軌』などから、当時の宮殿厨房で使用された調理道具を垣間見ることができる［写真2］。

一八八七年（高宗《コジョン》二四年）、大王大妃《テワンテビ》である神貞《シンジョン》王后趙《ジョ》氏（一八〇八～一八九〇）の八旬を祝うため景福宮万《キョンボクグンマン》慶殿《キョンジョン》で、一月二七日から三日間、進饌《ジンチャン》が行われた［李孝枝ほか 二〇〇九］。宴会料理を作るために臨時家屋を建てて熟設所として使ったが、熟設所の規模は二〇〇間を越え、いろいろな調理道具を備えていた。

包丁は、細糙刀《セジャンド》、欄干刀《ナンガンド》、錫項刀《ソクハンド》、大刀子《デドジャ》など多様な種類が使われたが、包丁の大きさや形、産地などにより、異なる名前で呼ばれていた。料理に使う包丁は、食《シク》刀《ド》、お餅やお菓子に使うのは、餠刀《ビョンド》と区別した。

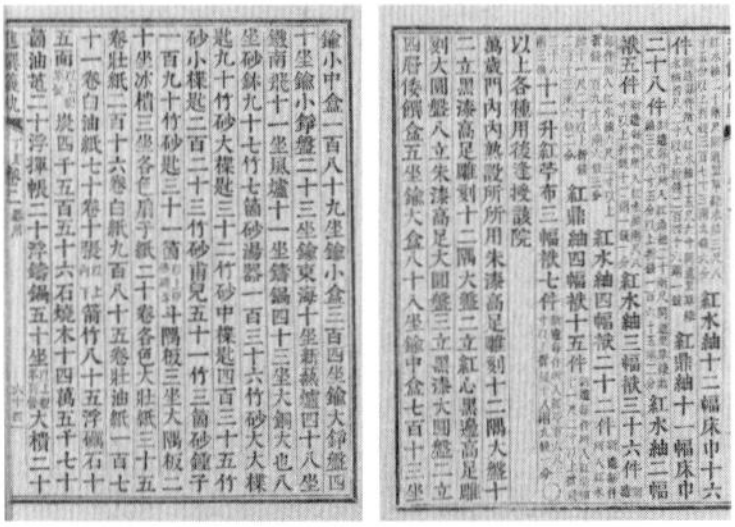

写真2 『丁亥進饌儀軌』「修理」部分（1887、韓国学中央研究院蔵書閣所蔵。K2-2876）

水を汲んできたり、入れておく道具としては、オンギという粘土で整形し、灰釉や鉄釉をかけた施釉陶器のチルデオン（陶大甕、大きな壺）、チンドンへ（陶東海、ドンイ）、コドンへ（鍮東海、鍮器でできたドンイ）があった。材料を混ぜたり、調味料を混ぜたりする容器としては、浅く平たく作った素焼きの陶器であるチルソラ（陶所羅、ソレギ）、チルバタン（陶所湯）、チルバングリ（陶方文里、小さい壺）、ジャバギ（者朴只、ジャベギ）などが使われた。

食べ物や食材を保管する道具としては、隅板《モパン》、樻子《クェジャ》などがあった。隅板は、木の板で作った、低めの四角い箱で多くの食べ物を入れておくことができ、樻子は木で作った箱だ。食品の鮮度を保つために使用した氷を入れる氷箱、氷樻《ビンクェ》も用意された。

穀物をついたり餅をつく臼《チョルグ》もある。木や石の内側を削って作った臼の中に穀物や餅を入れてつくが、つく道具は臼杵《チョルグゴンイ》という。餅を臼でつきおわると、または、お菓子の生地を練った後は、案板《アンバン》（案盤）と呼ばれる長い木の板の上に載せて一定の形に切った［李動鍾 一九九二］。

穀物の粉を細かくふるったり、餅に使う小豆の餡を作る時は、篩《ふるい》を使う［李動鍾 一九九二］。熟設所には馬尾毛（馬のたてがみや尻尾の毛）で作った篩（馬尾篩）、竹で編んだ篩（竹篩）、絹糸で編んだ細かい篩（綃篩）を用意して、用途に合わせて使用した。

ご飯を盛ったり汁や具をすくったりする時は、杓子や鬯煮《ソクジャ》、周巪《ジュゴク》（ヘラ）、瓢《バガジ》などを使う〔李勳鍾 一九九二〕。鐥煮は、針金で網のように編んで作った器具であり、油で揚げた料理を取る時に使う。周巪は、食べ物を混ぜたり、ご飯を器に盛ったりするための道具で、丸くて平べったいものに柄がついている。

薬菓《ヤックァ》や茶食《ダシク》を作る時は、茶食果板《ダシククァパン》と茶食板《ダシクパン》を利用して成形した。これらの長くて硬い木製の道具には、花や蝶、文字が刻まれている。

熟設所には、穀物や食品を計量する道具である、鍮器と木でできた升《マル》（木斗、鍮斗）と升《ドェ》（木升、鍮升）、そして、秤《ジョウル》（斤称子）も備えられていた。

写真3 『整理儀軌《チョンニ》』（1796）に記録された王様のための鍋ご膳「煖爐《ナンロ》」の再現。
（財）宮中飲食文化財団所蔵

加熱調理器具

宮中の宴には湯《タン》、蒸し物、炙《ジョク》、煎油花《チョニュファ》、鍋料理、麺、餅など加熱調理する食べ物が多い。熟設所には火を使う食べ物を調理する空間を別途分離して設置し、これらの空間を食べ物によって、麺餅仮家《ミョンビョンガガ》や湯所仮家《タンソガガ》などと呼んでいた。

加熱用の調理道具も多様だ。材料を茹でたり煮たり蒸したりする時は、釜《ソッ》（釜／食鼎／鋳鋳／鍮湯煮）

写真４　スラン（左・(財)宮中飲食文化財団所蔵）**とスラントゥゲ**
（中央・(財)宮中飲食文化財団所蔵、右・国立民俗博物館所蔵）

とセオン（鍮沙用）、シル（蒸し器）、ゴングレ（蒸し釜などの底に敷く簀の子）などを使用した。釜は、ほとんど鋳鉄でできたものだが、大きさや形が多様だ。セオンは、真鍮の小さな釜だ。肉や魚を焼いたり炒めたりする時は、焼き網《ソクソェ》（炙金／乫金）と燔鉄《ボンチョル》（燔鉄／煮）を使う。焼き網は、針金で網を編むように作ったもので、四角か丸い形だ。鋳鉄火鉢の上に、三脚や五徳を置き、その上に焼き網を載せて肉、魚などを焼く。燔鉄は、丸くて平たい鉄板で、チヂミを作ったり料理を炒める時に使う。

　煎骨《ジョンゴル》（鍋料理）のようにその場で料理して食べる場合は、火鉢や風炉、ネンビ（鍋／鉄南飛《チョルナンビ》）、シンソンロ（新爇炉／神仙炉／新設炉）などを使用する。このような加熱調理器具の燃料は、ほとんどが、炭、薪、萩の枝だった。普通、楢の木を細かく割ってそのまま薪として使うこともあるが、木を炭化させた木炭も多く使った。王室の鍋ご膳には煎骨《ジョンゴル》トゥル

（ニプゴル）鍋の、火鉢の他にも食べ物と汁をすくう鍋杓子《ニプゴルジャ》、そして、すくって食べられる器である茶碗《コンギ》などの道具も伴う［写真3］。煎骨《ジョンゴル》トゥル（ニプゴル）は、煎鉄《ジョンチョル》、ボンゴジッコルというが、チヂミを焼いたり、縁があって肉を炒め、汁を入れて煮込んで食べられる鋳鉄製の器のことをいう。

朝鮮後期の王室宴会には卵料理である水卵《スラン》（落とし卵）が登場する。水卵は杓子に卵を割り入れて、沸騰したお湯に入れて半熟にする。水卵を大量に作るための道具がある。「スラン器」または「スラントゥゲ」と呼ばれる水卵専用の杓子で、普通の杓子を三つ束ねたような形だ。杓子の内側に円形のくぼみが三、四個ある形もある［写真4］。

参考文献

一七九六『整理儀軌（뎡니의궤）』フランス大学言語文明図書館（BULAC）所蔵本

一六〇五『宣廟朝諸宰慶寿宴図（선묘조제재경수연도）』

一八八七『丁亥進饌儀軌（정해진찬의궤）』韓国学中央研究院蔵書閣所蔵（K2-2876）

李孝枝、韓福麗、鄭吉子　二〇〇九『高宗丁亥年進饌儀軌セット（고종 정해년 진찬의궤 세트）』韓国文化財保護財団

李勳鍾　一九九二『民族生活語辞典（민족 생활어 사전）』図書出版ハンギル社

周永河　二〇二二『絵で味わう朝鮮料理史（그림으로 맛보는 조선음식사）』ヒューマニスト

韓国民族文化大百科辞典（한국민족문화대백과사전） http://encykorea.aks.ac.kr/

韓福麗　二〇一五『代を継ぐ朝鮮王朝宮廷料理（대를 잇는 조선왕조 궁중음식）』宮中飲食研究院

写真資料

釜（石南 1513）、国立民俗博物館 (National Folk Museum of Korea) https://www.nfm.go.kr/

燔鉄（民俗 017339）、国立民俗博物館

ジャベギ（民俗 05601）、国立民俗博物館

かご（民俗 050570）、国立民俗博物館

『丁亥進饌儀軌』(K2-2876)、デジタル蔵書閣 (Digital Jangseogak) https://jsg.aks.ac.kr/

鍋ご膳、（財）宮中飲食文化財団 (Korean Royal Cuisine Culture Foundation)

スラン、スラントゥゲ、（財）宮中飲食文化財団 (Korean Royal Cuisine Culture Foundation)

スラントゥゲ（民俗 020482）、国立民俗博物館

特別コラム

「食文化」ということば

石毛直道《いしげなおみち》

飲食を文化として総合的にとらえようとする研究がされるようになるのは欧米諸国でも日本でも、一九八〇年代後半からである。

それ以前の日本での食に関する研究分野でいえば、自然科学の分野が中心であり、食物と人体の関係を考察する「生理学」や「栄養学」、料理技術に関する「調理学」は女子大学の科目にも取り入れられていた。しかし、人文科学の分野では、民俗学者による地方食の研究と歴史学者の副業としての食物史研究が細々となされるくらいのことであった。そこで「食文化」ということばもなかった。

1　文化としての食

いささか気のひける事柄ではあるが、わたしが食文化研究をするようになった、いきさついて記しておこう〈1〉。

それは飲み屋のツケを支払うことにはじまる。当時、京都大学の助手であったわたしが、一九六八（昭和四三）年に結婚することになった。結婚後は家庭で晩酌をするようになったが、独身時代には、酒好きのわたしは京都の繁華街にある安飲み屋に入り浸って、ツケで酒を飲んでいた。

借金を背負ったまま結婚するのも気のひけることなので、結婚式の前に何年分ものツケを支払わなければならない。そのためには金儲けをしなければならない。

アルバイトで家庭教師をすること以外に金儲けをしたことのないわたしのことである。まとまった金を稼ぐ方法を考えたすえに出てきた結論は、売れる本を執筆することであった。

それまでに太平洋の島々やニューギニア、東アフリカなどで文化人類学のフィールドワークでさまざまな奇妙な食べ物を口にしたし、食いしん坊のわたしは料理好きでもある。そこで『食生活を探検する』という最初の著書を刊行した［石毛 一九六九］。この本の売れ行きはよくツケは完済できたが、読者からはわたしが食を専門に研究する人物と思われるようになったらしい。

当時の世界の文化人類学界では食に関する文化は未開拓に近い状況であった。探検好きのわたしは、未知の領域にいどむことが好きである。そこで食をさまざまな視点から考え、文化として総合的にとらえることを、わたしの仕事の一つとすることにした。

食文化ということばもなかった頃のことである。文化系の研究者が食についての研究をしても、それは本業から逸脱した余業や遊びとされた。当時の文部省（現在の文部科学省）に科学研究費などの公的研究費を申請しても認可されるはずはなかった。

そこで、わたしの食文化研究の初期における調査費や研究費は、民間の食品企業や財団の援助にたよることがおおかった。さまざまな企業のお世話になった食文化研究が、学問の一分野として社会的認知をされるようになったことについては味の素（株）が果たした役割はおおきい。

一九八〇（昭和五五）年から、味の素（株）創業七〇周年事業として三年間にわたる食文化に関する公開シンポジウムを開催することになった。このシンポジウム・シリーズの企画をまかされたのが、四〇歳代になったばかりの若造のわたしであった。

文化としての食を検討するはじめてのシンポジウムを立案するにあたって、わたしが企画したのは学際的な論議を展開することであった。生活の基本である食には、人間活動のあらゆる局面が反映されている。そこで、さまざまな分野の研究者たちが集まって、それぞれの視点から食文化について論じてもらおうと考えたのである。

「人間・たべもの・文化」というタイトルで開催された第一回目のシンポジウムには文化人類学・霊長類学・生理学・栄養学・農耕文化論・牧畜文化論・思想史など、さまざまな

写真１　食の文化シンポジウム '80「人間・たべもの・文化」のパネラーと筆者
提供：公益財団法人 味の素食の文化センター

分野の第一人者たちがパネラーとして登壇して講演をおこなってから、パネラー同士の討論をおこなった。ついで、公募して参加した三〇〇人以上の一般の聴衆との質疑応答もなされた。第二回、第三回のシンポジウムは、海外の著名な研究者も参加する国際シンポジウムとなった。

このシンポジウムの記録は『人間・たべもの・文化』『東アジアの食の文化』『地球時代の食の文化』として市販の単行本にまとめられ、新聞などのマスコミにもとりあげられた。新聞などでは、「食の文化」ということばを省略して、「食文化」という見出しで報道することもおこなわれた。その結果「食文化」ということばが普及した

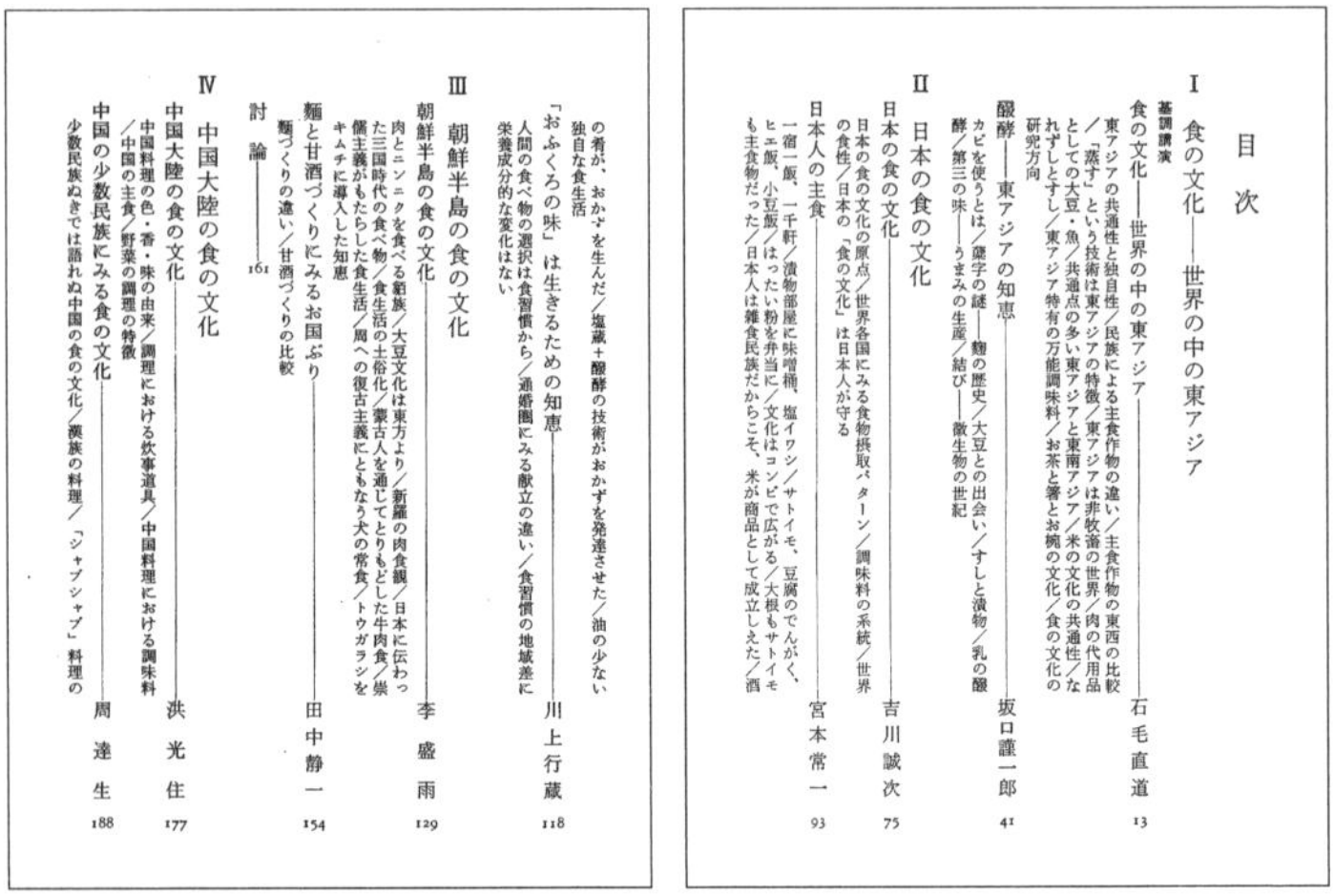
目　次

I　食の文化――世界の中の東アジア

基調講演
食の文化――世界の中の東アジア――石毛直道　13
東アジアの共通性と独自性／民族による主食作物の違い／主食作物の東西の比較／「蒸す」という技術は東アジアの特徴／東アジアは非牧畜の世界／肉の代用品としての大豆・魚／共通点の多い東アジアと東南アジア／米の文化の共通性／なれずしとすし／東アジア特有の万能調味料／お茶と箸とお椀の文化／食の文化の研究方向

醱酵――東アジアの知恵――坂口謹一郎　41
カビを使うとは／麹字の謎――麹の歴史／大豆との出会い／すしと漬物／乳の醱酵／第三の味――うまみの生産／結び――微生物の世紀

II　日本の食の文化

日本の食の文化――吉川誠次　75
日本の食の文化の原点／世界各国にみる食物摂取パターン／調味料の系統／世界の食性／日本の「食の文化」は日本人が守る

日本人の主食――宮本常一　93
一宿一飯、一千軒／漬物部屋に味噌桶、塩イワシ／サトイモ、豆腐のでんがく、ヒエ飯、小豆飯／はったい粉を弁当に／文化はコンビで広がる／大根もサトイモも主食物だった／日本人は雑食民族だからこそ、米が商品として成立しえた／酒の肴が、おかずを生んだ／塩蔵＋醱酵の技術がおかずを発達させた／油の少ない独自な食生活

「おふくろの味」は生きるための知恵――川上行蔵　118
人間の食べ物の選択は食習慣から／通婚圏にみる献立の違い／食習慣の地域差に栄養成分的な変化はない

III　朝鮮半島の食の文化

朝鮮半島の食の文化――李盛雨　129
肉とニンニクを食べる貊族／大豆文化は東方より／新羅の肉食観／日本に伝わった三国時代の食べ物／食生活の土俗化／蒙古人を通じてとりもどした牛肉食／崇儒主義がもたらした食生活／周への復古主義にともなう犬の常食／トウガラシをキムチに導入した知恵

麵と甘酒づくりにみるお国ぶり――田中静一　154
麵づくりの違い／甘酒づくりの比較

討　論――161

IV　中国大陸の食の文化

中国大陸の食の文化――洪光住　177
中国料理の色・香・味の由来／調理における炊事道具／中国料理における調味料／中国の主食／野菜の調理の特徴

中国の少数民族にみる食の文化――周達生　188
少数民族ぬきでは語れぬ中国の食の文化／漢族の料理／「シャブシャブ」料理の

写真２　『東アジアの食の文化』目次

ので、わたしもこのことばを使用するようになった。

2　東アジアの食の文化

初期の食文化シンポジウムがどんなものであったかを知ってもらう資料として、一九八一（昭和五六）年三月二七、二八日の両日のシンポジウムの報告集［石毛編　一九八一］の目次を掲載してみよう。

著者やパネラーには、中国、韓国の食の研究者として著名な人びとが参加している。研究者による朝鮮半島や中国の食文化についての報告が終了すると、その地域の食文化についてくわしい研究者たちの討論がおこなわれた。

各地域の食文化についての検討が終了

したあと、「東アジアの食の文化――その源流と展開」というパネルディスカッションがおこなわれた。このディスカッションは登壇した研究者だけではなく、聴衆も自由に発言することができる。

シンポジウムの討論には、研究者だけではなく一般の聴衆にも発言権があるという運営方法は、その後の「食の文化シンポジウム」にも引き継がれている。

3 シンポジウムからフォーラムへ

三年度にわたる「食の文化シンポジウム」が終了した翌年からは、「食の文化フォーラム」が発足し、現在まで続いている。シンポジウム・シリーズが一般人の聴衆を対象としたものであるのにたいして、フォーラムは専門家たちの学際的研究集会である。

それぞれの年度の討議テーマに関する専門家として、その年度だけ参加してもらう研究者もいるが、毎回参加する固定メンバー、すなわちフォーラムの常連もおおい。

写真３　第１回食の文化フォーラム
「食のターミノロジー」の総合討論。1982 年
提供：公益財団法人 味の素食の文化センター

写真４　筆者がコーディネーターを務めた
「食の文化フォーラム」第１回から16 回までの
成果をまとめた書籍。ドメス出版刊
提供：公益財団法人 味の素食の文化センター

フォーラムにおける専門家の集まりだけではなく、伝統を引き継いで、一般の聴衆を交えて質疑応答ができるシンポジウムもおこなっている。

フォーラムを核として分野のちがう研究者たちのあいだで友情がはぐくまれ、食文化を総合的に探求しようと志す同志的連帯感が生まれ、この人びとがフォーラムの歴史を支えてきた。

固定した常連がおおいことによる弊害はまったくなかった。しかし、将来のマンネリ化をふせぐことと、若い研究者たちがフォーラムに参加する機会をあたえるために、原則として六五歳になったらフォーラムを退くという定年制をもうけることを一九九八（平成一〇）年にわたしが提案し、出席者全員の賛同を得ることができた。

フォーラムの現役でなくなったからといって、縁が切れたわけではない。フォーラムを卒業したメンバー同士が食文化について討議する研究集会「食の文化サロン」が設立され、現在も交流がつづいている。

このような活動をささえているのが、一九八九（平成元）年に設立された公益財団法人「味の素食の文化センター」である。

最近は食文化研究で博士論文を執筆する若い研究者が増加しているし、食文化関係の学科や学部を開設する大学もある。現在の日本は食文化研究の分野では先進国となった。その基盤をつくった人材を育ててくれたのが「食の文化フォーラム」の活動である。

注

〈1〉以下の「食の文化シンポジウム」と「食の文化フォーラム」に関する記述には、石毛［二〇一九］の第四章「食の文化シンポジウムとフォーラム」と重複している部分がおおい。

参考文献

石毛直道　一九六九『食生活を探検する』文藝春秋（一九八〇年、文春文庫）
石毛直道　二〇一九『座右の銘はない――あそび人学者の自叙伝』日本経済新聞出版社
石毛直道編　一九八一『東アジアの食の文化（食の文化シンポジウム'81）』平凡社

第Ⅱ部

地域から見た食文化

第4章　平壌《ピョンヤン》地域の飲食文化研究

李《イ》　愛欄《エラン》

はじめに

食は一次的には自然の産物であり、二次的には文化の産物だ。どんな食べ物も自然から採取した材料を使って作られる。このため、食を決定する第一の要素は、地域と自然の気候条件だと言える。その地域でどんな食材が採れるかによって食の種類が決まり、調理法が確立されるからだ。そして、その地域の政治・社会・文化的要素が反映されるため、全ての食には、地域、気候、宗教[1]、慣習、歴史、そして伝統などが凝縮されている。

食と食文化は、地理的特徴と気候に伴う食材の特性、そして経済的な条件[2]や政治・社会・文化的環境などによって、多様に発達し拡散したり消滅したりもした。

平壌《ピョンヤン》は地理的に朝鮮半島の中部に位置し、韓国の西の海に面した海岸地帯と十二三千里平野《ヨルドゥサムチョンリポル》などの平野地帯、そして山勢が険しい山間地帯を有しているため、食材調達の側面で非常に多様で幅広い条件を持っている。

平壌地域は気候と土壌が植物の成長に適しており、観賞用植物、薬用植物、食用植物、植物油脂用の植物、香味野菜を含め、亜寒帯性植物から亜熱帯性植物に至るまで多くの植物が分布している。平壌地域では林檎、梨、桃、杏子《あんず》、葡萄などの果物が生産され、山々では栗、どんぐり、猿梨、山葡萄、山梨など山で採れる果物が多く採れる。平壌には現在、大規模な果樹農場がある。

平壌地域の土壌は主に沖積地土壌と水田土壌、茶色の山林土壌で構成されていて、この土壌の特徴は、砂と粘土の比率が適切に調和されているため非常に柔らかく水はけや通気性もよく、上流地域の柔らかい土壌粒子が流れてきて堆積するため、非常に肥沃なことだ。特に平壌地方の土壌は他の土壌に比べてアルカリとリンの成分が多い。

平壌地方の農耕地の三五%は田んぼ、五二%は畑、果樹の栽培面積は一〇%で、畑作が圧倒的に多く、雑穀の生産がメインとなっている。雑穀はトウモロコシ農業が主流で、緑豆やピーナッツも多く生産されている。

このように地理的特性上、稲作と畑作、果樹と野菜、山菜などが豊富で、西海（黄海）と大同江《テドンガン》を挟んでいるため、魚も多く獲れるなど、食材が非常に豊富で種類も多い。このため平壌地域は朝鮮半島の中でも料理の種類が多岐に富んでいて豊かだ。

朝鮮後期の人文地理書『擇里志《テッリジ》』には平壌について「平壌は五穀と綿栽培に適しているが、堤防と小川が少ないため畑作にだけ力を入れている。しかし下流にある碧只島《ビョッジド》（平壌の西南二五里の距離にある）は、川の真ん中に位置しているため、川の水が減ると泥が現れ、その地域の人々が田んぼを耕して一畝（一〇〇坪に該当する）の土地で一鍾（六石四斗に該当）も収穫している」と記録されている。『新増東国輿地勝覧《シンジュントンククヨジスンラム》』に記録された建置沿革では平壌について「本来、三朝鮮と高句麗の古都で、唐堯戊辰年に神人が太白山《テベッサン》の斧折《おのおれ》の木の下に降りてきたので、国の人々が彼を立てて王として崇め平壌を都とし檀君《タングン》と呼んだ。これが檀君朝鮮《タングンチョソン》だ」と記している。『擇里志』では平壌について「平壌は監司《カンサ》が治める所だ。かつて箕子《きし》が都を決めて治めたおかげで、九夷の中で先駆けて文化が開花した」とし、「平安道《ピョンアンド》で平壌と安州《アンジュ》だけは大きな都会なので、市場に中国の物品が多い」と説明している。

　記録にあるように、平壌は三朝鮮と高句麗の古都で、政治・経済・文化の中心地として中国との貿易が活発に行われていた街で、他の地域に比べて飲食文化が発達できるような特徴を備えていた。『新増東国輿地勝覧』の平壌府の産物に関する項目には、ボラ、貝、朝鮮人参、エツ、ホンニベ、カキ、コウライケツギョが記されている。『林園十六志《イムウォンシッユッジ》』の諸魚之条には、エツなどが「漢江《ハンガン》の幸州《ヘンジュ》、臨津江《イムジンガン》の東坡灘《トンパヨウル》の下、平壌の大同江《テドンガン》で最も多く採れる」と記録されている。一六一一年に編纂された『屠門大嚼《トムンデジャッ》』にも平壌城の冷凍ボラが特産物として記録されており、ボラが平壌でかなり有名な魚だったことが分かる。『海東竹枝《ヘドンジュッジ》』（一九二五）には、トリ湯《タン》（鶏の辛い鍋）、魚粥《オジュッ》、冷麺《ネンミョン》、甘紅露《カムホンロ》（平壌特産の赤い色の焼酎）が平壌の特産物として記されており、『林園十六志』は平安道の果物の中でスイカが特産物だと記録しており、特に綾羅島《ヌンラド》と羊角島《ヤンガッド》でおいしいスイカが多く栽培されていたという。

平壌には順安《スンアン》プルゴギ、牛《ソ》プルゴギ、御腹鉼盤《オボッジエンバン》（牛肉と麺などの鍋）などの肉料理と麺料理、餅《トッ》、冷麺《ネンミョン》などの粉物料理や魚料理、キムチ、トンチミ（大根の水キムチ）などが早くから発達していた。

一九四五年独立後、平壌は北朝鮮の首都として、北朝鮮の他の地域に比べて飲食文化が比較的発達したと言える。特に北朝鮮の配給制度により、一九四五年以降、大型飲食店は平壌に集中し、食材の調達が平壌中心に行われたため、北朝鮮の飲食文化において平壌は非常に重要な意味を持っていた。

現在、平壌には北朝鮮の各地域から食材や料理人を派遣して直接運営する各道の特産物を出す飲食店と「玉流館《オッリュグァン》」「清流館《チョンリュグァン》」「青春館《チョンチュングァン》」「平南麺屋《ピョンナムミョンオク》」「船橋閣《ソンギョガク》」「安山閣《アンサンガッ》」「三千席食堂」（一度に三〇〇〇人の客を迎えることができる食堂）、「五千席食堂」など大規模の冷麺レストランが運営されている。

また、平壌には北朝鮮の伝統料理を出す店だけでなく、外国の料理も食べられる「飲食店通り」や「香満楼《ヒャンマンル》」「慶興館《ギョンフングァン》」など、外国人向けのレストランもある。

平壌冷麺《ピョンヤンネンミョン》、平壌温飯《ピョンヤンオンバン》、平壌緑豆《ピョンヤンノッドゥ》チヂミ、平壌白《ピョンヤンペッ》キムチとトンチミは韓国でも高い評価を得ている。

平壌温飯（鶏肉のクッパ）、平壌ビビンバ、平壌冷麺、大同江《テドンガン》スンオクッ（ボラ汁）は、平壌の四大料理として有名で、[3]平壌魚粥《ピョンヤンオジュッ》、緑豆《ノッドゥ》チヂミ、平壌ノチ（もち米やキビの生地を発酵させて焼いた餅）、甘《カム》紅露《ホンロ》なども全国的に有名だ。

平壌には飲み屋が多いことから酒の肴になる料理が発達した。御腹鉼盤《オボッジエンバン》、平壌ネポジュン湯《タン》（豚

表1　平壌地域の代表的な伝統料理

料理の種類	料理名
ご飯、お粥	平壌温飯（鶏肉のクッパ）、平壌魚粥、鶏 粥《タッジュッ》
麺類	平壌冷麺、ジェンバン・クッス（皿ビビン麺）、オルチェンイ・クッス（トウモロコシの澱粉で作った短い麺料理）、ヌルッジェンイ・クッス（江界《カンゲ》クッス：ニレの根の粉をトウモロコシの澱粉と混ぜて作った麺料理）、カルジェビ（スイトンが入ったうどん）
トッ(餅)、マントゥクッ(餃子汁)	松片《ソンピョン》(餅)（旧暦のお盆に食べる松の葉を敷いて蒸すうるち米の餅)、コリ・トッ（うるち米やトウモロコシの澱粉で作った丸い尻尾の形の餅)、チャルカンネンイ・トッ（餅トウモロコシの澱粉で作った餅)、松肌《ソンギ》トッ（松の木の皮の内側を粉にしてうるち米に混ぜて作った餅)、饅頭《マンドゥ》クッ（餃子汁）
チジム（チヂミ）	緑豆チヂミ、平壌ノチ（もち米やキビの生地を発酵させて焼いた餅）
クッ（汁）	スンオクッ（ボラ汁)、インオ・クッ（鯉汁)、コッケジャン・クッ（ワタリガニ汁)、チャムナムル・クッ（日陰三つ葉汁)、牛カルビ・クッ（牛カルビ汁)、ペムジャンオ・クッ（ウナギ汁)、醋鶏湯《チョゲタン》（酢と辛子で味付けした鶏の冷たいスープ)、ドミ湯《タン》（鯛汁)、ベンオ・ナンビ湯《タン》（シラウオ鍋)、トェジネボッ湯《タン》（豚の内臓の汁）
キムチ	トンチミ（大根の水キムチ)、白《ペッ》キムチ（唐辛子の粉が入っていないキムチ)、コンナムル・キムチ（豆もやしのキムチ)、カジ・キムチ（ナスのキムチ）
総菜（料理）	牛カルビグイ（牛カルビ焼き)、御腹鉾盤（牛肉と麺などの鍋)、順安プルゴギ、ソゴギ・チョンゴル（牛鍋)、ウナギの焼き物、ベンオ・チヂミ（シラウオのチヂミ)、チョギ・ジャバン（イシモチの塩漬け)、カオリ・ジャバン（エイの塩漬け)、七色松魚《チルセッソンオ》チム（ニジマスの蒸し物)、チュアム鯉《インオ》チム（鯉の蒸し物)、カルゲ・ジョリム・トゥイギム（アシハラガニの漬け揚げ)、チャムゲ醤《ジャン》ジョリム（チュウゴクモクズガニの醤油煮込み)、ヒラの刺身、カニの卵の塩辛、大海老の塩辛、貝の塩辛、ゴンデニの塩辛、イシモチの塩辛、オキアミの塩辛、ム・チャンアチ（大根の漬物)、オイ・チャンアチ（きゅうりの漬物)、トラジ・チャンアチ（キキョウの根の漬物)、カジ・スンデ（ナスの中に肉や米を詰めて蒸した料理）
菓子類	ヨッ（飴)、クヮジュル（油で揚げてから飴に絡めポン菓子をまぶした菓子)、テシク（飴にもち米の香煎を入れたもの）
飲料	甘紅露（平壌特産の赤い色の焼酎）

の内臓の汁）、順安《スンアン》プルゴギ、鯉の蒸し物、ウナギの焼き物などが発達した。平壌冷麺、平壌温飯、平壌御腹鋅盤、平壌魚粥、大同江スンオクッなどには面白い由来があって、料理の味わいをさらに深く、楽しくする。

例えば、平壌温飯は、若い男女の純愛物語に由来した食べ物で、平壌地方で平壌温飯は、お祝い事がある時の宴会料理で、[4] 大事な客を招待しもてなす時に出される料理でもある。二〇〇〇年に故金《キム》大中《デジュン》大統領が平壌を訪れた時に、金正日《キムジョンイル》総書記が宴会の料理として平壌温飯を出し、これを機にソウルでも平壌温飯が知られるようになった。平壌冷麺も、二〇一八年の南北首脳会談を通して韓国の人々にさらに特別な料理として認識された。平壌の料理は、食の領域を超えて、政治・社会的な意味をも持っている。

以下で、平壌地域の代表的な伝統料理を紹介する。

1 平壌温飯

平壌温飯は、鶏のスープに鶏肉と緑豆チヂミなどをのせて出すクッパ形式の料理で、他のおかずをあまり必要とせず手軽に楽しめる上、栄養価も高いので平安道地方の人々が好んで食べる食べ物の一つである。平壌温飯はふっくらと炊いたご飯の上に鶏肉を裂いて味付けしたもの、きのこのナムル、緑豆チヂミなどをのせて鶏肉のスープを注ぐのが特徴だ。特に大勢の人に料理を提供しなければなら

写真１　平壌温飯

ない時には、大人数料理として大量に作ることができるため、平壌地域で宴会を開く時に客に振る舞う宴会料理として知られている。平壌には他の地域に比べて多くの温飯店があるが、現在は鶏肉の温飯よりは豚肉をのせた温飯が一般的だ。

平壌温飯は、二〇〇〇年六月一三日、金《キム》大中《デジュン》大統領の平壌訪問をきっかけに世間に広く知られるようになった。実は北朝鮮では計画経済による配給制度の運営で、民間人が鶏肉に接することはあまりなく、飲食店でも鶏肉をふんだんに使うことができなかったため、平壌温飯が宴会料理として知られてはいたものの、節句や特別な日以外はなかなか味わうことができない料理だった。北朝鮮は外食産業自体を国が運営しているため、「社会給養」と呼んでいる。北朝鮮の社会給養網は国の一本化された統制によって運営され、国が配給してくれる食材を使って料理を作っている。北朝鮮の社会給養網は常に食材不足に苦しんでおり、鶏肉よりは豚肉の調達が容易であるため、平壌の温飯の店はほとんど豚肉のクッパ屋だった。

このような状況なので、平壌の人にも平壌温飯はあまり知られていなかった。南北首脳会談のときに平壌を訪問した金大中大統領に、金正日総書記が平壌温飯でもてなしたことをきっかけに、平壌温飯が韓国でも知られるようになった。現在はソウルをはじめいろいろな地域で平壌温飯を出す店が増えている〈6〉。

平壌地域では昔から家に大事な客が訪れたときなど特別な日には、飼っていた鶏を調理してもてなす風習があった。

平壌温飯の作り方

以下のレシピで使用する計量器具の容量は以下の通り。カップ（200ml）、大さじ（15ml）、小さじ（5ml）。

●材料（四人分）

白米 3カップ（600g）、鶏 1羽、干しシイタケ 5つ（75g）、ヒラタケ 6つ（50g）、卵 1個（50g）、緑豆（皮なし）100g、糸唐辛子1g、ネギ 1本（40g）

鶏肉味付け用：醤油 大さじ2、刻みネギ 大さじ1、刻みニンニク 大さじ1／2、ごま油 大さじ1、コショウ 小さじ1／8

スープ味付け用：クッカンジャン（朝鮮醤油）小さじ4、塩（すりごま入り）小さじ1、コショウ 小さじ1／8

キノコ味付け用：醤油 大さじ2、刻みネギ 小さじ2、刻みニンニク 小さじ1、ごま油 小さじ1

緑豆チヂミ4枚分：緑豆 1／2カップ、塩 小さじ1／2、サラダ油 大さじ2

薬味醤油：醤油 大さじ4、刻みネギ 大さじ1、刻みニンニク大さじ1／2、塩 小さじ1、ごま油大さじ1

●作り方

（1）鶏肉はきれいに手入れして、材料が完全に浸るくらいのぬるま湯に丸ごと入れて茹でる。沸騰したらアクを取り除きながら一〇分くらい茹でた後、塩（分量外）を入れ、再びアクを取り除きながら二〇～三〇分間茹でる。

（2）鶏肉は細かく裂いて分量の調味料で和え、鶏の骨は鶏の茹で汁に戻してじっくり火を通してスープを取った後、浮いた脂を取り除き、味付け用の調味料を入れる。

（3）干しシイタケは水に浸して戻した後細かく刻み、ヒラタケは塩を加えてさっと湯がいて鶏肉と同じ太さに裂いて、キノコ用の調味料を加えて炒める。

（4）水に浸して皮を取り除いた緑豆と水を一：一の割合で混ぜて石臼（石臼で挽くとよりおいしい緑豆チヂミになる）やミキサーで挽き、塩で味付けする。フライパンにサラダ油を多めに引いて中火より少し強めの火にかけ、直径七㎝、厚さ〇・七～一㎝の大きさに焼き上げる。緑豆は冷たい性質があるためよく火が通らず、裏返すのが難しいので、頻繁にフライパンの中の熱い油を上からかけながら、上の部分にもよく火が通るようにして焼く。また、塩で下味を付けると生地が傷みやすくなるため、焼く直前に塩を入れ、その日の内に食べるのが良い。

（5）卵黄と卵白に分け、それぞれ錦糸卵を作り三～四㎝の長さに切る。
（6）白米でふっくらと炊いたご飯を器に盛り、緑豆チヂミと味付けした鶏肉、炒めたキノコをのせ、熱い鶏のスープを注ぎ、刻んだネギ、糸唐辛子、金糸・銀糸卵を飾り、薬味醤油を添えて出す。

2　ユネスコ無形文化遺産「平壌冷麵風習」

平壌冷麵は、高麗時代に平壌のチャンセムゴル（現在の東大院区域冷泉洞）の飲み屋に居候していたダルセという婿が、そばの生地を使って押し出し式の製麵機で麵を作り、茹でて冷水ですすいだ後、トンチミ（大根の水キムチ）の汁に入れて食べたのが始まりで、穀水《ゴッス》と呼ばれた。時間が経つにつれてダルセの「冷穀水《チャンゴッス》」の噂が平壌城内まで広まり、後日「平壌冷麵」と呼ばれるようになったという。朝鮮時代の文献の中には、一六四三年に張善徵《チャンソンジン》が張維《チャンユ》の詩と散文をまとめて刊行した『谿谷集《ゲゴッジッ》』に「冷麵」という言葉が登場する。『海東竹枝《ヘドンジュッジ》』に平壌冷麵が紹介されており、『朝鮮無雙新式料理製法』と『朝鮮料理製法』にも冬の冷麵として平壌冷麵が紹介されている。一方、一八四九年に書かれた『東國歳時記』には「そばを大根キムチと白菜キムチ、豚肉と一緒に食べる料理を冷麵という」と記され、冷麵を冬至月（旧暦一一月）の季節の料理として紹介している。

元々平壌冷麵は冬によく食べていたという。その年の最初の満月の日である陰暦の一月一五日小正月の前日を小さい満月の日と呼び、この日に麵を食べると長寿になると伝えられ、小正月前日の昼食は麺を食べるのが一つの風習になったという。そして、この日に食べる麺は「ミョンギリクッス〈命を延ばす麺〉」と呼ばれた。[7]

朝鮮半島では地方によって麺の名前が異なる。平壌冷麺と海州《ヘジュ》冷麺、咸興緑末《ハムフンノンマ》クッス〈澱粉の麺〉、晋州《チンジュ》冷麺、安東ミルクッス〈小麦粉麺〉などが有名で、その中でも平壌冷麺が最も有名だったと言われている。平壌冷麺は、麺の味わいと涼しさを増す真鍮の器に盛りつけるのが特徴だ。そばの香ばしさとトンチミの汁で割った肉のスープを味わう料理で、トンチミのスッキリした味わいと、肉のスープのコクと旨味が調和をなして、他の料理では味わえない魅力がある。また、冷麺を食べた後は温かい蕎麦湯でそばの香りを満喫しながらしめる［キム・ムンスプ、リギルファン 二〇〇五］。

平壌冷麺はそば粉を捏ねて押し出し式の製麺機で圧出して作った麺だ。平壌冷麺は麺、スープ、飾りと薬味、麺を盛りつける器や麺を丸める盛りつけ方などがユニークで有名だ［〈朝鮮の民俗伝統〉編纂委員会編 一九九四］。平壌冷麺のスープはキムチの汁や肉のスープを使う。特に、トンチミの汁をよく使った。トンチミは主に初冬に漬ける汁の多いキムチで、大根、ニンニク、ショウガ、ネギ、梨、栗、ヒラの魚醬、糸唐辛子を甕に入れた後、水をたっぷり注いで発酵させる。その味はとても格別だとされている。このようにして作られたトンチミの汁はサッパリとしていながらも旨味があり、平壌冷麺の風味をさらに引き立ててくれる。また、平壌冷麺に使う肉のスープは、牛肉だけを茹でるのではなく、牛骨と牛筋、肺、腎臓、センマイなどの内臓をじっくり煮込んで余分な脂とアクなどをきれいに掬い上げた後、塩と醬油で味付けし、蓋を開けたままさらに沸騰させ醬油の香りを飛ばして涼しいところで冷やして作る。このように作った冷麺のスープはとても澄んできて「澄んだ水」と呼ばれたりもした〔〈朝鮮の民俗伝統〉編纂委員会編　一九九四〕。

平壌冷麺は二〇二二年一一月三〇日に「平壌冷麺を食べる風習」としてユネスコ無形文化遺産に指定された。

平壌地方では平壌冷麺に似たチェンバンクッス（皿麺）もとても有名だ〔〈朝鮮の民俗伝統〉編纂委員会編　一九九四〕。

写真２　平壌冷麺

平壌冷麺の作り方

●材料（四人分）

そば粉 カップ３（６００g）、片栗粉（ジャガイモの澱粉）カップ１（２００g）、牛肉（ブリスケット）１５０g、豚肉（肩ロース）１００g、地鶏肉 ３００g、卵 ２個（１００g）、青大根 １／３個（１００g）、きゅうり １本（１００g）、白菜キムチまたは白キムチ（唐辛子粉を使わない白いキムチ）１００g、梨 １／４個（60g）、出汁 カップ7、塩 大さじ1、醤油 小さじ1、酢 大さじ1、からし、トンチミ（大根の水キムチ）の汁 カップ3、水（麺を捏ねるのに使用）1と2／3カップ（３４０ml）

●作り方

（1）そば粉と片栗粉（ジャガイモの澱粉）をよく混ぜて沸騰したお湯でよく捏ねて、押し出し式の製麺機に入れて麺を作る。製麺機から出た麺は、沸騰しているお湯に入れて茹でる。麺が浮き上がってきたら冷水を入れ、もう一度沸騰したら取り出して、器に入れる。

（2）牛肉、豚肉、地鶏を茹でる。途中で青大根を加えて煮込む。肉に火が通ったら、柳の葉の形に切り、煮汁に醤油、塩、砂糖を少しずつ加え味付けして浸しておく。

（3）出汁に醤油を入れ、しばらく沸騰させた後、塩を加えて冷まし、トンチミの汁を混ぜて麺のスープを作る。

（4）麺の上に白菜キムチ、牛肉、豚肉、鶏肉、きゅうり、梨、ゆで卵をのせ、麺のスープを注ぎ、酢と醤油、からしを添えて食べる。食べる時に酢を麺の上にかけてからよく混ぜると、冷麺本来の味をいっそう引き立てることが出来る。

3 平壌《ピョンヤン》魚粥《オジュッ》（鶏粥）

『海東竹枝《ヘドンジュッジ》』では、鶏粥を平壌府の魚粥として紹介している。

平壌魚粥は魚を入れたお粥ではなく、鶏肉を入れたお粥で、その由来は下記の通りだ。

昔、平壌の人は流頭《ユドゥ》の日（陰暦の六月一五日）によく大同江に遊びにでかけた。どの年の流頭の日か知られてはいないが、ある流頭の日に大同江に遊びに行った平壌の人がかけ事に夢中で日が暮れることにも気づかなかった。日は沈み、気がついたらお腹は空いていた。釣った魚は一匹もなかったので、持ち合わせの鶏肉とアサリを入れてお粥を炊いて食べた。一日中かけ事に夢中で何も食べていなかったので、その味が天下の珍味と感じられ、それ以来、魚の代わりに鶏肉を入れて煮込んだお粥という意味で平壌魚粥と呼ばれ愛されてきたという。結局、平壌魚粥は、魚を入れて煮込んだお粥ではなく、鶏肉を入れて煮込んだ鶏粥である［〈朝鮮の民俗伝統〉編纂委員会編　一九九四］。

写真３　平壌魚粥

平壌魚粥（鶏粥）の作り方

●材料（四人分）

白米 カップ１（２００g）、鶏肉（胸肉）３００g、塩（すりごま入り）小さじ１（５g）、コチュジャン 大さじ１（20g）、ごま油 大さじ１（15g）、青ネギ １本（20g）

●作り方

（1）鶏肉は茹でて細く裂く。

（2）米は洗って鶏の茹で汁に浸し、お粥を炊く。

（3）ごま油に刻んだ青ネギ、コチュジャンを入れて炒め、薬味コチュジャンを作る。

（4）お粥に塩を振って器に盛り付け、裂いた鶏肉をのせ、薬味コチュジャンを添えて食べる。

4　大同江スンオクッ（ボラ汁）

ボラは大同江の有名な特産物だ。『新増東国輿地勝覧』にもボラが大同江の特産物として記録されている。『屠門大嚼《トムンデジャッ》』（一六一一）、『閨閤叢書《キュハッチョンソ》』（一八〇九）には平壌のオンスンオ（凍水魚、凍結したボラ）が特産品として登場する。大同江は海水と淡水が入り混じる汽水域で、ボラが生息するのに非常に適した条件を備えているため、大同江のボラは有名な平壌の特産品であり、大同江ボラ汁は平壌四大料理の一つである。人々は平壌に行ってきたと言えば「最近、大同江のボラ汁の味はどうだった？」と挨拶を交わすほど大同江のボラ汁は有名だったという［〈朝鮮の民俗伝統〉編纂委員会編 一九九四］。

写真4　大同江スンオクッ（ボラ汁）

大同江スンオクッ（ボラ汁）の作り方

●材料（四人分）

ボラ1匹（1.5kg）、塩小さじ4（20g）、生姜20g、ニンニク20g、粒コショウ2g、青唐辛子1個、長ネギ10g

●作り方

（1）ボラは筒切りにする。

（2）鍋に水を注ぎ、ボラとヘタを取って刻んだ青唐辛子、布に包んだコショウを入れて煮る。

（3）ボラに火が通ったら塩で味付けし、器に盛って刻んだ長ネギをのせ、すりつぶした生姜とニンニクを添えて出す。

5　平壌緑豆チヂミ

一八〇九年に書かれた『閨閤叢書』には緑豆チヂミについて「緑豆を水分少なめにして石臼で挽いて、油をたっぷり引いたチヂムパン（フライパン）の上に少しずつすくってのせ、その上に茹でた栗を蜂蜜に絡めて添え、さらに挽いた緑豆を小さな花の形にした後松の実とナツメを飾って焼く」と記録されている。緑豆チヂミは地域ごとにその地域の特色を生かして作っていた。中でも平壌と平安道地域の緑豆チヂミがとてもおいしいことで有名だったという［キム・ムンスプ、リギルファン 二〇〇五］。

写真5　平壌緑豆チヂミ

緑豆チヂミは旧正月に食べる代表的な節句料理であり、平壌四大料理の一つである平壌温飯の上にものせられる有名な料理。

昔、平壌の屋台には緑豆チヂミとチョルピョン（うるち米の餅）を重ねて食べるスナックがあった。白米で丸くて平たい餅を作っておいて、客が来たらその場で緑豆チヂミを焼いて餅の上にのせる。冷たい餅と熱い緑豆チヂミの組み合わせがとても良く、屋台の食べ物としても人気があり、食事代わりにもなった。緑豆チヂミの上に豚肉と白菜キムチものせてくれるので、栄養面でもとても良い食事になっていた。

緑豆チヂミの作り方

●材料（四人分）

緑豆　カップ1（200g）、豚肉（三枚肉）30g、豚肉脂身30g、白菜キムチ　1葉（30g）、ネギ　1／4本（10g）、塩小さじ1／4（1g）、薬味醤油　大さじ1（20g）、ニンニク　1片（2g）

●作り方

（1）緑豆を水に浸して一晩置き、皮をむいて石臼で細かく挽く。

（2）豚肉の一部はみじん切りにし、残りは茹でて短冊切りにする。白菜キムチは薬味を洗い落として水気を絞り食べやすい大きさに切る。ネギを刻みニンニクはみじん切りにする。

（3）臼で挽いた緑豆に白菜キムチと豚ひき肉、塩、ネギ、ニンニクを入れてよく混ぜチヂミの生地を作る。

（4）チヂムパン（フライパン）に豚肉の脂身をのせて熱し、豚肉の脂身から油が出たら、チヂミの生地を杓子ですくって入れ、真ん中には短冊切りした豚肉の三枚肉をのせ、じっくり両面をこんがりと焼く。

（5）焼けたチヂミを器に盛り付け、薬味醤油を添える。

6 豆もやしのキムチ

豆もやしのキムチは平壌と平安道地域で作り始め、全国的に有名になった食べ物で、「奉公人の日」（中和節）と呼ばれる旧暦二月一日、太陽暦では三月に当たる日で、新春が始まる最初の月の初日に食べる節句料理の一つだ。

豆もやしキムチは、冬が終わる頃に野菜の代わりに漬けるキムチで、汁がさっぱりとしていて材料が手に入りやすく作りやすいため人気が高い総菜だ。特に飲みすぎたり、頭痛がする時に食べるとお腹がスッキリして気分も良くなる効果があり、酔い覚ましの料理としても親しまれた。

豆もやしキムチの作り方

●材料

豆もやし 300g、乾燥唐辛子 10g、ニンニク 5片（25g）、ネギ10g（万能ネギの場合は1／2本）、塩 大さじ4（60g）、生姜5g、唐辛子粉 大さじ1（5g）

●作り方

（1）豆もやしは根を切り取ってきれいに洗い、沸騰したお湯に入れて、豆臭さがなくなるまで茹でて、冷ます（もやしを茹でる時、沸騰した塩水に入れ、蓋をして茹でると豆臭さがなくなり、ビタミンCの損失もずっと少ない。最後に穀酒〈穀物で作った酒〉を少しかけると柔らかくなり、味も良くなる）。

（2）乾燥唐辛子は半分に割り種を取って細かく刻む。ネギも刻み、ニンニクはみじん切りにする。

（3）もやしに塩、ネギ、ニンニク、生姜、乾燥唐辛子、唐辛子の粉を入れて和えた後、瓶に入れ、もやしの茹で汁を注いで一晩ほど寝かせて食べる。

7　平壌ノチ

平壌ノチは粒状にした穀物を飴にくぐらせ発酵させて作ったもので、もっちりした食感で甘みがある。火を通した後熟成させるほど甘さが増して香りも引き立つので、一度にたくさん作っておいて冬のおやつとして食べていた食べ物だ。特に平壌地方でノチは有名な特産品で、月が明るい陰暦の八月一五日の夜に庭で大きな鍋蓋を裏返して火にかけ、生地を焼いて作った。麦芽の粉をつけて壺の中に入れて密封し、もちもちとした食感になったら野良仕事のおやつとして食べていた［キム・ムンスプ、リギルファン　二〇〇五］。

平壌ノチの作り方

●材料

もち粉カップ4（800g）、麦芽の粉カップ1／2、サラダ油カップ1／2（100ml）、水飴

●作り方

（1）もち米の粉に水を少しかけてダマにならないように両手でこすって水分を含ませ、蒸気の上がった蒸し器で二〇〜三〇分間蒸す。糯《もち》キビや糯アワの粉を混ぜるとより香ばしくておいしい。

（2）蒸したもち米の粉に麦芽の粉をよく混ぜ、布巾で包んで暖かいところに三〜五時間置いて発酵

させる。表面に水滴ができたら発酵したとみなす。
（3）発酵した生地を直径六～七cm程度に丸め平たくする。発酵した生地は捏ねてはならない。
（4）チヂムパン《フライパン》にサラダ油を引き（3）をのせて、黄金色になるまで焼いた後、熱いうちに水飴にくぐらせる。
（5）水飴をくぐらせた餅が完全に冷めたら、瓶に一つずつ入れる。一週間ほど経って餅が柔らかくなったら食べる。

8 御腹錚盤《オボッジエンバン》

御腹錚盤は雌牛の腹の肉を使った酒の肴料理である。御腹《オボク》という言葉は牛の腹肉という意味で本来ウボク（牛腹）だったが、時間が経つにつれてオボクに転訛したと推測する説がある。一方、御腹錚盤は平壌の市場で生まれ、発達した料理だった［韓食振興院編 二〇一三］。牛を屠殺して販売する業者が腹肉は形も悪く、売るのも難しいので、売れ残った肉を分けて食べていた。通りすがりの両班《ヤンバン》が味見してみたら、あまりにもおいしかったので、王の酒の肴として御膳にのせ有名になったという説もある。そのため、王の酒の肴として御膳に上がる料理という意味で御腹錚盤と呼んだとも言われている。

御腹錚盤は牛の腹肉であるスカートブリスケットを茹でて薄く切って、鉄のお盆にのせ、野菜と一緒に弱火で煮込んで食べる料理だ。平壌地域ではとても有名な酒の肴料理だったが、現在北朝鮮ではほとんど姿を消したといえる。しかし、ソウルの有名な平壌料理レストランでは様々な形で御腹鉼盤が平壌地域の料理として出されている。

御腹鉼盤の作り方

●材料（四人分）

牛バラ肉（スカートブリスケット）1kg、梨1個（500g）、卵2個（100g）、ごま油 大さじ2（30g）、糸唐辛子1g、ワケギ、薬味醤油（醤油 大さじ4、刻みネギ 大さじ2、刻みニンニク 大さじ1、唐辛子 小さじ1、ごま 小さじ1）

写真6　御腹鉼盤

●作り方

（1）スカートブリスケットは水に浸して血抜きをした後鍋に入れ、水を注いで二時間ほど茹でる。

（2）茹でた肉は、肉の繊維に対して垂直に包丁を入れて切り、茹で汁は取っておく。

（3）梨は皮をむいて牛肉と同じ大きさに切る。

（4）卵一個は茹でて四等分し、もう一個の卵は薄焼きにし、六〜七㎝の長さに細く切る。

〈5〉分量の材料を混ぜて薬味醤油を作る。

〈6〉皿に牛肉、ゆで卵、梨を盛り付け、薄く焼いた卵、ワケギ、糸唐辛子で飾り、肉を茹でたスープをひたひたに注いで薬味醤油を添えて出す。テーブルの上で煮込みながら食べる鍋料理で、スープに熟した梨の味が染み込んでから食べると、より味わい深い。

注

〈1〉高麗時代には仏教を国教に定め、肉や魚を供えずに祭礼を執り行ったため、薬果《ヤックワ》をその代用品として供えた。祭礼に使う薬果は、果物や動物の形にして作り、供え物として使われた。

薬果を作って祭礼に利用し、お茶を飲む風習が広まり、油蜜菓《ユミルグァ》（油で揚げ水飴やはちみつをくぐらせたお菓子）類が発達した。

〈2〉北朝鮮の経済難と食糧難は北朝鮮住民の食生活に大きな変化をもたらし、「豆腐ご飯」「人造肉（大豆肉）ごはん」など新しいメニューを作り出したりもした。

〈3〉平壌温飯が平壌地方の宴会料理として定着するようになったのには、次のような由来があると伝えられている。

昔、平壌官庁街に早く両親を亡くし、他人の家で下働きをしていた若い男女がいた。男性の名前はヒョンダル、女性の名前はウィギョンだった。ヒョンダルとウィギョンは幼い頃から互いに助け合い、実の兄妹のように親しく過ごしていたが、月日が経つにつれ永遠の愛を誓う仲になった。そんなある年の冬、ヒョンダルが濡れ衣を着せられ官庁街の牢屋に閉じ込められてしまう。ウィギョンは食事も取らず泣き悲しんだ。時間が経って大晦日になり、金持ちの家では祭祀の準備や正月の準備で慌ただしかった。愛するヒョンダルが牢屋でひとり寒さに震えていることを思い、ウィギョンは悲しみに暮れていた。一緒に厨房で働いていた女性はウィギョンを哀れみ、祭祀のお供え物の残りの中からご飯とナムルと汁物、緑豆チヂミなどを持ってきて少しでも食べて元気を出すよう慰めた。ウィギョンはこれらの料理を見て、牢屋にいるヒョンダルを思い浮かべた。ところがご飯と汁物、チヂミとナムルを差し入れとして持っていこうとしたが持ちきれなかった。ウィギョンは考えた末、ご飯の上にナムルと緑豆チヂミをのせて、その上に汁物を注ぎ、胸に抱いて牢屋に閉じ込められているヒョンダルのところへ向かった。ウィギョンが持ってきたご飯を、寒い牢屋の中でお腹を空かせていたヒョンダルは、あっという間に平らげた。感謝の言葉を伝えながら、これは何という料理なのかと尋ねた。ウィギョンは、とっさに思いついて「温飯《オンバン》（温かいご飯）」と答えた。するとヒョンダルは、「世の中に温飯よりおいしい食べ物はほかにない」と言った。ヒョンダルは釈放され、ウィギョンと結婚することになった。婚姻の宴で、二人は温飯を作って村の人をもてなした。その温飯の味が大変おいしいと評判になり、以来、平壌地方では宴や節句の日に温飯を作って食べるのが習わしとなったと伝えられている。特に、ウィギョンとヒョンダルは豊かとは言えない暮らしではあったが、温かい家庭を築き夫婦の仲もよく、子や孫にも恵まれ幸せに暮らしたという。


〈4〉注〈3〉参照。

〈5〉二〇二〇年一〇月一五日北朝鮮の『朝鮮中央通信』は、料理の数と作り方が様々な形で発展している現代においても、平壌の食堂では平壌四大料理が依然として人気が高いと紹介している。『朝鮮中央通信』は、平壌の四大料理を平壌冷麺、平壌温飯、緑豆チヂミ、大同江ボラ汁だと紹介した。

〈6〉ソウルの瑞草、望遠洞、鐘路、全羅北道群山などいろいろなところで平壌温飯を出す店が増えている。

〈7〉「由来を通して見る平壌冷麺」『朝鮮中央通信』二〇一五年二月九日。

参考文献

キム・ムンスプ、リギルファン　二〇〇五『民俗名節料理（민속명절료리）』朝鮮出版物輸出入社
〈朝鮮の民俗伝統〉編纂委員会編　一九九四『朝鮮の民俗伝統（一）食生活風習（민속전통（1）식생활풍습）』科学百科事典総合出版社
韓食振興院編　二〇一三『隠された味、北朝鮮の伝統料理（숨겨진 맛 북한전통음식）』韓食振興院

第5章　安東《アンドン》チムタクの発明・拡がり・再活性化(1)

裵《ベ》　永東《ヨンドン》

1　安東《アンドン》チムタク、一九八〇年代に作られた郷土料理

韓国古代社会において鶏は神聖視される鳥だった。慶尚北道《キョンサンブクド》慶州《キョンジュ》にある鶏林《ケリム》は、慶州金《キム》氏の始祖である金閼智《キムアルジ》の誕生地である。非凡な子供の誕生という天上からの啓示を地上の人々に伝えたとされるのが白い鶏だった。北朝鮮南浦《ナムポ》市にある六世紀末高句麗の江西《カンソ》大墓壁画にも鶏が描かれており、被葬者の死後世界における安全を守る瑞鳥と見られる。そして韓国のことわざでも「キジの代わりに鶏」というように、朝鮮時代まで鶏はキジに比肩する食用鳥だった。一八九四年頃、朝鮮を旅行した地理学者イザベラ・バード・ビショップ女史は、鶏は四ペンスで買えたが、キジはそれより安く入手することができたとしている［ビショップ　一九九四：九六、一五一頁］。

写真1　安東チムタクと大根ピクルス
安東チムタク（旧トンダク）横丁の「大長今（デジャングム）チムタク」にて（2022年9月12日、筆者撮影）

韓国では、日本の植民地時代から卵増産のため養鶏を奨励したことで、徐々に鶏肉の消費量が増加した。韓国政府が一九六二年から始めた「経済開発五ヵ年計画」により養鶏分野も政府支援で発展した。鶏は、牛や豚などの家畜より生育が早く、毎日卵を産むため、国民の重要な蛋白質供給源となった。政府は一九六八年「畜産振興四ヵ年計画」を策定、先進国の養鶏技術を導入し、米国、日本から種鶏を導入した〔オ・ジュンソク 一九六九：一三頁〕。一九六四年、一二三二万八五四三戸の農家で一〇二八万一九〇三羽の鶏を飼育したが、一九六八年六月末基準だと、一二七万七九四六戸の農家で三〇八四万二六九二羽を飼育し、飼養頭数は三倍増加した〔オ・ジュンソク 一九六九：一四頁表〕。このような鶏飼養頭数の増加傾向とともに、韓国人の鶏肉消費量も増加した。

そして、一九七〇年代から工場で大量生産される食用油が普及してから、韓国社会にフライドチキンが市販された。安東チムタク（訳注：韓国語の「チム」は、日本語の「蒸す」にあたるが、「煮る」という意味合いも含んでいる。つまり、チムタクは、直訳すると「蒸し鶏」で、日本語で分かりやすく言うと「鶏の甘辛煮」）は、一九七〇年代から鶏の丸焼きを販売していた「安東旧市場」の「トンダク横丁」の「トンダク屋」のオーナーらによって、一九八〇年代中~後半に考案された［裵永東 二〇〇八］。チムタクは一九九〇年代までは安東地域の料理だったが、二〇〇〇年に首都圏に参入したことで全国的に通用する料理になった。安東チムタクが、全国的に人気を得る前は、安東でも有名な料理というより、安く食べられる鶏肉おやつであり、酒の肴だった。当時、安東ではチムタクよりはフライドチキン、ヤンニョムチキン、ニンニクチキンが広く消費されていた。それでは、安東チムタクの考案と拡がりについてどう理解すべきなのだろうか。

チムタクには、現代産業社会の特性とグローバル化の影響が反映されており、その意味も現代社会の巨大な変動と関連づけて新しく理解する必要がある。本稿では、地域社会の特徴的な料理を歴史・文化的に解釈し、米国式フライドチキンのグローバル化に対応し、安東チムタクが郷土料理になっていく過程について説明したい。さらに郷土料理として定着した安東チムタクが、首都圏に進出して人気を博すと、発祥地に再びどのような影響を及ぼし、グローバル化の流れによってどのように料理の多様化を図っていくのかに注目していく。

ここでは次の視点からアプローチしていきたい。第一に、米国式フライドチキンのグローバル化にともなう韓国への導入と地域化（localization）との関係の中で、安東チムタクの発明について理解しようと思う。特に「チムタク屋」が安東地域の伝統調理法をどのように活用し、米国式フライドチキン系列の揚げ鶏料理に対応していったのかに注目する。第二に、明らかな地域アイデンティティを持たない料理が、どのような過程を経て郷土料理に成長するのかを追っていく。特に、安東チムタクの商品化と拡がりの過程について、文化の中心部と周辺部の関係の中で分析したい。第三に、今日のグローバル化の流れの中で安東チムタクはどのように変化しており、またどのように調理法の多様化がなされたかに関心を持とうと思う。

2　フライドチキンの韓国への流入と拡がり、韓国式ローカライズ

韓国は一九四五年、日本の植民地支配からの解放とともに米軍政を経験し、朝鮮戦争の際は国連軍と米軍の支援で危機を克服、米韓同盟関係を保っている。その延長線上で、韓国は米国式制度と文化を次々と導入した。アメリカ式のフライドチキンも、一九五〇年代朝鮮戦争の時、米軍から初めて伝わったとされるが、実際は一九七〇年代に韓国に導入された。

米国式フライドチキンの韓国導入と前後して、韓国で一般的な鶏肉料理はフライドチキンだった。それは前述したとおり、一九六〇年代からの養鶏産業の発達だけでなく、一九七〇年代における工場製食用油の市販、普及のおかげだった。「一九七一年、東邦油亮《トンバンユリャン》（現サジョヘピョ）が慶尚《キョンサン》南道鎮海《ジンヘ》に豆加工工場を設立し、韓国では初めて現代式低温溶媒抽出方式で大豆油を生産したことで、韓国の食用油脂産業は新たな幕を開くことになった。一九七五年以後、畜産業と油脂産業界の規模が次第に大きくなるにつれ、一九七九年第一製糖《ジェイルジェタン》（現CJ第一製糖）、一九八〇年（株）三養油脂飼料《サムヤンユジサリョ》（現CJ第一製糖）がそれぞれ大豆油生産を始めたことで、現代的な製油工場を競争的に建設稼動した。これらの

大豆油三社間の競争と共に、コスト削減および品質向上がなされ、韓国の食用油脂産業は次第に成長していった」［シン・ヒョソン 二〇一七：六九頁］。五年単位で韓国内の食用油生産量と輸入量を出してみると、一九七〇年代後半に比べ、一九八〇年代後半には二・五倍、一九九〇年代後半には四・一倍、二〇一〇年代後半には七・七倍に増加している。

韓国のフライドチキンは、一九七五年、韓国ケンタッキーハウス（株）が米国のKFCと生産契約を終えてフライヤーを輸入し、ソウル鍾路区瑞麟洞《ソリンドン》で店舗をオープンしたが、本格的にフライドチキンを生産することはできなかった［大韓養鶏協会広報部 二〇〇九］。一九七七年には、韓国初のフライドチキン・フランチャイズ「リムスチキン」が、ソウル中区忠武路《チュンムロ》一街の新世界百貨店本店地下で開店し、国内で初めてカットした鶏を揚げて販売した［キム・ボムソク、ファン・スヒョン 二〇一三］。一九七九年からはロッテリアでもカットしたチキンを販売し、「鶏の丸焼き」ではなく「カット・チキン」が一般化した［パク・セロム 二〇二二］。これを契機に全国のフライドチキン事業が、一九八〇年代初めに活性化した。一九八四年には、マクドナルドより先にKFCがソウル鍾路に初店舗を開店し、フライドチキンの全盛時代を予告した。

特に、一九八五年大邱《テグ》にある啓聖《ケソン》トンダク（現メキシカンチキン）で、今日、韓国型チキンとして広く知られているヤンニョムトンダクを開発し、まもなく「妻家のヤンニョムトンダク」「ペリカナチキン」等が合流しフライドチキン産業を先導した［パク・セロム 二〇二二］。妻家のヤンニョムトンダクは「婿に種雌鶏をごちそうする」という韓国のことわざにも反映されている伝統文化と、食用油発売後に登場したトンダク、それに味付けをしたものだという点で韓国の伝統と西洋の近代が一つになった料理だ。一九八〇年代半ばに韓国でチキン事業が本格化したのには様々な条件が作用した。国内的には、肉用鶏供給も十分になり、天ぷら用油も大量生産され、農村人口の都市移住が活発になり、国際的には米国式フライドチキンを韓国化して生産できるという自信と意欲が噴出した。

米国でフライドチキンは、二〇世紀黒人の生活史、ブロイラー産業の成長、食用油の大量生産、鋳物フライパンの普及などの条件が整ったことで成長した［キム・ジョンジュ 二〇二二：一三八～一四一頁］。アメリカ式のフライドチキンは、それ以前に韓国市場で流通していた「揚げトンダク」（現在は「昔のチキン」と呼ばれている）とは異なり、鶏肉を数切れにカットして天ぷら粉をまぶし、若干調味して油で揚げたものである。もちろんアメリカ式のフライドチキンは韓国で販売されていたものより衣が厚く、塩をもっとたくさんかけていて塩辛い。

3　フライドチキンのローカライズへの対応としてのチムタクの発明

米国流のフライドチキンは、韓国で韓国人の嗜好に合わせて変化、調整され、ローカライズした。ヤンニョムトンダク（味付けチキン）、醤油チキン、パダク（フライドチキンにねぎのスライスをのせたもの）のようなものがローカライズの代表的な様相だ。チキンを注文すれば、大根ピクルスが出るのも韓国的な現象だ。フライドチキンの安東ローカライズの実体は、脂っこさを中和するためのニンニク

表1　安東チムタクの発生、開発の過程

段階	時期	料理	主な材料	基本調理法
1段階	1970年代の初め	揚げトンダク	鶏肉、天ぷら油	揚げ
2段階	1970年代の後半	ニンニクトンダク	鶏肉、天ぷら油、天ぷら粉、つぶしニンニク	揚げ
	1980年代の半ば	ヤンニョムトンダク	鶏肉、天ぷら油、天ぷら粉、ヤンニョム	揚げてからヤンニョムで味付け
3段階	1980年代の初め〜半ば	初期型チムタク	鶏肉、唐麵、改良醬油、唐辛子の粉、ニンニク、野菜	蒸し煮、チゲ、湯《タン》
4段階	1980年代の後半	完成型チムタク	鶏肉、唐麵、じゃがいも、ニンジン、ねぎ、ニンニク、乾燥赤唐辛子、塩、玉ねぎ、キャベツ、改良醬油、水あめ、砂糖など	蒸し煮

［裵永東 2008］

トンダク（ニンニクチキン）だ。フライドチキンにニンニクの汁をかけて味をつける。

安東は韓国を代表する伝統文化の都として、近代化、観光の活性化、グローバル化すると同時に、伝統と歴史の都という地域アイデンティティを維持している。よって、安東地域の料理は、何であろうと伝統性を代弁するものであるかのように見られた。しかし、安東チムタクは、伝統料理ではなく、安東市場（現在「旧市場」）のいわゆる「トンダク横丁」で一九八〇年代中〜後半に発明されたのだ。

安東の旧市場には、一九七〇年代初めから「トンダク横丁」とよばれる一角があった。トンダク横丁では、生鶏を捌き、鶏一羽丸ごと揚げた「トンダク」を販売し、さらにマッコリまで売っている店が五軒ほどあった。韓国で「トンダク」という名前の料理は、鶏の内臓を取り除いて、一羽を丸ごと油で揚げたものであるため、実際には揚げトンダクだ。今日ではこのようなチキンを好まないため、「昔のチキン」と呼んでいる。

安東チムタクは、「揚げトンダク」→「ニンニクトンダク」（ニンニクチキン）、「ヤンニョムトンダク」（ヤンニョムチキン）→初期型チムタク→完成型チムタク、の順に発展したものだ。初期型チムタクは、鶏肉と唐麵《タンミョン》（春雨）に少量の野菜と唐辛子粉を入れて作った。完成型チムタクは初期型チムタクより、いろんな野菜、ヤンニョム、調味料をふんだんに使い、唐辛子粉の代わりに乾燥赤唐辛子を切って入れたものだ。

安東チムタクは、各店ごとに開発されたのだが、そこには若干の時差があった。そして、近隣の店と相談したうえでチムタクを開発したわけでもないため、初期のチムタクは、店ごとにかなり差があった。

安東チムタクは、材料の属性と時代性が多様かつ複合的な料理だ。伝統的な食材は、鶏肉、じゃがいも、ねぎ、乾燥赤唐辛子、塩、ニンニクなどだ。近代的食材は、唐麵、ニンジン、玉ねぎ、キャベツ、改良醬油、砂糖などだ。現代的な食材は、水あめ、食用油などだ。近代的食材の多くは、現代になって一般化した。この中で外来性を帯びた材料は、唐麵、ニンジン、玉ねぎ、キャベツ、改良醬油、砂糖、天ぷら油などだ。したがって、安東チムタクは、肉類、麵類、野菜類、調味料、甘味料が一つになったフュージョン料理といえる。完成した安東チムタクは、鶏肉のチゲのようでもあり、鶏肉のカルビチムのような料理だった。唐麺は、安東地域で宴会をする時、非常に好まれた伝統料理の一つだったチャプチェの主な材料だ。鶏肉に、唐麺、じゃがいも、玉ねぎ、キャベツ、ニンジンなどがたっぷり入るため、安東チムタクは宴会料理のような印象を与えた。

一九九〇年代まで安東において安東チムタクは、間食、あるいは、酒の肴だった。韓国料理には、共同性を帯びた料理が多いが、安東チムタクもそのような料理だった。若い人三、四人がチムタク一羽を注文し、話をしたり酒を飲んだりしたものだ。安東チムタクをともに食べる人たちは、一般的にお金に余裕のない若者や、大学生であり、友人だったり職場の同僚だった。安東チムタクは、価格に比べボリュームがあって、しかも肉類を食べるという点で好まれる食べ物だった。しかし、当時まで安東チムタクは、チキン屋における主力商品ではなかった。主力商品は当時の名前で、ヤンニョムチキン、ニンニクチキンだった。

安東チムタクは、一九九〇年代に安東の大学街の食堂に進出した。大学街に専門のチムタク屋があったわけではなく、チムタクは大学街食堂で扱う一つの商品にすぎなかった。当時、大学生や若者にとってチムタクはおいしい特別メニューであり、おやつであり酒の肴だった。

4　アメリカ風揚げ調理法の代案として選ばれた蒸し煮調理法

安東チムタクが開発された一九八〇年代は、鶏肉を油で揚げる米国式フライドチキンが鶏肉料理の主流であり、人気を博していた。それは安東だけに限られた現象ではなく、韓国全域がそうだった。全国的に見ると、フライドチキンが主流だったが、ヤンニョムチキン（味付けチキン）、パダク（ねぎチキン）、醤油チキンも開発され普及した。ただし、安東ではニンニクトンダクが開発され人気を博した。このような鶏肉料理は、米国式フライドチキンの韓国ローカライズの結果だ。

フライドチキンの韓国式ローカライズが起きた要因は何か。油で揚げたチキン料理が大人気を博す中でも、脂っこい味に拒否反応を示す人たちがいたためだ。韓国人は、油で揚げた料理をたくさん食べると一般的に、「しつこく」感じてしまう。このしつこさを中和するためにヤンニョムトンダク（ヤンニョムチキン）、パダク、醤油チキン、ニンニクトンダクが開発されたのだ。このようなチキン料理はすべて、鶏肉を油で揚げる調理法を、韓国人の口に合わせて調整したのだ。

安東チムタクは、鶏肉を油で揚げたものではなく、韓国の伝統的な調理法である「チム（蒸し煮）」で作ったところに独自性があった。グローバル化に伴い韓国に入ってきた米国式フライドチキンの人気、そして韓国化した鶏肉料理の人気に満足せず、伝統的な調理法を再創造して蒸し煮料理として開発したのが安東チムタクだった。

安東地域の鶏肉蒸し煮調理法は、朝鮮時代安東地域の三つの調理書に登場している［裵永東 二〇二三］。一つ目は、濯清亭《タクチョンジョン》 金綏《キムウォン》（一四九一〜一五五五）が漢文で著した『需雲雑方《スウンザッパン》』の後篇を彼の孫、溪巖金坽《ケアムキムリョン》（一五七七〜一六四二）が著したが、そこに「煎鶏児法《ジョンゲア》」がある。煎鶏児法は「鶏の四肢を切るが、胴体は維持し、ごま油をたっぷりかけて煮詰めた後、清酒、酢、水、醤油を入れて再び煮込む。

そして刻みネギ、コショウ、花椒の粉などをかけて食べる」というので鶏肉の煮込みに似ている。

二つ目は、安東出身の一七世紀の女性の知識人張桂香《チャンゲヒャン》（一五九八〜一六八〇）が、一六七〇年頃、慶尚《キョンサン》北道北部の文化を背景に書いたハングル調理書『飲食知味方《ウムシクディミバン》（別名：閨壺是議方《キュゴンシイバン》）』に出てくる「軟鶏チム」「水蒸鶏《スズンゲ》」が挙げられる。軟鶏蒸しは、湯煎で柔らかい鶏肉を蒸すことと、醤と調味料、小麦粉汁を薄くして薄い鶏肉が汁の中に浸かるようにして蒸すことを指す。水蒸鶏は、軟鶏蒸しとは異なり、湯煎せず鶏肉を油で炒めて煮る蒸し煮料理だ。

三つ目は、一八六五年安東の、潤西《カンソ》李庭龍《イジョンリョン》（一七九八〜一八七二）が著した調理書『飲食節造《ウムシクジョルジョ》』に出てくる七鶏湯《チルゲタン》だ。この調理法は湯煎をしていろいろな野菜を入れて鶏肉湯を煮るのも良く、湯煎をせず鶏肉湯を作ることも可能だとした。したがって、七鶏湯は、鶏肉を「蒸して調理」したり、様々な野菜を入れて「弱火で煮る」方式だ。

四つ目は、調理書には出てこないが、安東地域の祭祀料理として鶏一羽を蒸気で蒸す伝統が今まで広く伝承されている。それも魚類と肉類を合わせて高く積み上げた都炙《トジョク》という祭物の最上段に蒸した鶏肉を載せる。

安東チムタクは、このような伝統調理法に基づいて鶏肉に唐麺と野菜をたっぷり入れて煮た蒸し煮料理である。したがって、安東チムタクは、安東地域の蒸し煮料理の伝統に基づいて、米国式フライドチキン系列の揚げ鶏に対応して現代的に再創造した料理である。安東チムタクは揚げ鶏系列のヤンニョムチキン、醤油チキン、ねぎチキン、ニンニクチキンなどから脱し、鶏肉チム料理の伝統の中で開発された代案料理なのである。

5　安東チムタクの首都圏進出と全国への拡がり

二〇〇〇年一〇月、チムタクは安東からソウルに進出した。ソウルでアイドルグループのマネージャーとして活動していた安東出身のある若者が、何回か安東チムタクを食べてからソウルでチムタク事業を始めた。彼は安東のあるトンダク屋（当時は「トンダク」を商号として使用）に行ってチムタク調理法を学び、ソウルの大学街に行って「Bチムタク（仮名）」という名前で開店した。

ソウルの大学街で若者の間でチムタクの人気が高まると、二〇〇一年一〇月五日、KBS放送番組『VJ特攻隊』は、「伝統料理の大反乱」というテーマで店の名は伏せてチムタクを紹介した［裵永東 二〇〇八］。放送ではソウルのチムタクが、安東の旧市場から教えてもらったものだということを明らかにした。また、チムタクは若者に人気があることを広く知らしめる機会になった。

続いて前述の若者は「Bチムタク」という名で全国チェーン店を開設しようと主要日刊紙に大々的な広告を出した。すると、通貨危機で失業した人々がこれを見て何か可能性のある事業だと思うようになった。安東チムタクが話題になり人気が高まると、いろいろなブランドの安東チムタクが雨後の竹の子のように生まれ日刊紙広告欄に登場するようになった［裵永東 二〇〇八］。当時、多くの日刊紙に全国チェーン店の開設という見出しで、多様な名前のチムタク専門業者が広告を出した。

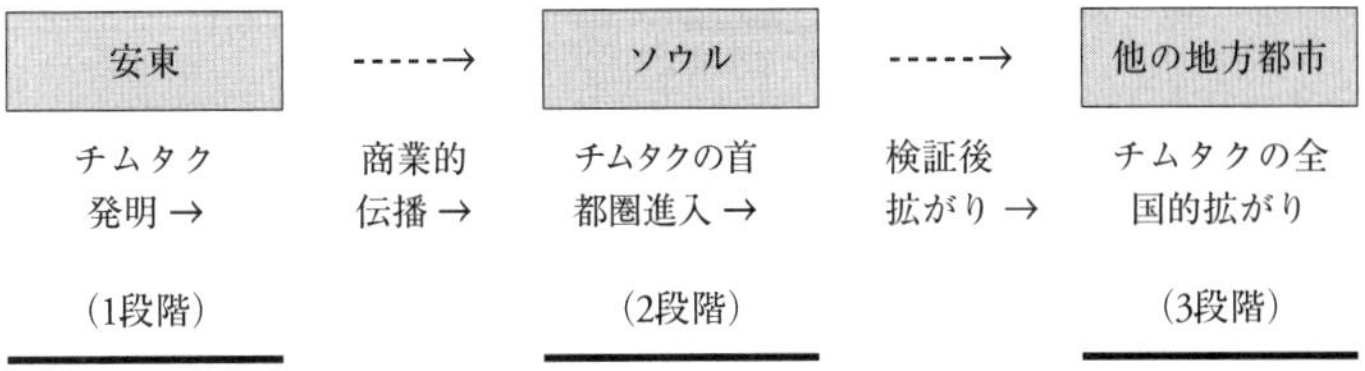

図1　安東チムタクの他地域への拡がりの過程（2008年まで）［裵永東 2008］

安東チムタクがブームを巻き起こしたのは、一九九九年春、イギリス女王エリザベス二世の安東訪問後に浮上した、伝統・両班《ヤンバン》・由緒深さなどの安東（安東文化）のイメージが安東チムタクに重なった影響が大きかった。安東の伝統的イメージは、朝鮮時代の強固な儒教文化に基づいて形成されただけでなく、一九七〇年代から広く知られた陶山《トサン》書院、河回《ハフェ》村、鳳停《ボンジョン》寺、河回別《ハフェビョル》神《シン》グッタルノリ、車戦《チャジョン》遊び、ノッタリ踏みなどの文化遺産、安東民俗祭典、安東国際タルチュム・フェスティバルなどの文化行事によってさらに強化された。

安東チムタクが、大都市の大衆を引きつけるようになったのには、料理そのものの特性も重要な働きをした。安東チムタクは肉類・野菜・唐麺が混ざったフュージョン料理で、軍人、大学生や会社員のような若者だけでなく、子供や主婦の消費心理や好みとよく合致した。西洋式フュージョン料理が韓国に流入し、現代韓国料理の一ジャンルを切り開いている時期で、伝統的なフュージョン料理のように安東チムタクが大衆の中に入り込んだ。また、世界的に最も脅威的な狂牛病、O－157、豚コレラなどによって、それまで人気があった牛、豚肉類に対する消費心理が萎縮した状況であったため、鶏肉で作ったという長所のおかげで安東チムタクは容易に拡がることができた。

その上、牛肉、豚肉で作った料理より、安東チムタクはボリュームたっぷりで安いので、誰にも好まれる大衆料理になった。

社会学者ジャン・ボードリヤール（Jean Baudrillard）は、現代資本主義社会ではイメージが商品として循環、消費されると言った。人類学者グラント・マクラッケン（Grant McCracken）は、料理も文化的意味の表現媒体の役割をすると話している。他地域の人からすれば、安東チムタクは、実際はどうあれ、安東の伝統を伝える料理と見なされうる。安東という地名を付けた料理は安東地域の伝統イメージと結びついているからだ。

他地域で人気を博した安東チムタクは、安東で食べるチムタクよりは淡白で、甘みが強く、高級な店の雰囲気のせいか価格も高くなった。すなわち、安東でチムタクが生産・消費されていた本来のかたちとは異なった方式で、安東チムタクが他地域で生産・消費されるようになった。最初はソウルで繁盛したが、全国の大都市と中小都市、安東近隣の中小都市に急速に拡がっていった。

安東チムタクの海外チェーン店もできた。安東チムタクを初めてソウルに紹介したBチムタクは、二〇一五年一月一三日現在、国内に一七〇あまりの加盟店を保有している。このチムタクは日本の新大久保店、ベトナムのハノイ店、中国山東省青島店に続き、カンボジアのプノンペンでマオワン・トレーディンググループと、カンボジア進出に向けたマスターフランチャイズ契約を締結した。シンガポール、米国、タイなどでも、海外店舗を増やしていく計画だという。

6　チムタクブームによる安東チムタク発祥地の新たな変化

二〇〇〇年代初め、安東チムタクが他地域で人気が高まり、大々的な新聞広告が出されるようになると、安東の人々は、ショックを受けた。第一は、チムタク屋以外の安東の一般の人々には、どうしてチムタクが注目されるような料理になったのか、その背景が不明だったためだ。第二に、トンダク横丁でチムタクを作っている人たちが、さらに大きな衝撃と喪失感を覚えるようになった。大都市の人々が安東チムタクで大もうけしているように思われたためだ。

以後、トンダク横丁では、「本物」の安東チムタクの味をださなければならないという意識が生まれた。チムタクに関する限り、信頼できるところは発祥地安東ということを人々が認識するようになると、チムタクの調理法を教わって開業しようと二〇〇一年から、調理法の教えを請う地域外の人たちが押し寄せたという。これに対しチムタク屋では、訪ねてくる他地域の人たちに授業料をもらった。先に見たように、こうした他地域の相当数の人が、二〇〇〇年代初め、ソウルで「安東チムタク専門家」を自任し、チェーン店をもつ事業家に変身した。

ここで発生する問題は安東チムタクの「味の混乱」だった。フュージョン料理という特性上、調理過程で材料の割合と調味料の分量、または調理法によって味に差が生じることがある。ところが、安東の人々は、安東の外で作られ販売されるチムタクが、安東のチムタクとは味に差があると判断した。

写真２　安東チムタク（旧トンダク）横丁の内部
（2022 年 9 月 12 日、筆者撮影）

他地域の安東チムタクは辛すぎたり甘すぎたり、ジャージャー麺の味がするというのだ。安東の人々はこれが安東チムタクの急激な没落をもたらした要因の一つだと考えている。

安東チムタクが首都圏で人気が高いことに刺激を受け、二〇〇四年頃から安東チムタク発祥地である安東市南門洞旧市場の「トンダク横丁」はその名前を「チムタク横丁」に変更した。従来「〇〇トンダク」と言っていた店の商号のほとんどが「〇〇チムタク」に変わっていたからだ。そして安東市でも他地域の客を迎えるのに遜色がないよう、二〇〇五年、在来市場の現代化事業を通じ従来よりさらに清潔で明るい環境に整備した。郷土料理の発明は伝統文化に対する国レベルの奨励、観光の日常化、グルメの食べ歩きなどによるところが大きいが、安東チムタクの場合にはそれとは違う。安東チムタクに対する安東市の支援は事実上、在来市場現代化事業を通じて市場を整備し、チムタク商店街の看板イメージを統一することに留まった。

二〇〇八年現在、人口一七万五〇〇〇人程度の安東でチムタクを作って客に出す店を見れば、たいてい旧市場のチムタク横丁に最も多く集まっていて、その他には安東の市街圏域に均等に分散している。商号ではほとんどチムタクを名乗っているが、従来の名称であるトンダク（鶏の丸焼き）を捨てずに「チムタク＋トンダク」を使用したところもたまにあった。しかし、二〇〇八年現在、「トンダク」という名前をもつ店は全くない。当初、トンダク屋からチムタク屋に大挙変わったため、従来のトンダク横丁がチムタク横丁にその名前が変わったのである。

二〇〇〇年代半ば頃から安東を訪れる観光客が最も好む食べ物が安東チムタクになった。チムタクの前には、一九九九年、真空パック商品として発売された安東式塩サバ、それ以前は一九八一年観光料理として開発された安東ホッジェサバブ（カラ祭祀定食。祭祀《ジェサ》ではないのに、祭祀のときのように料理をして食べることやその料理）が、安東を訪れる観光客が好む食べ物だった。チムタクが首都圏を中心に流行すると、旧市場商人会と安東市は安東チムタク消費者のための駐車場もチムタク横丁周辺に多くを整備した。安東の人々も発祥地の品格に合わせて安東チムタクの真正性、正統性を守っていこうと躍起になっている。他の地域の人が安東に来てチムタクを食べ、「さすが本場安東の味は別格」という反応を示すことが、安東のチムタク屋たちの誇りとなっているのだ。

二〇〇〇年代前半、全国的にチムタク屋が雨後の竹の子のように開業したが、このうち多数は一〇年ももたず廃業した。安東、ソウル、大邱、釜山《プサン》、蔚山《ウルサン》などの大都市を除いては、相当数のチムタク屋は、チムタクと他の料理を一緒に扱う食堂に変わった。フランチャイズパートナーズによると、二〇一四年度のBチムタク（二〇〇〇年創業）加盟店が全国一六九店、Iチムタク（仮名、二〇一二年創業）加盟店が全国四二店だった。当時の加盟店の年間平均売上高はBチムタク三億二〇五〇万八〇〇〇ウォン（日本円にすると約三五〇〇万円）、Iチムタク二億一二三五万七〇〇〇ウォンだった。Iチムタクは新世代を狙ってチーズ・チムタク、ロゼ・チムタクのようなフュージョン・チムタクで差別化を図っている。

7　グローバル化時代の安東チムタクの再活性化と販売の多角化

二〇二二年六月現在、安東旧市場のチムタク横丁では二〇のチムタク屋が営業している。一九八〇年代にチムタクを開発した頃から続いている店は一ヵ所だけだ。チムタク横丁でもチムタク屋が一つ二つ廃業したり、また少数のチムタク屋は、他の人に店を譲渡する例もみられる。

グローバル化は安東チムタク横丁にも影響を及ぼしている。コロナ禍以前の顧客のうち、外国人が五％程度に達し、東洋人と西洋人の割合は拮抗しているという。特に、コロナ禍以降は、安東国際タルチュム・フェスティバルのような国際的な文化行事が行われないため、外国人観光客はさらに減った。

それでは鶏料理市場の多角化とグローバル化時代に備えてチムタク屋がどのような努力をしているのか見てみよう。

第一に、外国人客への対応である。チムタク屋では外国人の好みを考慮して調理する。二〇〇〇年代初めまでは、チムタクの味の辛さを区分しなかったが、今は、まろやか、中間、辛い味の三つにレベル分けしている。外国人、子供たちはまろやかな味を好む。そして一〇年以上前からメニューの表記を英語、日本語、中国語で作成している。

第二に、新しい商品を開発している。店ごとにどうすれば消費者を虜にできるか試行錯誤している。店ごとに競争が激しく、調理法についてはお互い秘密にしている。(社)チムタク生産協会があるが、この協会でも調理法についての情報共有は行っていない。ある店では約一〇年前から漢方薬材を添加した「韓方チムタク」、熟成キムチを入れて調理した「熟成キムチ入りチムタク」を開発・販売しているが、訪れる人は少ない。店ごとに扱う品目はちがうが、鶏料理販売量の九〇%ほどがオーソドックスな安東チムタクだ。チムタク開発以前のかたちの「揚げトンダク」「ヤンニョムトンダク」「ニンニクトンダク」、そして安東チムタクが普及した後に開発された「煮込みチムタク」「韓方チムタク」「熟成キムチ入りチムタク」「ノウタケ・チムタク」は合わせて全体販売量の一〇%程度に過ぎない。

第三に、チムタクの調理と販売の単位を調整している。最近までは韓国の共同性をもつ食文化を土台に、鶏一羽を基本単位とするチムタクを調理して販売した。一人か二人がチムタクを食べる場合は、だいぶ残しがちな量だった。これに対し、量を基準とする販売単位は、小(鶏〇・五羽)、中(鶏一羽)、大(鶏一・五羽)に区分して調理し販売する。顧客の中にはチムタクを一人前単位でも注文できるのかと問い合わせる人が増えているという。首都圏では骨なしチムタクを用意した「一人チムタク飯《バン》床《サン》」のような商品があるが、まだ安東ではそのような商品はない。調理の利便性から、鶏一羽単位で調理するのが効率的だという。一人前単位で調理することはできるが、調理の規模化がなされていないため調理効率が落ちる。また多くの客で混みあう時は、一羽単位で調理するのも大変だ。三、四人が食べるのに適した一羽単位の調理法は家族、同僚、友人同士の共同食事が一般化されている三〇～四〇歳以上の既成世代の韓国食文化を前提とする。

第四に、パック・チムタク、全国宅配チムタクを活性化した。「テイクアウト・チムタク」は、容器に入れたチムタクを消費者が持ち帰るもので、「宅配(delivery service)チムタク」は、安全に包装されたチムタクをドライバーが家まで配送することだ。韓国のデリバリーは一九九〇年代に日本の文化が入ってきたものだといわれている。「テイクアウト・チムタク」は二〇〇〇年代後半頃、登場した。移動時間三〇分程度の地域居住者がテイクアウト・チムタクを注文する場合もある。それも完全調理型包装チムタク、部分調理型包装チムタクに区分される。

宅配チムタクは、店ごとに包装方式が違う。宅配用の容器、ボックス、包装材料にも開発競争がある。注文一日後に部分調理型チムタク、または、完全調理型チムタクのいずれかを全国に宅配サービスで届ける。新型コロナウイルス感染症の流行の中でチムタク宅配は活性化され、店の売上額の二〇～三〇％程度に達する。チムタク屋のオーナーたちは、コロナ禍の間、全国的なチムタク配送でかろうじて持ちこたえたと話す。

第五に、商人会の提案で、チムタクのインターネット販売も行っている。二〇二二年、「安東旧市場商人会」は、インターネット販売システム「Naver Smart Store」にチムタク屋が会員として加入することを提案した。いくつかのチムタク屋が加入し、チムタクを販売している。若い顧客がインターネット予約をすることもあるからだ。

第六に、チムタク屋の内部を整備し、座敷テーブルからダイニングテーブルへの転換を実現した。韓国はオンドル文化の伝統に基づき、長い間座敷テーブルが主流だった。しかし四、五年前から外国人と若者のために座敷テーブルをダイニングテーブルに転換した。既存の座敷テーブルは韓国人既成世代には無理がなかったが、外国人と若者たちは非常に不便に思った。ダイニングテーブル化は、安東市の観光支援政策により一定の財政支援を受けて実現された。

二〇二二年現在、安東のチムタク横丁で販売している鶏肉料理の圧倒的主力商品は、オーソドックスな安東チムタクだ。安東チムタクは米国式フライドチキン系列の鶏肉料理が幅を利かせていた時代に鶏肉を油で揚げず、安東地域の伝統的な「チム」調理法に基づいて発明されたフュージョン料理だ。現在の安東チムタクは首都圏のフランチャイズ産業を通じて世界の人々のために、世界に向かって進んでいく段階に来ている。

注

〈1〉本稿は、拙稿「フュージョン型郷土料理の発明と商品化」(『韓国民俗学』四八、韓国民俗学会、二〇〇八)、「米国式フライドチキンに対応した安東の「チムタク」」(実践民俗学会学術大会発表文、二〇二二)を基に作成したものである。

参考文献

キム・ボムソク、ファン・スヒョン　二〇一三年一〇月二五日「「チコノミー」五〇年…一九六〇年代、明洞栄養センターのトンダク初登場（「치코노미」50년… 1960년대 명동영양센터 통닭 첫 등장）」『東亜日報（동아일보）』

キム・ジョンジュ　二〇二二「養鶏産業の現状と当面の課題――米国肉鶏産業の歴史（양계산업 현황 및 당면과제――미국 육계산업의 역사）」『月刊養鶏（월간 양계）』五四（二）、大韓養鶏協会

大韓養鶏協会広報部　二〇〇九「月刊養鶏四〇年、あれこれ四〇選（월간양계 40년, 이런 일 저런 일 40선（選））」『月刊養鶏（월간 양계）』、四一（一二）、大韓養鶏協会

パク・セロム　二〇二一年四月一六日、「【韓国チキンのすべて】『チムリエ』挑戦、『チヌニム（チキン＋神様の韓国語ハヌニム）』出迎え……私たちはチキンに本気の民族」『オリンイ（子供）朝鮮日報（어린이조선일보）』

裵永東　二〇〇八「フュージョン型郷土料理の発明と商品化（퓨전형 향토음식의 발명과 상품화）」『韓国民俗学（한국민속학）』四八、韓国民俗学会

裵永東　二〇二三「米国式フライドチキンに対応した安東の「チムタク」（미국식 프라이드치킨에 대응한 안동의「찜닭」）」実践民俗学会学術大会発表文（실천민속학회 학술대회 발표문）

ビショップ、イザベラ・バード　一九九四『韓国とその隣国（한국과 그 이웃 나라들）』イ・インファ訳、サルリム出版社

シン・ヒョソン　二〇一七「韓国食用油脂産業の歩み（우리나라 식용유지 산업의 발자취）」『食品科学と産業（식품과학과 산업）』五〇（四）、韓国食品科学会

オ・ジュンソク　一九六九「養鶏政策の過去と未来（양계정책의 과거와 미래）」『月刊養鶏（월간 양계）』一、大韓養鶏協会

第6章　料理家の私的食卓史

日本生まれの韓国人の食における越境、変化と回帰

コウ静子《しずこ》

はじめに

このたびの「東アジアの食文化――朝鮮半島を中心に考える」というフォーラム・テーマに沿って、私の個人的な食卓史を軸として食文化について記す。そうすることによって食文化と地域との関わりを浮かび上がらせることを試みたい。私は現在、様々なメディアにおいて韓国人料理家として食に関わる提案を行っている。日本で生まれ育った韓国人料理家である私が現在提案する料理にどのようにして至ったのかを詳《つまび》らかにすることで、食文化と地域との関わりに個人的な領域からひとつの論を提示できるのではないか。そのために、まずここで私の個人的な食を形成してきた背景について記す。

私の料理家としての活動は薬膳師、茶人という要素が分かち難い要素として結びつきながら行われている。薬膳師として薬食同源という考え方を大切にした料理を提案すること、そして茶人として韓国伝統茶を現代に沿う形で提案すること。これら二つは私の料理家活動の核となっている。このような形での料理家活動に至ったのは、やはり私的な食体験に負うところが大きいと考える。そして私の食体験の多くは日々の食卓によるものであり、その食卓における料理は家族間の関係により形作られてきた。とりわけ、母であり、共に料理家として活動をしている李映林《りえいりん》の影響は大きなものであった。韓国済州島出身の李は日本で三男一女をもうけ、食に対してとても丁寧に向き合い、日々の食卓を用意していた。そうした食卓の風景が私の料理家としての原点となっている。

1 私的食卓史の原点

記憶をたどり私が幼い頃の食卓から現在までを振り返っていくと、その移り変わりはとても興味深い。幼少期から一般的にイメージされるような韓国料理が並ぶというわけではなかったが、辛味のある汁物やごま油を使った野菜のナムルが食卓にのぼる頻度は韓国家庭的であった。しかし、その汁物もいわゆる韓国的な辛味噌のチゲばかりではなく、日本の白味噌や合わせ味噌を使った、いりこ出汁のお味噌汁も多く、当時（一九七〇年代〜八〇年代）の一般的な日本の食卓との類似は多かったであろう。そうした少し特殊な食生活において、わかめスープと季節野菜のナムルは特別な料理であったと思い起こされる。日々の食卓で様々なわかめスープ（シンプルなわかめだけのもの、ニンニクの香る牛肉入りのもの、鯛の尾頭や雲丹《うに》が入ったものもあった）とナムルを食した記憶が残っている。それは李の食に対しての薬食同源という考えの表れでもあっただろう。野菜や海藻を多く含んだ食卓によって家族を健やかに育むという考えが根幹にあり、そのための手間を惜しまない人であった。

わかめスープとナムルは我が家の祭礼《チェサ》には欠かせない料理であり、年間に複数回のチェサを執り行う在日韓国人家庭ではチェサの料理はソウルフードのひとつと言える。それは私にとってもそうであった。我が家はチェサにはひね鶏で出汁をとったわかめスープともやし、ほうれん草、ぜんまいのナムルがお決まりの料理であった。チェサにはもちろんそれ以外の多種多様な料理が並んだが、それらは全てもちろん韓国料理であり、このチェサの料理が私にとっての韓国料理の原体験となり、以後の食の好みにも大きな影響を与えている。また、チェサの料理を調理することが含んでいる特殊性（食と聖性が結びついたお供物を拵《こしら》えること、膨大な量を調理する必要性があること、供えた後に饗応のためのおもてなし料理となること）を経験したことは私の料理家として活動する基礎を作っている。この経験は、私にとって食に対する思想と調理技法の両面で示唆に富むものであった。思想的には、食が生命に関わる神聖な行為であり、また、人との関係の中で成り立つものであることを強く意識するようになった。調理技法についても、人に供するたくさんの料理を作るためだけでなく、持っている思想を料理に表出させるためには合理的な調理技法の確立が不可欠であると実感する契機となった。

日常の食卓における品数の多さやレパートリーが多くなっていったことは、李の健康志向だけでなく、父の食の嗜好（日本で生まれ韓国で育った父は食に対する興味は広く、食べることに貪欲であった）も影響していたであろうし、当時日本が経済的に成長していく過程の中で、食卓がボーダーレス化していた変化と関係があったであろう。そうした諸事情もあり、知的好奇心が旺盛だった李は食文化に関心を持ち、料理家として活動する以前から数多の食情報を学び、それを食卓で実践していた。それは調理技法と併せて素材への関心へと向かい、自分の目に適う食材を求めて大阪の中央卸売市場へ、良質な韓国食材を求めて鶴橋へというように活発に動きながら、それに私を伴って貴重な経験を与えていた。また、李は食文化の中でも器選びを含めたスタイリングに深い関心を持ち、食材の買い出しの後には器のギャラリーを巡ることが習慣となっていた。そうした興味が高じて自身で作陶も行うほどであった。私もそうした市場やギャラリー巡りの中で、物を見つめて評価する力を養われた。

そのようにして求めた食材や器がどのように一皿へと結実していくのかを、幼い頃から特に意識することなくとも感じられたことは現在の私の表現に影響を与えている。李は日常の多忙さにもかかわらず、本当に丁寧に料理と向き合う暮らしをしていたが、それは当時から高い調理技術なしでは実現できなかっただろう。そうした丁寧な暮らしぶりや調理技術の確かさの継承という部分も私の食卓史を彩るひとつと言える。

2　食卓を彩るものとその変遷

李の料理は時代の移り変わりと共に緩やかに、時には大きく変化していったが、変わらぬ核と言えるものがあり、それは彼女の故郷である韓国済州島の食体験であろう。韓国料理は一般的には陰陽五行説の五味（酸味・苦味・甘味・辛味・塩味）が調和した複合的な味わいを持つと言われているが、済州島の料理は素材に過度に手を加えない素材の持ち味を生かした料理が多く、そのことは李が日本に移り住み新たな食文化に触れ、それを自分のものとして身につける上で有益であった。日本において食の情報量とその質、入手できる食材の種類も多くなっていくという時代の変化の中で、我が家の食卓にのぼる料理も多様となった。素材の味を活かした韓国料理が核としてあるものの、時代背景もあり食の欧風化は避けられないものであった。特に子どもたちが長じてお酒を飲めるようになり、料理にワインなどのアルコール飲料が伴うようになると、それに合わせて料理も変化していった。具体的には料理の香りと旨味をいかに引き出すか、それらをうまく引き出すことで塩味を抑えるということが特に大切にされた。お酒に合わせて強くなりがちな料理の味わいを抑制し、バランスの取れた味わいへと緻密にレシピに落とし込まれた。そうして、使用する食材や調味料も広がっていく中で、ルッコラやコリアンダーなどの香り豊かなハーブを使ったチヂミのレシピが生まれ、それは現在まで私が繰り返し紹介するレシピとなっている。

写真１　韓国済州島の器作家、李起助の白磁の器

このようにして李の料理がより豊かに広がりを持ち洗練されながら、本格的に料理家としての活動を始め、最初の著作を発表することとなる。当時（一九九〇年代の後半期）の料理メディアでは韓国料理のレシピ紹介は一般的ではなく敬遠されがちであった。李の料理家としての三〇年の歩みはそのまま日本における韓国料理の受容の推移と重なっている。その流れの中には、韓日の政治的な冷え込みの時節などもあったが、文化的な繋がりは途絶えることなく韓国料理が日本の食卓に好意的に受容されていく過程を見つめることができた。しかし、料理家として韓国料理だけを紹介するということはなく、その時々のトレンドを取捨選択しながら取り入れていった。様々な流行り廃りがあり（イタリア料理、スペイン料理、バスク料理、素食のブームなどもあった）、そうした料理も我が家の食卓を彩り、アヒージョ（ニンニクとオリーブオイルで食材を煮るスペイン料理）は定番料理のひとつとなった。ニンニクとごま油を使う韓国料理とニンニクとオリーブオイルを使う地中海料理の親和性を幾人もの料理雑誌の編集者から指摘されたもので、そうした料理が食卓に並ぶことは自然であっただろう。このように、使用する食材や調味料は多くなっていったが、取り止めもなく料理が変化していったわけではなく、その根幹にはやはり素材の持つ

力を引き出す済州島の料理と薬食同源の考え方があり、その変化は落ち着いたものであった。

この薬食同源という考え方は日々のお茶の時間にもとても大切にされており、食後のお茶は、家族の体調や季節によって韓国伝統茶が頻繁に用意された。日常的に韓国伝統茶に触れていたことは、後に私が茶人として韓国伝統茶を紹介していくためには欠かせない経験であった。

そして、食卓を彩る上で重要な要素である器については、器作家の個性が発揮された器も多く所有し使用していたが、李が最も多く使うのは韓国の白磁や青磁の器（写真1）であり、それは李の料理の世界観ととても良く適合していた。

3　料理家としてのクリエイションと地域性について——梅干しとキムチ

李の料理家活動をサポートしていく中で、私自身も料理家としてメディアに料理を提案し、著作を発表していくことになる。もちろん、私の料理のベースには李が作ってきた食卓の記憶があり、そこに薬食同源の考え方や薬膳師としての知見が加わって私自身の料理と言えるものが形作られてきたが、その形成の過程に地域という要素はどのように関わっているだろうか。料理家のクリエイションはそれを行う「場」というものに大きく影響を受ける。ここに言う「場」とはそこに集う人々が作り上げる空気感を伴う空間であり、それはまた地理的な気候風土に留まらず、その地域の価値観を含んだものとなる。例えば、わび茶の精神性が表れたものとして茶道の世界で大事にされてきた「花をのみ

写真２　青梅のチャンアチ

写真３　青梅の蜜煮

待つらん人に　山里の　雪間の草の　春を見せばや」という藤原家隆の和歌がある。この歌が表現するものは一義的ではないと考えるが、ここに読み取れる自然の捉え方や、目を向けられることの少ないものに美を見つけようとする態度などは、私自身もとても大切にしている。日本で生まれ育った私はこうした「和」の美的感覚と言って良いものが自分の中にあると感じる。料理を調理する際にはそうした価値観が自然と表出され一皿へと結びついている。

また、私は日本における料理家活動の中で梅という食材をとても重要視している。それは日本の気候風土や食文化にとって梅という食材は特別であると考えているからである。もちろん、我が家の食卓にも梅は様々な形で並んできた。梅干しはもちろん、韓国風の梅のチャンアチ（味噌・醬油漬け）、青梅の蜜煮（写真２・３）などは日常的に食べるだけでなく、料理教室などでも積極的に紹介してきた。母が来日

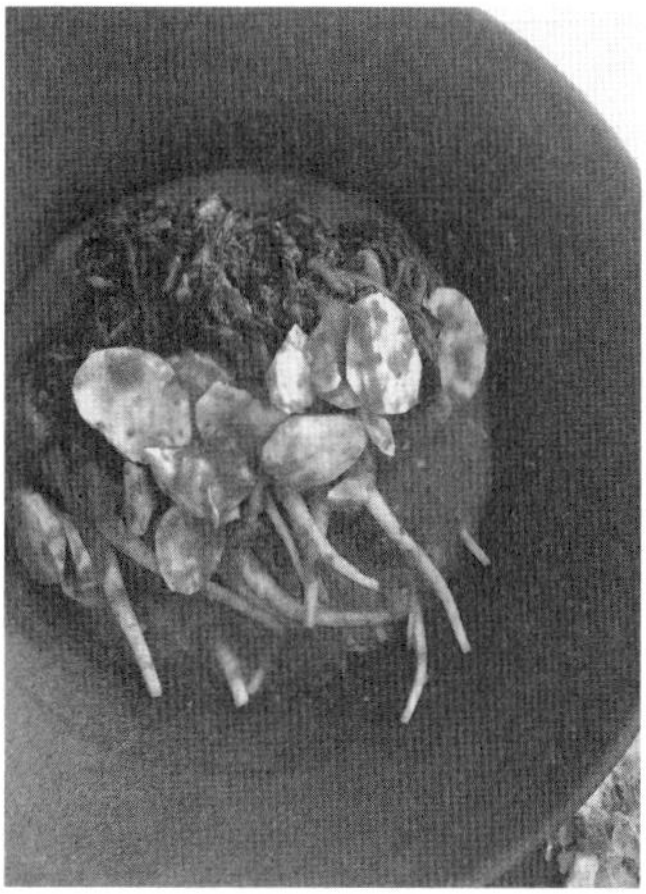

写真５　生栗と中抜き大根のキムチ

写真４　菜の花のキムチ

してから覚えた梅干しのレシピは、常に見直されながら現在のレシピとなっている。梅干しを作る際に最も心を砕いているのは塩分量であろうか。大量に仕込んで長期保存することの必要性も薄れている時代性や、健康のことも考慮し、腐敗しない塩分量を見極めながら、極力塩分量が少ないレシピとなるようにしている。梅干しのレシピは私に引き継がれながら、社会や時代の変化に合わせてこれからも変化していくだろう。

もちろん、四季折々のキムチ（写真４・５）も私の料理家活動に欠かせないものであり、そのキムチのレシピも当然のように地域の影響を受けている。私の現在の白菜キムチのレシピは韓国の一般的なレシピとは異なっている。私にとって韓国の白菜キムチは韓国の気候風土の中で食卓に並ぶ料理と共に食べてこそ美味に感じるものであり、それをそのまま日本に持ってくると、食べ疲れのする強すぎる味と感じる。料理教室などで紹介する際には、なぜこのようにレシピが変化したのかを詳しく説明しながらレシピ提案を行っている。

梅干しを含めた梅の保存食とキムチのどちらもが私の食卓史において大きな位置を占めるものであり、開催している料理教室では梅雨入り前の梅レッスンと晩秋のキムチ・レッスンは、私の料理教室の食の暦の中心的な存在となっている。

4 料理家として食文化を担うということ――越境、変化と回帰

私は日々の料理家としてのクリエイションを通して、食文化を担っているという意識を持って活動している。梅干しやキムチのレシピを紹介し続ける根幹には、それらが伝えて残していきたい食文化であるという私自身の想いが存在している。料理教室を訪れる生徒達の熱意はいつも高く、時代や食習慣の変化にかかわらず梅干しやキムチのレシピが求められていると実感しているが、現実問題としてこれらを手作りできる環境を整えることの難しさも同時に感じている。

料理家として料理の大切さ、ひいては食べることの大切さを訴え続けていくことは、これからも変わることはないが、現代の状況においてレシピはどのように変化していくべきか。それとも変化していく必要はないのか。このことは私自身の料理家活動における重要なテーマとして日々考え続けている。

昨今、日本では「手作り信仰」「手作り神話」という言葉がネガティブなイメージと共に語られることがある。日常に必要不可欠な食に対してこだわるあまりに、日々の暮らしを豊かにしてくれるはずの食生活が暮らしを圧迫し、窮屈にしてしまうという逆転現象が起きることとなるからだ。対して、ドイツでは「カルテス・エッセン（Kaltes Essen）」という言葉がある。これは火を使わない「冷たい食事」のことであり、朝食や夕食は「冷たい食事（パン、バター、チーズ、ナッツやソーセージなどの加工肉食品）」で済ませることが多く、食に時間をかけないことで生活にゆとりを生み出すことが重視されている。これはどちらが正しいというわけではなく、こうした選択肢を持てることが大切であると考える。忙しい現代人にとって簡単な時間のかからない料理のレシピの必要性は高い。しかし、私自身はどちらかといえば丁寧で、手間のかかるレシピを紹介することが多い。それは前述したように、料理家として食文化を担い、残すべきレシピを時代を越えて繋いでいく役割があると考えているからである。とはいっても、昔からある古いレシピをそのまま伝えたいという訳ではない。レシピは変化し更新される必要がある。その変化は安易な簡便さへの変化ではなく、その料理の本質的な部分を伝えるものでありたい。そうした変化は時に微細なものであり、時には大きな変化であったりするのだが、それは未知なる領域への越境と原点への回帰を繰り返す中で立ち現れる。

料理家として境を越える体験を繰り返しながら、新しい概念、調理技法や道具などを取り入れる。そうして取り入れたものにより新しい一皿が生まれ、私自身の料理は広がりを持っていく。境を越えるような体験は、場所的な移動だけではなく、日常の中にある小さな変化や気付きの中にも存在している。そんな揺らぎにも似た日常の小さな変化を感じ、見つめていくことにヒントが潜んでいる。そんな変化に対して心を開いておくことが、料理家としてのクリエイションだけではなく、自分の生活を豊かにしてくれると考える。こうした物事の感じ方や捉え方は、料理家として伝えていきたいことのひとつである。料理を通じて心身を健やかに豊かにしていくこと。そのために食や食文化が存在するように料理家として努力している。しかし、料理や食文化の変化や更新は取り止めもなく広がれば良いものではなく、それらの変化は社会や地域に根ざしたものでなくてはならない。そのために変化を希求しながら、回帰すべき場所や概念を必要とする。私にとって、それは韓日の気候風土に基づいた食文化であり、また食卓の原風景ということになる。料理をしながら迷いが生じるような時には、いつもそうした場所へと戻り、その変化は本当に必要なものであるか、その変化が食文化を豊かにしてくれるものかを自問自答している。

このように、越境、変化そして回帰を繰り返すことで私自身の料理は洗練されてきた。そして、こうしたことで料理家として食文化を担う一助となり、寄与できていると考え、活動している。

5　韓国伝統茶を現代的に再構築すること

「はじめに」で記したように、私は料理家として薬膳師、茶人という要素が分かち難く結びついた活動をしている。この節では茶人としての活動について記す。私の個人的食卓史においてお茶の時間は多くの時間を占めてきた。幼少期から食後だけではなく、ちょっとした隙間時間にもお茶の時間のある生活であった。様々なお茶が食卓に並んだが、中でも体調に合わせて、李が用意してくれた韓国伝統茶（以下、伝統茶と表記）は特別なものであった。子どもたちの体調変化に敏感であった李は、体調に応じた様々な伝統茶を飲ませてくれ、その種類は枚挙にいとまがないほどであった。一部を挙げるだけでも、高麗人参茶、五味子茶、柚子茶、花梨茶、とうもろこし茶やドゥングレ（甘野老《あまどころ》の根）茶などがあり、日常的に飲んでいた。子どもには飲みにくい味わいのものもあったが、子どもながらに薬効の高い身体に良いものとして理解し飲んでいた。

伝統茶は茶外茶と呼ばれる茶葉を使わない茶のことで、その原材料には果実、木の実、木の根、植物の葉や花などがあり、多彩な味わいと薬効を持っている。韓国でも茶葉を使った茶は古来より飲まれてきたが、朝鮮王朝時代には崇儒廃仏が推し進められたため、仏教との関わりが深かった茶が飲まれなくなり伝統茶が普及することとなる。

当時はこうした歴史的な背景などを知る由もなかったが、これら伝統茶は私の日常生活に溶け込んだものであり、料理家となってから茶人として伝統茶を紹介することは自然な流れであった。現在、四季折々に韓国茶会を開き、伝統茶を紹介している。日本では以前から伝統茶としては柚子茶などが一般的なスーパーマーケットなどでも販売されている状況であった。しかし伝統茶というものが認知されているというほどではなかった。こうした状況下で韓国茶会を開催し、それを現在まで続けてきたが、どの茶会も盛況であり昨今の日本における伝統茶に対する関心の高さには驚かされている。

写真6　蓮の花茶

私が行っている韓国茶会はいつも季節の食材を調理した食事の後で、伝統茶を楽しむという形式をとっている。これは韓国でこうした形の茶会が行われているという訳ではなく、日本の茶の湯や茶懐石の影響を大きく受けた独自のものとなっている。韓国では伝統茶は日常的でカジュアルなもので、私の食生活の中での位置付けもそうしたものであったが、茶会を開催する際に伝統茶の素晴らしさがより伝わる形式を模索しながら、今の茶会へとたどり着いている。ここで言う伝統茶の素晴らしさとは、自然や季節の移ろいに寄り添う茶であることと考える。李が済州島で暮らしていた時には、春は蓬《よもぎ》、新緑のころは松の新芽、秋は野菊、冬は柚子と、季節ごとの恵みを茶として楽しんでいた。こうした季節への寄り添いが伝統茶の素晴らしさであり根幹であると考える。それを茶会でどのようにして伝えるのかを日々突き詰めている。

そうした想いは毎夏に行っている蓮の花茶会（写真6）において結実している。夏の朝に花咲き、昼には閉じてしまう蓮の花。その蕾を大振りの白磁の器の中でゆっくりと花開かせながらお茶に仕立てる。そこには普段見ることができない開花の瞬間の生命のドラマが宿り、茶会の空間は神秘的なものとなる。こうした現在の私の韓国茶会の流儀は、前述したように随所に茶の湯や茶懐石の伝統や美意識に影響を受けて成立している。このことは私が日本で生まれ育ち、自然と培われた美意識によるものであり、もし私が異なる国で生まれ過ごしていたならばもう少し違う形を取っていただろう。

結び

こうして私的食卓史を振り返ると、私の食に関する事柄の多くが地域性とは切り離せないものであったことが改めて確認できる。そして、それは料理家としての活動においてよりいっそう顕著であった。私が李と共に韓国人料理家として日本で活動を続けて、いつしか三〇年になろうとしている。その間、韓日の食文化の影響を受け、またそれらを横断しながらたくさんの料理を考案してきた。そうして生まれた料理は私自身と分かち難く結びついた価値観や美意識の反映でありながら、それと同時にそこから離れ自由になろうとする試みでもあった。それには食が絶対に無視できない気候風土や地域性も含まれている。自身に固着した価値に従うだけでは新しいものを生み出すことはできない。常にそこから離れようと越境し変化を希求することが必要であった。しかし、もちろん無軌道に離れられるという訳ではなく、その変化は回帰を伴うものであり、その戻るべき場所や概念は積み重ねられてきた食文化であり、気候風土であり、私自身の食卓の記憶であった。

長い料理家活動の中で韓日の間には政治的問題に由来する関係性の冷え込みなどもあったが、両国間の文化的な関わりは深まりこそすれ、薄まることはなく、私たちも意識せずともその一助になれたと感じている。
そして、それは食に携わっていくことと同様に、今後も変わることはないだろう。

参考文献

今村武　二〇一九『食事作りに手間暇かけないドイツ人、手料理神話にこだわり続ける日本人』ダイヤモンド・ビッグ社
コウ静子　二〇二〇『季節に寄り添う韓国茶』グラフィック社
谷口恭子　二〇二一「コウ静子さんインタビュー／茶葉を使わない「韓国伝統茶」で四季を感じて」https://www.fujingaho.jp/gourmet/chef/a37902482/koshizuko-kankokucha-211021/
筒井紘一編　二〇二一『南方録と立花実山茶書』淡交社
山本兼一　二〇一二『利休の風景』淡交社
李映林、コウ静子　二〇〇七『はじめての韓国伝統茶』小学館
李盛雨　一九九九『韓国料理文化史』鄭大聲・佐々木直子訳、平凡社

コラム

私と北朝鮮料理

李《イ》 愛俐娥《エリア》

私が初めて北朝鮮料理に触れたのは、ソ連崩壊から一年後の一九九二年の一二月一八日から一九九三年一月五日まで、日本のソ連および東欧研究者たちと一緒に「ロシア社会経済問題研究現地セミナー」に参加した時であった。

当時、宿舎だったモスクワの「労働・社会関係アカデミー学生寮」の食事があまりにもおいしくなかったので、ソ連留学経験のある先生たちと北朝鮮食堂を探すと、一九八八年九月に開業した北朝鮮直営の平壌レストランとソ連の高麗人が経営するオジャッキョ（烏鵲橋）という食堂があった。

北朝鮮料理と韓国料理を同じものだと思った先生たちが、韓国人である私を連れて行ったら美味しい料理を注文してくれると思ったおかげで、私も北朝鮮料理を食べる機会を得たのである。

モスクワの平壌レストランで

私たちが訪れたのは北朝鮮直営の平壌レストランのほうであった。

扉を開けて入ると、正面に展示されているヘビ酒とツツジ酒が目に飛び込んできた。白いワイシャツと黒いズボン、胸に赤い金日成バッジを付けて私たちを迎えたウェイターは、メニューを持って料理について尋ねる韓国人女性のせいでとても戸惑った顔をしていた。

注文しようとメニューをみた私もチェンバンククス（쟁반국수、お盆冷麺）、ホンチェ（홍채무침、ニンジンの和え物）、ナムセパン（남새빵、野菜まん）など初めてみる料理にとても驚くとともに、料理についていろいろ質問をする私にとても不親切に答えるウェイターの態度に気分を害した、というのが私の北朝鮮料理の最初の記憶であった。

メニューで唯一知っていた料理はオジンオムチム（오징어무침、いかの和え物）だけであった。

苦労して注文した料理を食べた先生たちは満足し、宿に帰ってきては他のメンバーに私のおかげで美味しいものを食べることができたと自慢し、次の日から一週間、私は他の一行と毎日平壌レストランに通うようになった。食事の最後に一人一ドル、四人で四ドルのチップをテーブルの上に置いて帰る私たちに、ウェイターは日本からきた人にチップを受けたくないと不満を漏らしながらも喜んでいるようだった。次の日からは、チップのためか、私たち一行に自分の担当テーブルに座ってほしいと願うウェイターたちの姿があった。通い始めて三日後には金日成バッチを付けた厨房のおばちゃんたちまで私を見にホールに出てくるほどであった。

毎日カウンターで会う私にヘビ酒とツツジ酒を売ろうと熱心に勧めていたマネージャーを思い出すと微笑ましく思う。

九か月後の一九九三年九月、カザフスタンのウシトベ高麗人村を訪れた私が驚いたのは、モスクワの平壌レストランで文句を言われながら食べたニンジンの和え物ホンチェが、高麗人の食卓と市場の食べ物コーナーで売られており、それが咸鏡道の食べ物であることを知ったことだ。

写真１　カザフスタンで出会ったホンチェ

温飯とゆで卵

北朝鮮料理に触れた二度目は、二〇〇三年一一月、中国・丹東市の鴨緑江の鉄橋が見えるホテル

写真２　薬田里での北朝鮮料理

からほど近い場所にオープンしたばかりの北朝鮮の食堂で食べたオンバン（온반、温飯）であった。一緒に行った北朝鮮出身の趙明哲《チョミョンチョル》元国会議員はオープンして間もない食堂に行かないと本場の北朝鮮料理を味わえないと言い、オープンしたばかりの食堂に連れて行ってくれた。咸鏡道式のビビン冷麺しか知らなかった私に、おいしい平壌冷麺と一緒に頼んでくれた温飯は、透明な鶏のスープが印象的な淡泊で少し辛い味の新しいクッパであった。二〇〇二年夏、金大中《キムデジュン》元大統領に会った時、金元大統領も二〇〇〇年六月の南北首脳会談に言及しながら、北朝鮮訪問時に最もおいしく食べた物は温飯だとおっしゃっていた。

三度目に北朝鮮料理を食べたのは、二〇〇六年五月、北朝鮮支援団体の日本支部長として平壌と平安南道《ピョンアンナムド》粛川郡《スクチョングン》薬田里《ヤクチョンニ》の薬田農業組合を訪れた時であった。

印象に残ったのは中央アジアの高麗人も好んで食べる生ネギを味噌をつけて食べる習慣だった。韓国では唐辛子やキュウリは生で食べても、ネギを薬味としてではなく、生で食べる習慣はない。私が北朝鮮現地で食べた田舎の食事は非常においしかった。様々なキムチと心を込めた常備菜（パンチャン）、私が幼い頃、母が大事なお客さんや特別な日に出してくれたことを思い出させるかわいいゆで卵。そして、北朝鮮の一般の人々も交えた食事会は誰もができる経験ではない機会だったこと。それらは一七年が過ぎたいまでも忘れられない思い出である。

将来、北朝鮮を訪れる機会があったとしても当時のような食事は難しいだろうと思うと少し悲しくなる。

コラム

カザフスタン高麗人の日常食における混淆性〈1〉

裵《ペ》 永東《ヨンドン》

1 カザフスタンの高麗人ディアスポラ

筆者は、二〇一八年、カザフスタンの高麗人村を訪ね、彼らの生活と食文化を研究したことがある。そのとき訪れた高麗人家庭二世帯の生活と食文化に関する事例調査に基づき、本稿を進めていきたいと思う。

一九世紀後半から韓民族は、自らの意思または他意により、朝鮮半島の外に移住、暮らし始めた。中央アジアには自分たちのことを高麗人と呼ぶ人々が多く住んでいる。彼らはもともと極東地域に住んでいたが、ソ連（現ロシア）は、一九三七年、極東地域に住んでいた高麗人を中央アジアのカザフスタン、ウズベキスタンに強制移住させた。強制移住の直接的動機は、戦略的要衝地として浮上した沿海州地域で、大ロシア主義を実現しようとするソビエト政権と、韓人の成熟した民族的自立意志が衝突した結果だという。ナム・ヴイクトルの「高麗人の移住とアイデンティティ」によると、一九三七年、高麗人一八万人がカザフスタンとウズベキスタンに到着し、一九三八年一二月一日、カザフスタン定着者は、九つの地域において一万八四六一世帯に及んでいた。二〇一一年現在、中央アジアの高麗人の数は六〇万人に達する。

彼らの多くは咸鏡《ハムギョンド》道から満州、または、沿海州から中央アジアに移住し、民族アイデンティティが少なからず混乱した面もあった。それと共に、高麗人の食べ物にも文化間接触と交流、受容、再創造現象が生じた。ホミ・K・バーバ（Homi K. Bhabha）は、「文化の場所（The Location of Culture）」（一九九四）において、文化の本質を混淆性と規定している。彼によると、同質的民族文化とその綿々たる伝統、そしてそれと結びついた種族的集団などの概念は、次第に信憑性を失いつつあるため、人間共同体とその文化の概念が修正される必要があるという。

筆者は、早稲田大学の李愛俐娥《イエリア》博士の紹介で、二〇一八年七月七日から一二日まで国立安東大学校大学院民俗学科ＢＫ２１事業チームの研究教授一人、大学院生七人と共に、カザフスタンのコクダラ（Ｋｏｋｄａｌａ）村で現地研究を行った。研究チームは、六日間、高麗人家庭でホームステイをしながら高麗人の生活について質問し、参加観察を行った。この村は一九三七年、ソ連によって、極東に住んでいた高麗人たちが六五〇〇㎞以上離れたところに強制移住させられたウシュトベ（Ｕｓｈｔｏｂｅ）から二三㎞離れた農村だ。コクダラ村は、高麗人たちが造成した村で、彼らは開墾して稲作と畑作を営んで暮らしている。この村は当初、高麗人の村だったが、二〇一八年現在、村全体の一一七世帯のうち二四世帯は空き家で、高麗人三四世帯、カザフスタン人四七世帯、ロシア人六世帯、チェチェン人五世帯と出身が分からない一世帯が暮らしている。二〇世紀半ばには、七〇〇人程度だった村の人口は、二〇一八年現在一六二人だ。

筆者が泊めてもらった家庭の、キム・ラマン（一九五五年生まれ、男）氏とカン・ガリナ（一九五五年生まれ、女）氏夫婦の家族史を見てみよう。キム・ラマン氏の先祖たちは、朝鮮半島からソ連の極東、ソ連のウズベキスタン（強制移住）、ソ連のカザフスタン（自発的移住）へと移り、独立後のカザフスタンに住んでいる。夫婦は普段、高麗語を使うが、国の言語は、ロシア語とカザフスタン語だ。キム・ラマン氏の親世代は皆ウズベキスタンに住んでおり、父親は四男一女の長男だった。キム・ラマン氏は三男二女の末っ子だ。

2　高麗人の日常食の混淆性

高麗人の料理は、ロシア料理との混淆が進んでいる。彼らは、カザフスタン料理、ウズベキスタン料理、中華料理、その他ルーツのわからない料理も一緒に食べている。文化的混淆化と料理の混淆化が並行して起きている。

高麗人料理の主なものは、ご飯、鶏肉、白菜キムチ、味噌で調味した食べ物、唐辛子を入れたおかず、オイジ（塩漬けきゅうり）、ベゴジェなどがあげられる。一方、ロシア料理は、ピロシキ、パン、ゴルブッツイ、ヴァレニエ、コンポート、紅茶、サラダ、ソーセージ、チョコレートなどがあげられる。ピロシキは、じゃがいもに小麦粉をまぶして揚げたもので、ゴルブッツイは、ご飯、肉、キャベツを入れて炒めたもの、ヴァレニエは、ジャムのことで、コンポートは、果物を砂糖に漬けたものである。高麗人は、デザートとしてコンポートのシロップを水に割ったものをよく飲むようだった。たまには、紅茶も飲んだ。

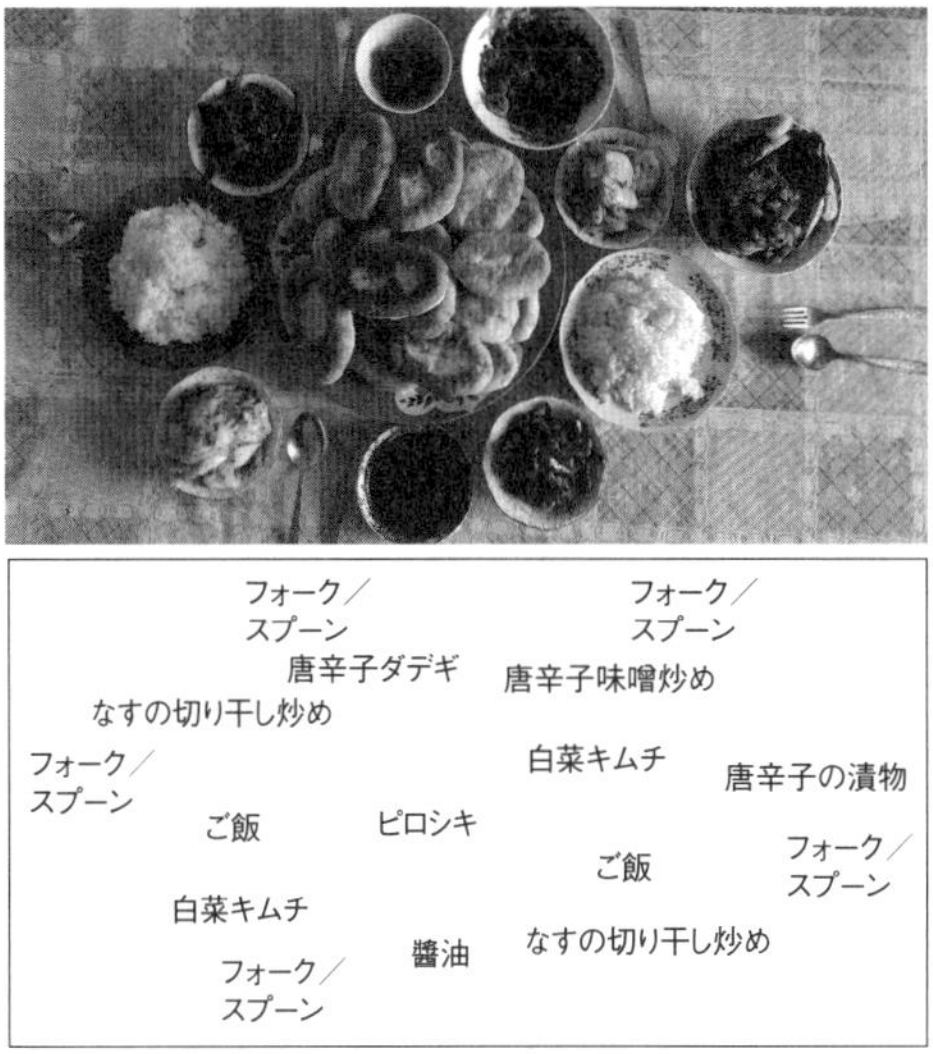

写真１　キム・ラマン氏宅の夕食の様子
（2018 年７月９日、筆者撮影）

カザフスタン料理で代表的なのが、ベシバルマックという肉炒めだ。カザフスタン人は、その材料として牛肉を最も好み、馬肉または羊肉を使うこともある。しかし、高麗人は主に鶏肉でベシバルマックを作る。これは同じ名前でも、民族により使う材料が異なるという点で文化変容的なフュージョン現象だ。ウズベキスタン料理のプロフは、米、肉類、玉ねぎ、油、塩などを入れて炒めたもので宴会料理として食べられている。中華料理としては、じゃがいもマントゥ、ウーロン茶があげられる。ベゴジェは、豚肉の具材を入れた餃子で、じゃがいもマントゥは、豚肉、キャベツ、じゃがいもを入れた餃子である。その他に鶏レバーの刺身はどの民族料理なのかは分からない。

このように高麗人の料理は、高麗人のもともとの料理を基本とするが、ロシア料理の影響を最も強く受けている。長くソ連、ロシアの統治体制の下にあったことがその理由といえよう。高麗人は、カザフスタン人と数多く接触、交流したのだが、カザフスタン料理の影響は少なく、カザフスタン料理は肉類を中心にした数種類にすぎない。高麗料理、ロシア料理、カザフスタン料理、ウズベキスタン料理、中国漢族の料理が食卓の上に混合的に並ぶ。もちろん、これらの料理一つ一つにも混淆化現象が見られる。

滞在期間中に彼ら家族と一緒に食べた料理を、各食事ごとに、そしてそれらの料理が高麗人自らどの民族の料理だと認識しているかによって分類すると表1のとおりだ。

表1の料理の中にはどの民族のものなのか、分類しにくいものもある。まず、サラダ、ソーセージ、チョコレートなどのように、西洋料理および西洋由来の食物はロシア料理に分類した。そして、高麗料理に分類したベゴジェもその起源が高麗料理にあるか否かを確

表１　キム・ラマン宅の民族別料理（2018年7月）

民族別 日付と時間帯	高麗料理	ロシア料理	カザフスタン料理	ウズベキスタン料理	中国料理	その他、不明
7／6夕食	ご飯、鶏肉煮込みスープ、ゆで鶏肉、オイジ、ジル（醬油）、ベゴジェ（豚肉餃子）、あんず	ブレニキビチニ（パン類）、ソーセージ、サラダ、チョコレート			ウーロン茶	鶏レバー刺身
7／7朝食	ご飯、オイジ、唐辛子の漬物、ゆでたまご、ゆで鶏肉、あんず	ムアチキ（パン）、フリェープ（食パン）、ソーセージ、ヴァレニエ（山ぶどうジャム）			茶	菓子類
7／7昼食	きゅうり炒め、かぼちゃ炒め	サラダ、紅茶		プロフ		ユスラウメエキス
7／9朝食	唐辛子味噌炒め	パン（黒パン、黄色パン）、バター、ヴァレニエ（ジャム）				ソーセージ＋ハム＋きゅうりの漬物、トマト
7／9夕食	ご飯、白菜キムチ、なすの切り干し炒め、ジル（醬油）、豚肉、味噌スープ、唐辛子味噌炒め、唐辛子みじん切り薬味	ピロシキ、コンポート				
7／10朝食	唐辛子キムチ（ウィグル唐辛子キムチ）	ピロシキ、パン（白パン、黒パン）、チーズ、バター、ソーセージ、コンポート				
7／10昼食	唐辛子味付け炒め、唐辛子味噌炒め、ナス炒め、白菜キムチ	トマトサラダ			じゃがいもマントゥ（豚肉、キャベツを入れた餃子）	
7／10夕食	ご飯、鶏肉スープ、白菜キムチ、かぼちゃ千切り炒め	ゴルブッツイ、紅茶			じゃがいもベゴジェ	
7／11夕食	ご飯、牛肉スープ、白菜キムチ、塩、オイジ	玉ねぎ				ジュース
7／12昼食			ベシバルマック			

認することはできない。ベゴジェについて、この料理を用意したキム・ラマンさんの家では、蒸し餃子のようなものだといっていたが、じゃがいもを具材として入れたじゃがいもベゴジェについては中華料理だと話している。また、ベゴジェは、ロシアのピロシキの影響だともいわれるが、高麗人は一般的にベゴジェのことを代表的な高麗料理だと見ている。もしかしたら、これらの料理は、餃子やピロシキが変化して高麗料理として定着していく、あるいは定着したものと評価することができよう。文化変容により新しく創造された料理である可能性があるという意味だ。中国の朝鮮族が好んで食べる小型の水餃子である「ベンセ」または「水《ムル》ベンセ」という料理も、咸鏡道式うるち米餃子とも呼ばれ、中国漢族の餃子の影響を受けている可能性がある。

次に、筆者と同行した民俗学科修士課程の学生、権娜鉉《クォンナヒョン》がコクダラ村の高麗人家庭であるオガイ・トロピム氏の家でホームステイをしながら、その家族が作る料理について調査した。その資料に基づき、高麗人民族料理の混淆性について整理すると表2のようになる。

この家庭では、高麗料理、ロシア料理、カザフスタン料理、ウズベキスタン料理、ウイグル料理、韓国料理、中国漢族の料理が混ざっている。彼らは日常的にどの国、どの民族の料理を食べるかについて意識しない。これは様々な国、様々な民族と接触、交流しながら生活する中で形成された食文化の混淆性だ。

それでも高麗人は日常的にご飯、味噌汁や味噌チゲ、白菜キムチ、野菜類を食べる。彼

表2　大学院生權娜鉉が高麗人オガイ・トロピム氏家族と一緒に食べた料理

区分	料理名
高麗料理	ご飯、麺、とうもろこし粥、オグレ粥、ベゴジェ、牛肉スープ、コムタン、わかめスープ、ブクザイ（味噌チゲ）、シレギ味噌スープ、スンデ、ベンセ、白菜キムチ、ルークキムチ（ねぎキムチ）、きゅうりの和え物、カプースタ（キャベツ）の和え物、シッケ、マルコフチャ（朝鮮風にんじんサラダ）、きのこ炒め、なす炒め、味噌なす炒め、味噌唐辛子炒め／きゅうり漬け／唐辛子漬け、ニラ炒め、わかめ炒め、クァジュリ（韓菓《ハングァ》）、チャルトギ（もち米のお餅）
ロシア料理	パン、カーシャ、ボルシュ、ブリニ、オラーディ、グレンキ、ペリメニ、ピラスキ、ゴルブッツイ、オグルチ（きゅうり漬け）、サラダ、サラダパミドール（トマトサラダ）、クラバリーバラチキ、ジョシュンニェズチョーク、ヴァレニエ（ジャム）、コンポート（果物の甘煮）、カツリエタ（カツレツ、魚かつ）、カルバサ（ソーセージ）
カザフスタン料理	ベシバルマック、鶏肉の炒め物、バウルサック
ウズベキスタン料理	プロフ
ウイグル料理	ラグマン
韓国料理	チャプチェ、キムパプ（海苔巻き）
中国漢族の料理	マントゥ

らが好んで使う「バベムリ（ご飯に水）」という表現は「ご飯に水を注いだもの」を指す。この表現は貧しくて厳しかった時代、おかずがあまりないときに、ご飯に水をかけて食べた時代に形成されたものだ。食べ物そのものからすると「バベムリ」はきわめてシンプルな食事だが、文化的意味を考えれば、ある時期の社会・経済的状況を代弁する。

高麗人が高麗料理に劣らないほど大好きなのはロシア料理だ。長い間政治的にロシアの統制と支配を受けてきたため、一九九一年以前まではカザフスタン語よりはロシア語を学校で学び、ロシア料理に親しんでいる。ロシア料理には乳製品、肉とキャベツ、小麦粉を材料とするものが多い。果物漬けのヴァレニエとコンポートはロシア茶文化の要素であり、主食パンに添えられるものである。カルバサ、ヴァレニエ、コンポート、オグルチはロシアの保存食である。コクダラ村の高麗人の朝食は、準備が容易で、食べやすいロシア式で構成されている。高麗人が食べるカザフスタン料理にはベシバルマックのように肉を材料にした料理とバウルサックというパンがある。

3　高麗人料理の民族アイデンティティと混淆性

コクダラ村の高麗人の食の特徴は、以下のようにまとめられる。

第一に、韓民族のアイデンティティを保持していることを示す食べ物が多く見られることだ。コクダラ村の高麗人たちは、ここに村を作り、不毛の地を開墾して田んぼと畑を拓き、田んぼでは稲作を営んだ。ロシア人がパンを中心に食べ、カザフスタン人が肉類を中心に食べるなかで、高麗人はご飯を中心とする食事をした。

また高麗人は、各家庭でキムチを漬けて食べる。高麗人のキムチは、長い冬に適応し、厳しい自然環境を克服する手段として伝承された季節料理といえる。農村の高麗人は、家で味噌を作って食べることも多い。毎年、自ら栽培した豆で、年中行事のように、豆を炊いて、味噌玉を寝かし、味噌を作る。

様々な野菜でおかずを作って食べる食習慣も韓民族のアイデンティティの表れと言える。野菜で作った食べ物は、白菜キムチ、ルーク（ねぎ）キムチ、きゅうりの和え物、きゅうりの漬物、唐辛子の漬物、カプースタ（キャベツ）の和え物、なすの千切り、味噌なす炒め、味噌唐辛子の炒め物、きゅうりの漬物、唐辛子の漬物、ニラ炒めなど数多い。そして、韓国では見られない代表的な高麗人の野菜料理が「マルコフチャ」（朝鮮風にんじんサラダ）だ。誕生日、婚礼、還暦のとき、招待客に薬味を載せたチャンチグクス（にゅうめん）でもてなす慣わしがある。

第二に、食べ物の混淆化とともに食べ方の混淆化が見られることだ。コクダラ村の高麗人の場合、韓国人より味噌の消費量がはるかに多い。韓国の味噌より水気が少なく、かさかさしている。高麗人は食パンに味噌をつけて食べるのがかなり一般的だ。高麗人ももともと、食パンにバターやヴァレニエ（ジャム）をつけて食べていたが、いつからか味噌を塗って食べたりもするようになった。

　高麗人の白菜キムチも韓国の白菜キムチとはかなり違う。白菜キムチは、唐辛子の粉より、紅唐辛子をすりおろして作り、韓国のキムチより味が薄い。高麗人四世帯の主婦たちを対象に調査した結果、高麗人主婦たちは自分たちが漬けたキムチをお隣の他民族に分けてあげることもあるという。

　第三に、食卓マナー、食習慣の文化的混淆化が見られる。食べ物が変化する中で、食卓マナーや食習慣の混淆化は避けられない現象だ。キム・ラマン氏の家でホームステイをした筆者一行と家族は、一緒に奥の間の床に座り、座卓の上で大勢が一緒にご飯を食べた。普段、主人夫婦は台所にあるダイニング・テーブルでご飯を食べるとのことだった。お隣のオガイ・トロピムさんの家でもダイニング・テーブルでご飯を食べる。また、どんな家でも食後には夏でもコンポートのシロップをお湯で割ってお茶のように飲む。キム・ラマン氏はコンポートについて、「食後に温かくして飲むと消化がよくなり、健康に非常に良い」と何度も言っていた。

　第四に、食器、食の道具にも文化的混淆性が確認される。現在、高麗人が使う食器は、底の深い茶碗や汁椀は珍しく、多くが底の浅い平面型の皿類だ。ご飯も皿に盛って食べるのが一般的だ。ご飯や汁のある食べ物にはスプーンを使う。柄が短くて平たく、さじのところがくぼんだ西洋式スプーンだ。一方、箸は全く使われず、フォークを用いる。スプーンは食卓に並べられはするが、それよりもフォークを主に使う。ご飯もフォークで食べることが多い。

高麗人の食べ物の種類、調理法、食事マナー、食習慣、食器類や食具などでも、韓民族の要素を伝承した点、韓民族の要素を変形した点、他民族の要素を受け入れた点、他民族の要素を変形した点、特定民族の要素とは言い難いが新たに開発した点などが混在している。ロシア統治体制に続き、カザフスタン統治体制の下で、いくつかの民族と接する中を生きてきた高麗人の食文化の混淆性である。

高麗人の混淆的な食文化の最も大きな部分を占めるのはロシア料理だ。高麗人が最も長い間、政治・社会・経済的にロシアに従属していたからだ。カザフスタンがソ連から独立した後は、韓国と国交を樹立し、カザフスタンの高麗人は母国である韓国の食文化を改めて受け入れた。したがって、ディアスポラの食文化の混淆化は、どのような国家体制に長時間従属していたかによって、そして、母国との文化交流がどれだけ可能かによって進められる。

注

〈1〉本稿は、筆者の「カザフスタン韓人ディアスポラ料理の文化変容と混淆性」（比較民俗学会、二〇二三『比較民俗学』七七）を基にして作成している。

参考文献

権娜鉉　二〇一九「カザフスタン高麗人の日常の食文化（카자흐스탄 고려인의 일상음식문화）」安東大学校大学院民俗学科BK21事業チーム『中央アジア高麗人の生活と民俗――カザフスタン・コクダラ村を中心に（중앙아시아 고려인의 생활과 민속――카자흐스탄 꼬끄달라마을을 중심으로）』民俗苑

キム・ゲルマン　一九九五「カザフスタン韓人の社会と文化の発展（카자흐스탄 한인의 사회와 문화의 발전）」『比較文化研究（비교문화연구）』第二号　ソウル大学比較文化研究所

金永順、沈志潤　二〇一九「カザフスタン高麗人の食の消費様相の変化――キムチ類と醬類を中心に（카자흐스탄 고려인의 음식 소비양상의 변화――김치류와 장류를 중심으로）」安東大学校大学院民俗学科BK21事業チーム『中央アジア高麗人の生活と民俗――カザフスタン・コクダラ村を中心に（중앙아시아 고려인의 생활과 민속――카자흐스탄 꼬끄달라마을을 중심으로）』民俗苑

ナム・ヴィクトル　二〇一一「高麗人の移住とアイデンティティ（고려인의 이주와 정체성）」『寛勲ジャーナル（관훈저널）』秋号（一二〇号）寛勲クラブ

裵永東　二〇〇八「文化境界が弱まる今日の食文化（문화경계가 약화되는 오늘날의 음식문화）」『実践民俗学研究（실천민속학연구）』一一号　実践民俗学会

裵永東、田成熙　二〇一九「カザフスタン強制移住高麗人の定着と適応（카자흐스탄 강제 이주 고려인의

정착과 적응)」安東大学校大学院民俗学科ＢＫ21事業チーム『中央アジア高麗人の生活と民俗——カザフスタン・コクダラ村を中心に（중앙아시아 고려인의 생활과 민속——카자흐스탄 꼬끄달라마을을 중심으로)』民俗苑

裵永東　二〇二三「カザフスタン韓人ディアスポラ料理の文化変容と混淆性（카자흐스탄 한인 디아스포라 음식의 문화접변과 혼종성)」『比較民俗学』七七　比較民俗学会

シム・ホンヨン、ハン・バレリー　二〇一三『中央アジアのコリアン・エトノス』イマジン

イ・ジンヨン、キム・ソナ　二〇一七「高麗人の食文化とアイデンティティ（고려인의 음식문화와 정체성)」、『文化と政治（문화와 정치)』四巻一号　漢陽大学平和研究所

李愛俐娥　二〇〇二『中央アジア少数民族社会の変貌——カザフスタンの朝鮮人を中心に』昭和堂

Bhabha, Homi K., 1994, *The Location of Culture*, Routledge

特別コラム

韓国の食文化における「地域」について

朝倉敏夫《あさくらとしお》

はじめに

本稿では、朝鮮半島の食文化の特性と東アジアとの関係について、「地域」という視点から概観してみたい。「地域」という視点から朝鮮半島の食文化を眺めると、(1)朝鮮半島の地域性、(2)南北、すなわち韓国と北朝鮮の区分、(3)海外コリアンの三つの問題を設定でき、それらには東アジアの他地域の食文化との関連性が考えられる。そこで、これら三つの問題について、管見の限りであるが、これまでどのような研究がなされてきたかを整理しておくことにする。

1　朝鮮半島の地域性

（1）金宅圭の基層文化研究

日本における地域性研究は、一九五〇年代から六〇年代にかけて「地域類型論」が、八〇年代から「地域領域論」が展開された。前者は家族・村落など社会組織を中心に社会構造の理解のため地域的構造を明らかにしてきたのに対し、後者は民家・食生活をはじめ幅広い文化項目を視野に入れたものであった。そして、文化人類学における地域領域論は、その代父である岡正雄がウィーン大学に提出した「日本の基層文化論」の影響を受けた大林太良や佐々木高明に引き継がれていた［朝倉 二〇一八］。

一方、韓国においても大林や佐々木の盟友でもあった金宅圭《キムテクキュ》が、一九八二年に「韓国基層文化論試考」を提唱し、これを発展させ東京大学に提出した博士論文が韓国で出版され［김택규 一九八五］、日本でも出版された［金宅圭 一九九七］。それは、朝鮮半島を農耕儀礼を中心に「秋夕圏、端午圏、複合圏」の三領域に区分するものであり、その全体は「表13 韓国基層文化の領域（仮説）」で一覧でき、食文化の項には「秋夕圏：米、発酵食品（シオカラ）、端午圏：粟（雑穀、米?・）、複合圏：麦、米（雑穀）、備考：季節食品（サトイモ）」（下巻二七七頁）と記してあるものの、それ以上の説明は本文にはない。

金の食文化に関する学説は「韓民族の食文化」〔金宅圭 一九八七〕にまとめられている。ここでは古代（「雑穀と稲米」「稲作の伝来」「主食・副食の分離」「農耕以前の食文化」「副食の多様化」「臼と甑《こしき》と釜」）、七世紀頃から一四世紀の統一新羅時代から高麗時代（「複合と文化」「別食の普及」）、朝鮮時代（「礼と食文化」）の三つの段階に分けて、朝鮮半島における食の歴史的展開が述べられている。前述した三領域はいみじくも百済、高句麗、新羅の三国と底辺を同じくするが、「主食においては南は米・麦、北は粟・黍というパターンが三国時代にできあがったのではないかと考えられる」〔七八頁〕と指摘している。備考に書かれたサトイモについては、「小白山山脈の山麓地方で里芋（土蘭）を秋夕に必ず食べるところがありますし、ソウルあたりでも秋夕には必ず里芋の汁を食べるべきというところがあります。これはもしかすると非常に古い時代の根茎類栽培と関係があるのではないかとも思われます」〔八二頁〕と記している。祝祭儀礼におけるサトイモ利用を論じた坪井洋文による『イモと日本人』〔坪井 一九七九〕の説と符合するところは興味深い。

（2）伝統的な食――「朝鮮八道」「郷土飲食」

朝鮮半島は、朝鮮王朝が自然環境をもとに八つの道（行政区画）に分けた「朝鮮八道」が、現在の韓国と北朝鮮の行政区画の基礎にもなっており、地域的なまとまりとして捉えられている。

こうした道ごとの食文化については、一九六九年から八〇年にかけて各道における民俗文化調査を実施し、韓国の九つの道（全羅南道篇、全羅北道篇、済州道篇、忠清南道篇、忠清北道篇、江原道篇、慶尚北道篇、慶尚南道篇、京畿道篇）と一つの特別市（ソウル市篇）、および北朝鮮の五つの道（黄海道・平安南北道篇、咸鏡南北道篇）の『韓国民俗綜合調査報告書』各道篇［문화재관리국　一九六九〜八二］の一項目として記載されており、さらにこれらを集約した『郷土飲食篇』［문화재관리국　一九八四］、『食生活用具篇』［문화재관리국　一九八八］が刊行されている。単行本としては慶尚南道、全羅南道、京畿道南部、忠清南道の食文化を、その地域の歴史や宗教、民俗との関連で紹介した『生活文化のなかの郷土飲食文化』［김상보（金尚寶）二〇〇二］がある。

（3）地域振興と食

韓国においても「食」を活用した地域振興が進められている。その代表的な例が「両《ヤン》班《バン》の故郷」と呼ばれる安東《アンドン》である。安東には「安東シッケ（食醯）（発酵飲料）」「安東カルククス（鶏肉麺）」「安東焼酒（焼酎）」など、安東という地域名をつけた食品が多いが、安東大学で民俗学を教授している裵永東《ペヨンドン》は、安東チムタク（鶏肉と野菜の辛炒め）［배영동　二〇〇八］だけでなく、安東カンコドゥンオ（塩サバ）［배영동・김시덕　二〇〇八］、虚祭祀飯［배영동　二〇一八］など、安東の食品がいかに観光化・商品化されていくかを明らかにし、

食の地域振興への貢献について考察している。

2　南北（韓国と北朝鮮の区分）

朝鮮半島と地政学的によく似ているのはベトナムである。インドシナ半島の東部に位置するベトナムは、歴史的には、中国の支配を受け、儒教文化、漢字文化の影響を受けてきた。一九世紀後半にフランス植民地に編入され、第二次世界大戦中の日本軍の進駐と戦後の第一次インドシナ戦争を経てフランス植民地体制が崩壊し、国土は社会主義陣営のベトナム民主共和国（北ベトナム）と資本主義陣営のベトナム共和国（南ベトナム）に分裂。ベトナム戦争（第二次インドシナ戦争）を経て南ベトナムの政権が崩壊し、一九七六年に統一国家としてベトナム社会主義共和国が成立した。朝鮮半島とベトナムにおける食文化の南北比較は興味深いテーマの一つである。

（1）南北での食の違い

朝鮮半島での南北による食の違いは、分断以前と分断以後によって異なる。分断以前の食の違いは、キムチ一つを例にとってもあきらかである。南はトウガラシと塩辛を多く入れ、赤い色と濃厚な辛さを特色としているのに対し、北のキムチはトウガラシが少なく、水キムチが主である［韓福麗 二〇〇五］。金大中が北朝鮮を訪問したとき、金正日が「南のキムチは辛いよ　北のキムチは水気多いよ」（朝日新聞 二〇〇〇・六・一五夕刊）と述べたという記事も、それを物語っている。

分断以後については、例えば、韓国でプルコギといえば一般的に薄切りにした牛肉や豚肉を梨の果汁や玉ネギ、胡椒などの薬味につけ、汁をかけながらジンギスカン鍋で煮込んだものだが、北朝鮮のプルコギは薬味につけた肉を鉄板や鉄網の上で焼き、韓国のサムギョプサルによく似たものという。プルコギは、日本語に直訳すれば、プル（火）とコギ（肉）のあわさった言葉であり、いわゆる焼肉の総称ともいえるが、韓国においては戦後にジンギスカン鍋で煮込んだプルコギが開発、商品化され、それが一般名称として普及したため、南北で違うものを指すことになったのではないかと推測される。

（2）北朝鮮の食の研究

●北朝鮮料理（韓国語文献）

北朝鮮の食を扱った本としては、前述の『韓国民俗綜合調査報告書』のほか、料理の作り方を中心に北朝鮮の食について紹介した『自慢すべき民俗飲食——北韓の料理』［최필승 一九八九］がある。

近年出版されたものとしては、韓食振興院から出版された平壌、平安道、黄海道の伝統

飲食レシピを紹介する『隠された味、北朝鮮の伝統料理』〔한식진흥원 二〇一三〕と咸鏡道、開城・京畿道、江原道の伝統飲食レシピを紹介する『なつかしの味、北朝鮮の伝統料理』〔한식진흥원 二〇一六〕、脱北者として初めて韓国で博士学位を取得し、北朝鮮伝統飲食文化研究院長を務める이애란（李愛欄）の『北韓食客――統一を夢見る飯膳』〔二〇二二〕のほか、北朝鮮の二一の代表食を紹介した『平壌冷麺 遠くから来たと言ったらいけなかったんだ』〔김양희 二〇一九〕、高麗王朝の伝統を引き継ぐ開城の食を紹介する『統一食堂開城飯膳』〔정혜경（鄭恵京）二〇二二〕などがある。

●食糧問題

「南の飽食、北の飢餓」〔三浦 二〇〇五〕といった指摘にもあるように、北朝鮮での飢餓状態については言葉としては知られているが、その内情についてはほとんど知られていない。近年、その内情について報告する文化人類学者による二冊の本がだされている。

一つは、『人類学者がのぞいた北朝鮮――苦難と微笑の国』〔鄭炳浩 二〇二二〕である。北朝鮮の子どもの飢餓救護活動、脱北青少年教育支援にかかわってきた文化人類学者である鄭炳浩《チョンビョンホ》が、直接観察し、経験した北朝鮮文化についての現地記録である。

鄭は、北朝鮮の子どもたちの窮状を伝えてるとともに、「北朝鮮の食生活について語るときよく挙げられるのが、玉流館の冷麺、犬肉（タンコギ）、豆腐飯、ジャガイモ麺などである。その味と素晴らしさを紹介するのに私は適任ではない。私と北朝鮮の出会いは、大飢饉時期の食糧問題から始まっているからだ」〔三〇六頁〕と述べ、「金日成の夢は閉鎖的な自給経済ではかなえられない。（中略）北朝鮮の食糧自給率推定値は、九二％で韓国の二倍であった。いくら自給率が高くても必要量を満たせなければ飢える人びとが出てくるのは当然だ。解決策は明らかだ。すべての人民が白米に肉のスープを食べるには、相当な量の食糧を輸入しなくてはならない」〔三〇九頁〕と論じている。

もう一つが、『北朝鮮人民の生活——脱北者の手記から読み解く実相』〔伊藤 二〇一七〕である。日本の韓国社会の文化人類学の第一人者である伊藤亜人が、主として咸鏡北道出身の脱北者たちの書いた九九編の手記を収録したものである。住民に対する供給体系や市場での商いの形式を綴るなかで、「トウモロコシが主力穀物となっている北朝鮮では、トウモロコシの粉で作る麵（ククス）が北朝鮮で最も日常的な食べ物である」〔三五六頁〕、「飴は食品の中で主食や副食ではないが、商品として特別な位置を占めている。砂糖が貴重な輸入品であるためであろうか、砂糖を原材料とする飴は滋養食品・嗜好品として子どもばかりでなく大人にとっても人気商品である」〔三六八頁〕、「酒の醸造は、北朝鮮ではほとんどあらゆる地域の都市部で、様々な規模と方法で幅広く行われている。（中略）酒の原料には、米、トウモロコシ、スス（高粱）、粟、黍（キジャン）、ドングリ、杏子、覆盆子（ポクプンジャ）などが用いられるが、トウモロコシで作る酒（ノンテギ）が最も一般的である」[三七一―二頁]、「北朝鮮の近海で採れる海産物のうち、特にスルメ(オジンゴ)、メンタイ、ナマコなどが交易品として需要が多い」[三七八頁]など、彼らが何をどのように食べているかを教えてくれている。

3 海外コリアン

韓国社会の特徴の一つに、海外移民の多さが挙げられよう。「韓民族」は朝鮮半島以外に、米国に約二五四万人、中国に約二四六万人、日本に八二万人をはじめ、七五〇万人が居住しているといわれる(二〇二二年現在)。しかも、日本の移民が過去完了形であるのに対し、韓国は現在進行形と言ってよく、中国の華僑にも匹敵する。

(1) 海外コリアンの食

海外コリアンの食については、韓国文化人類学会が海外に住む同胞の生活文化について調査をし、国立民俗博物館が中国吉林省[한국문화인류학회 一九九六]、中国遼寧省[一九九七]、中国黒竜江省[一九九八]、ウズベキスタン[一九九九]、カザフスタン[二〇〇〇]、ロシア:サハリン・沿海州[二〇〇一]、日本:関西地域[二〇〇二]、米国:ハワイ地域[二〇〇三]、メキシコ[二〇〇四]、日本:関東地域[二〇〇五]の調査報告書を刊行しており、

そのなかに食生活の報告がある。日常食と儀礼食、貯蔵食といった基本的な内容のほか、地域〔執筆者〕によっては、遼寧省では「トウガラシと大豆油、犬肉」、メキシコでは「シラントロ、ライム」といった食品をとりあげた記述もある。

二〇二二年に開催された比較民俗学会「民族と移住」において、私は「在日コリアンの飲食世界と正体性（Identity）」〔아사쿠라 二〇二三〕、裵永東が「カザフスタン韓人のディアスポラ飲食の文化接変（Acculturation）と混種性（Hybridiry）」というタイトルで発表している〔배영동 二〇二三〕。

在米コリアンに関して、『ロスアンジェルスの日本料理店』に「韓国料理店のなかのスシバー」という節がある。「調査時点（一九八〇年）でロスアンジェルスの韓国料理店でスシカウンターをもつのは五軒であった」〔石毛ほか 一九八五：二五九〕とあるが、その二〇年後にロスアンジェルスを訪問した私は、韓国人経営の日本料理店の多さに驚いた。この本の後継調査ができると面白いと個人的には考えている。

（2）在日コリアン

●在日コリアンの食文化の研究

前述の韓国文化人類学会の一連の調査のなかに、日本の関西地域と関東地域の在日コリアンの報告がある。前者では、「日本内の居住歴史が長期化しつつ、変化の程度と様相が多様化されている。特に在日同胞社会内部の差異（階層的、出身地域、理念的・政治的志向、各家庭間の差異など）は食文化の実践に相当な間隔をもたせてきた」〔二〇〇二：一六〇〕という重要な指摘がある。後者では「商品としての飲食として、焼肉、おかずおよび材料店・スーパーマーケット、家庭料理食堂」〔二〇〇五：一六六―七〕についての記載がある。

日本における韓国料理研究の第一人者は在日二世でもある鄭大聲《チョンデソン》である。鄭は数多くの韓国料理に関する書籍を執筆しているが、『韓国家庭料理入門』〔鄭大聲・金日麗 一九九八〕で「私が食べ物の研究に行き当たった理由」「民族の料理を広める、引き継ぐ」「在日の若い世代へ」について述べ、「在日の立場からすれば、料理とその文化は民族の『生命線』であると考える」〔二四頁〕と決意を表している。

その鄭が、『在日コリアン辞典』〔国際高麗学会日本支部 二〇一〇〕に食に関する項目として挙げられた「アマダイ」「カクテギ」「キムチ」「食文化」「チジミ」「チャリ」「チャンジャ」「トウガラシ」「トックッ」「ナムル」「ニンニク」「ピビンパプ」「別府冷麺」「ホルモン論争」「マッコリ」「明太（ミョンテ）」「モランボン」「盛岡冷麺」「焼肉」「冷麺」「ワカメスープ」の二一の項目のほぼすべてを執筆している。これらの項目から、在日が日本社会にもたらした食文化がわかるとともに、このうち「アマダイ」「チジミ」「チャリ」「チャンジャ」や、辞書にはないが日本人に知られる「チョレギ」といった言葉は慶尚道、済州島の方言であり、在日にはこれらの地域からの出身者が多いことがわかる。

在日の間で、昨今の問題は彼らの生活文化をどのように次世代に継承していくかである。例えば、愛知県の在日グループが『ハンメの食卓――日本でつくるコリアン家庭料理』〔NPO法人コリアンネットあいち 二〇一三〕を出版し、在日一世に学んだ家庭料理を残しておこうとしている。また、『二世に聴く在日コリアンの生活文化――「継承」の語り』では、「1世・2世が食べたものとその語り方」〔橋本みゆきほか 二〇一一：一一五―一三〇〕を通しても、生活文化の継承について考察している。

このほか、京都在住の在日コリアン三世代家族の食生活〔守屋 二〇〇二〕、大阪と川崎での在日コリアンの食生活調査〔黄慧瓊 二〇〇二〕、在日の食における祖先祭祀の重要性〔李裕淑 二〇一二〕、彼らの生活を支えた大阪コリアタウンの生成と変遷〔髙正子 二〇〇六〕、など在日コリアンの食生活に関する論考がある。

●在日コリアンの食の変化

在日コリアンの食の代表といえば、焼肉とキムチであろう。日本の焼肉については朝倉敏夫〔一九九四〕、佐々木道雄〔二〇〇四〕、キムチについては佐々木道雄〔二〇〇九〕などの研究がある。

キムチを例にすると、戦後は「朝鮮漬け」という名であり、七〇年代に桃屋が「キムチの素」を発売し、テレビ広告と相まって「キムチ」という名前が定着した。一九九六年に

キムチの定義をめぐり「キムチは김치ではない」という「日韓キムチ論争」が起こるが、その後、韓国産のキムチが輸入されるだけでなく、日本の漬物を凌駕するほど日本でのキムチ生産量も増大した。現在は、漬物としてだけでなく、キムチチゲや豚キムチが居酒屋の定番メニューとなり、スーパーにはキムチ風味のさまざまな食品がある。

また、戦後の闇市のホルモン焼きにはじまる焼肉も、一九七〇年代までは「煙モクモク、油ギトギト」と男性の通う焼肉店であったが、「無煙ロースター」の開発によりファミリーレストランやファーストフードのメニューにもあがり、「焼肉のタレ」が発売され、手軽に作れる家庭料理になってきた。一時は狂牛病の騒ぎにより焼肉店の客足が遠のいたが、サムギョプサルやタッカルビなど、新たな商品が登場し、韓国語の「プルコギ불고기」という言葉も、知られるようになってきた。

外来の食の受容の過程は、一般に「受容・選択・変容・定着」の段階を踏むが、キムチや焼肉も、変容・融合の過程を経て、定着してきた。キムチや焼肉の受容の過程においても、はじめは特異なジャンルのものとして、いささか肩身の狭いものであったが、それらが日本化することにより大衆化していき、変容から融合へと向かっていった。そしてその段階において、本場のものへの関心が生まれ、韓国からの直輸入のものが入ってきた。この段階で競争が起こったが、今や「競争から共創へ」と向かってきているといえよう。

その契機となったのが、一九八八年のソウルオリンピック、二〇〇二年の日韓ワールドカップの共同開催、さらに二〇〇〇年代に入っての韓流ブームであった。現在、新大久保や鶴橋をはじめ、全国のスーパー、コンビニなどでも「韓国フェア」が開催され、韓国の食品が日本で食べられるようになり、チーズタッカルビやハッドグなど、まさに「今」韓国で流行っているものが、そのまま日本でも味わえるようになっている。

食の文化には国籍はあるが国境はない。それらのなかで興味深いのは、キンパ（김밥）とチャジャンミョン（짜장면）である。キンパは日本の巻きずしが、チャジャンミョンは中国のジャージャー麵に由来するが、韓国的に変容し、それが韓国の代表的な食べ物として日本でも受け入れられている。

おわりに

本論とは少し離れるが、おわりに一言だけ、本フォーラムと関連して、日韓両国の食文化研究の交流について述べておく。

日本と東アジアの食文化研究の交流は、石毛直道を中心にして一九八〇年に開催された味の素（株）の「食の文化シンポジウム」によって開かれたといってもよいだろう。韓国の食文化研究の歩みについては趙美淑《チョミスク》［二〇一五］を参照されたいが、石毛と親交のあった李盛雨《イソンウ》、黄慧性《ファンヘソン》、尹瑞石《ユンソソク》などによって、一九八四年に韓国食文化学会（一九八六年に韓国食生活文化学会と改称）、一九九一年に東アジア食生活学会が組織され、日本の研究者が招聘された。黄慧性ほか［一九八八］、李盛雨［一九九九］、尹瑞石［一九九五、二〇〇五］など、いわば第一世代の研究者の本は、日本語に翻訳され紹介されている。

第二世代としては、日本では佐々木道雄や不肖朝倉などがおり、韓国では黄慧性の娘である韓福麗《ハンボンリョ》、韓福眞《ハンボクチン》や、鄭惠京、周永河《チュヨンハ》、金尚寶《キムサンボ》などがいる。韓福眞などによって石毛の本は数冊が韓国語に翻訳されているが、韓国の第二世代の研究者の本はなかなか日本語に翻訳されなかった。近年、周永河の力作『食卓の上の韓国史』［二〇二一］が日本で翻訳出版されたのは喜ばしい。

これからは、いよいよ第三世代の時代になる。黄慧性の孫にあたる丁《チョン》ラナや守屋亜記子が橋渡しとして、今後の両国の食文化研究の発展に尽くしてくれることを期待している。

参考文献

日本語

朝倉敏夫　一九九四『日本の焼肉　韓国の刺身——食文化が〝ナイズ〟されるとき』農山漁村文化協会

朝倉敏夫　二〇一八「食と地域領域論」『和食文化研究』創刊準備号、八七—九四頁

李盛雨　一九九九『韓国料理文化史』（鄭大聲・佐々木直子訳）平凡社

李裕淑　二〇二二「コラム　在日コリアンにみるチェサ（祭祀）とチェス（祭需）」河原典史・大原関一

浩編著『移民の衣食住I 海を渡って何を食べるのか』文理閣
石毛直道ほか　一九八五『ロスアンジェルスの日本料理店』ドメス出版
伊藤亜人　二〇一七『北朝鮮人民の生活――脱北者の手記から読み解く実相』弘文堂
NPO法人コリアンネットあいち　二〇一三『ハンメの食卓――日本でつくるコリアン家庭料理』ゆいぽおと
金宅圭　一九八七「韓民族の食文化」森浩一編『味噌・醬油・酒の来た道』小学館、七二―九九頁（二〇〇〇『日韓民俗文化比較論』九州大学出版会、三一五―三三八頁）
金宅圭　一九九七『韓国農耕歳時の研究』上・下、第一書房
髙正子　二〇〇六「『食』に集う街――大阪コリアタウンの生成と変遷」河合利光編著『食からの異文化理解』時潮社
国際高麗学会日本支部『在日コリアン辞典』編集委員会編　二〇一〇『在日コリアン辞典』明石書店
佐々木道雄　二〇〇四『焼肉の文化史』明石書店
佐々木道雄　二〇〇九『キムチの文化史――朝鮮半島のキムチ・日本のキムチ』福村出版
周永河　二〇二一『食卓の上の韓国史』（丁田隆訳）慶應義塾大学出版会
趙美淑　二〇一五「韓国における食文化研究」（髙正子訳）『社会システム研究』立命館大学社会システム研究所、六五―六九頁
鄭大聲・金日麗　一九九八『韓国家庭料理入門』農山漁村文化協会
鄭炳浩　二〇二二『人類学者がのぞいた北朝鮮――苦難と微笑の国』（金敬黙、徐淑美訳）青土社
坪井洋文　一九七九『イモと日本人――民俗文化論の課題』未來社
橋本みゆき、猿橋順子、髙正子、柳蓮淑　二〇二一『二世に聴く在日コリアンの生活文化――「継承」の

語り』社会評論社
韓福麗　二〇〇五『キムチ百科――韓国伝統のキムチ100』（守屋亜記子訳）平凡社
黄慧性・石毛直道　一九八八『韓国の食』平凡社
黄慧瓊　二〇〇二「大阪市の在日コリアンにおける食文化にみる民族的アイデンティティ――川崎市の場合との比較視点から」『食文化助成研究の報告（味の素食の文化センター）』一二、六五―七二頁
三浦洋子　二〇〇五『朝鮮半島の食料システム――南の飽食、北の飢餓』明石書店
守屋亜記子　二〇〇二『在日コリアンの食生活、その世代間継承についての一考察――京都市南区におけるN家の事例を中心に』滋賀県立大学修士論文
尹瑞石　一九九五『韓国の食文化史』ドメス出版
尹瑞石　二〇〇五『韓国食生活文化の歴史』（佐々木道雄訳）明石書店

韓国語

김상보　二〇〇二『생활문화속의 향토음식문화』신광출판사
김양희　二〇一九『평양랭면、멀리서 왔다고 하면 안되갔구나』폭스코너
김택규　一九八二「韓国基層文化論試考」『人類学研究二』
김택규　一九八五『韓国農耕歳時의 研究』嶺南大学校出版部
문화재관리국　一九六九～一九八一『韓国民俗綜合調査報告書』各道篇
『一 전라남도편』（一九六九）、『二전라북도편』（一九七一）、『三 경상남도편』（一九七二）、『四 경상북도편』（一九七四）、『五제주도편』（一九七五）、『六 충청남도편』（一九七六）、『七 충청북도편』（一九七七）、『八강원도편』（一九七八）、『九 경기도편』（一九七八）、『一〇서울편』（一九七九）、『一一

평안남북도・황해도편』（一九八〇）、『一二 함경남북도편』（一九八一）
문화재관리국 一九八四『향토음식편』
문화재관리국 一九八八『식생활용구편』
배영동 一九九九「안동지역 일상음식과 제사음식의 비교」『민속연구』九：八五—一一〇
배영동 二〇〇八「퓨전형 향토음식의 발명과 상품화」『한국민속학』四八：一七九—二一二
배영동 二〇一八「안동 헛제삿밥으로 본 제사음식의 관광산품화의 의미 변화」『한국민속학』六七：一一七—一四六
배영동 二〇二三「카자흐스탄 한인 디아스포라 음식의 문화접변과 혼종성—꼬끄달라 마을 고려인들의 사례를 중심으로」『비교민속학』七七：一一九—一六二
배영동・김시덕 二〇〇八「안동지역 간고등어의 소비전통과 문화상품화 과정」『비교민속학』三一：九五—一二八
아사쿠라 도시오（朝倉敏夫）二〇二三「재일코리안의 음식세계와 정체성」『비교민속학』七七：一六三—一九二
이애란 二〇一二『북한식객—통일을 꿈꾸는 밥상』웅진 리빙하우스
정혜경 二〇二二『통일식당 개성밥상』들녘
최필승 一九八九『자랑스런 민족음식 북한의 요리』북한연구자료선一六 도서출판 한마당
한국문화인류학회 一九九六『중국 길림성 한인동포의 생활문화』、一九九七『중국 요녕성 한인동포의 생활문화』、一九九八『중국 흑룡강성 한인동포의 생활문화』、一九九九『우즈베키스탄 한인동포의 생활문화』、二〇〇〇『까자흐스딴 한인동포의 생활문화』、二〇〇一『러시아 사할린・연해주 한인동포의 생활문화』、二〇〇二『일본 관서지역 한인동포의 생활문화』、二〇〇三『미국 하와이지역 한인동포

의 생활문화』、二〇〇四『멕시코 한인동포의 생활문화』、二〇〇五『일본 관동지역 한인동포의 생활문화』 국립민속박물관

한식진흥원 二〇一三『숨겨진 맛 북한전통음식』 한식진흥원

한식진흥원 二〇一六『그리움의 맛 북한전통음식』 한식진흥원

第Ⅲ部

食のグローバル化

第7章　朝鮮半島の食の経済

過去から現在、そして未来へ

林《イム》　采成《チェソン》

はじめに

一九世紀末から二〇世紀前半まで朝鮮半島は東アジアにおける米、豆、牛肉などといった各種食料の供給地となって、朝鮮半島からおもに日本列島、さらに満州へ至る日本帝国内フードシステムが形成した。そのため、地域内での食料消費は穀物を中心に制限されたが、第二次世界大戦の勃発後にこの状況は深刻化した。そして戦後の植民地支配からの解放に伴って、日本への食料移出が急減し、朝鮮内の食料供給の改善が期待されたものの、実態は逆に深刻なものになっていった。南北分断によって北朝鮮からの肥料供給が難しくなり、農業生産力が低下したうえ、海外からの帰還者が急増し、とりわけ社会主義化しつつある北朝鮮からの難民が増えて、朝鮮半島南部、即ち韓国の人口が急増し、食料需給が大きく圧迫されることになったのである。

そのうえ、朝鮮戦争の勃発により、朝鮮半島の全域が戦場化するにつれ、「食糧危機」が顕在化したのである。この危機を救ったのがアメリカからの援助であって、小麦粉をはじめとする大量の食糧がアメリカから調達され、それまでの朝鮮半島のフードチェインは劇的な変化を経験せざるをえなかった。食糧援助をきっかけとして食料自給度が低下し、海外から大量の食料を毎年調達し、日常的生活に必要な熱量や栄養分を供給した。一九五〇～六〇年代にはおもに援助輸入によるものであったとすれば、その後は韓国経済の高成長に伴って、自力による輸入に変えられた。食材も単なる穀物を中心とするものから変わり、動物性蛋白質の摂取や酪農品の消費も増えつつ、それに伴って身長や体重といった身体的変化も起こっている。

それによって、食をめぐる産業の在り方も大きく変わったことはいうまでもない。外食の増加はもとより、内食でも時短・簡便食品が一般化しつつ、それに基づく新しい食の変化が生じている。農林水畜産といった第一次産業における競争力が相対的に低下し、WTO（世界貿易機関）体制の成立やFTA（自由貿易協定）の進行によって貿易自由化の波は第二次・第三次産業に止まらず、第一次産業に対する市場開放化をもたらし、穀物、肉類などの輸入が長期的に増えている。その反面、食料を加工して料理に近い形で付加価値を高めていく食品加工業は競争力を増し、K-FOODとして世界への輸出を伸ばしていくという対照的な動きが同時に見られる。そこで、本稿は資料的アプローチが可能であり、よりダイナミックな動きを示している韓国を中心に食をめぐるフードチェインがどのように再編され、食料自給度の低下の中でも、食の輸出が如何に進められているのかを検討し、世界の中の韓国食の位置づけを明らかにしたい。

1　フードシステムの戦後再編と食糧自給化

植民地朝鮮は帝国における食料需給の観点から見れば、日本内地への食料調達先として米、牛、魚介などを供給し、朝鮮の産地から日本内地の消費地に至る長いフードチェインが形成していた［林采成 二〇一九］。しかし、植民地支配からの解放に伴い、それまでのフードシステムが崩れたことはいうまでもなく、日本との経済的関係が絶たれ、朝鮮半島の中でも南北分断が余儀なくされた。穀物生産地がおもに朝鮮南部であったため、食糧調達において稲作中心の朝鮮南部は余裕、雑穀耕作中心の北部は不足が発生し得ると推測可能である。

しかしながら、朝鮮南部の食糧生産量を見れば、一九四〇～一九四四年の年平均で穀類二五五八万三〇〇〇石から一九四五～一九四七年にはその平均生産量が穀類一九五九万一〇〇〇石へ減産し、一人当り穀物の消費量も減った〈1〉。解放後の食糧事情は改善するどころか、むしろ悪化したのである。大量の引揚と復員が起り、北朝鮮における社会主義体制が進行し、政治的弾圧を避けて「越南」する難民が発生した。その一方で、興南の旧朝鮮窒素肥料工場からの硫安肥料が供給できなくなるなど、食糧生産において蹉跌が生じた。戦前、帝国の食料ネットワークでは食糧調達源として位置づけられた

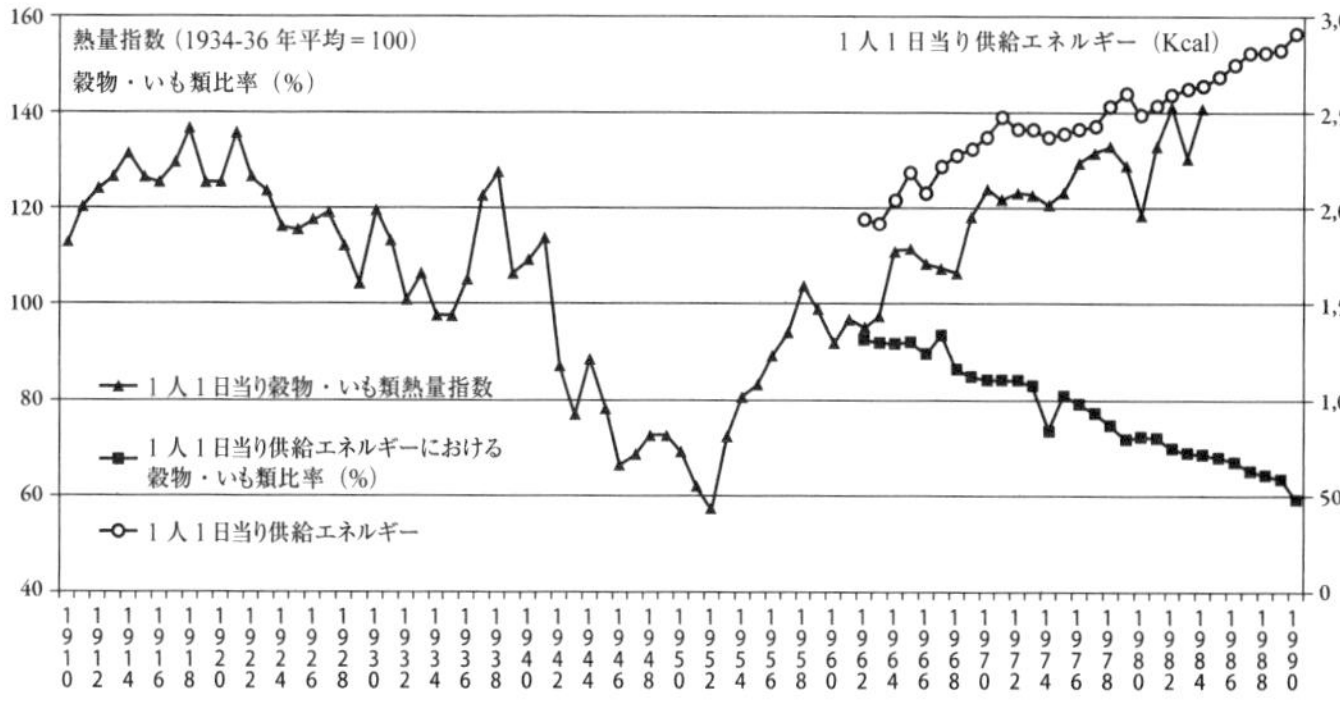

図1　朝鮮・韓国における1人1日当り供給熱量

資料：朝鮮総督府農林局『朝鮮米穀要覧』各年度版；朝鮮総督府『農業統計表』各年度版；朝鮮総督府『朝鮮総督府統計年報』各年度版；朝鮮銀行調査部『朝鮮経済年報』1948年；朝鮮総督府『朝鮮国勢調査報告』1925、30、35、40、44年度版；日本統計協会『日本長期統計総覧』2006年；崔羲楹「朝鮮住民의［の］栄養에［に］関한［する］考察」『朝鮮医報』1-1、朝鮮医報社、1946年12月；韓国農村経済研究院『食品需給表』各年度版；畜産業協同組合中央会『畜産統計総覧』1998年度版

朝鮮半島から大量の米移出が行われ、図1のように熱量指数は低下したが、一九四〇年代前半から一九五〇年代初めにかけてよりいっそう低下し、栄養問題は太平洋戦争期より解放後になるとむしろ悪化したのである。

朝鮮南部の統治に当たった米軍政庁（USAMGIK）は当初、穀類の供出配給制を撤廃したが、この措置が深刻な食糧難を起したため、食糧管理制度を再開し、この制度が新生の韓国政府（一九四八）にも引き継がれた［林采成 二〇〇五］。その一方、援助食糧に頼っていた食糧調達を改善するため、農林部は一九四九年から一九五一年までの三年間を米作および麦作増産三ヵ年計画として設定し、立案中の農地改革に相まって自作農の創設を図りながら、増産を通じて食糧自給体制の確立と農村経済の復興を目指した(2)。しかし、一九五〇年六月に朝鮮戦争が勃発し、増産はできず、国連軍救護穀物の導入が増えた。そこで、一九五三年より韓国政府は国内食糧の自給自足と余剰農産物の海外輸出を達成しようとする農業増産五ヵ年計画を実施し、一九五八年には米穀の増産に重点を置いて第二次農業増産五ヵ年計画が新たに実施された〈3〉。

とはいえ、五ヵ年計画は生産要素たる農薬、肥料などの不足が隘路となったため、当初の目標を達成できなかったものの、アメリカ公法四八〇号によって余剰農産物がアメリカから大量に導入された。その一環として小麦と砂糖が援助物資として導入されると、第一製糖、大韓製粉、湖南製粉といった財閥系企業が設立され、製粉、製糖などの食品産業に進出した。代替食糧の小麦供給が増えるにつれ、一九五六年より国内穀物の価格が下落せざるを得なかった。

慢性的食糧不足が経済的不安定と政治的混乱を招来したのに対し、一九六一年に登場した軍事政権は経済開発五ヵ年計画の一環として「農業増産と農業の近代化」を施策目標として掲げて第三次農業増産五ヵ年計画を実施した〈4〉。しかし一九六二年に米穀収穫量が前年度の一八九〇万三〇〇〇石から一五九三万八〇〇〇石へと約三〇〇万石の減収となり、人口の自然増加（七〇～八〇万人）によって食糧需要が増え、「食糧波動」が発生した〈5〉。そこで、韓国政府は一九六三年一月に混食を奨励し、全国節米運動要綱を制定して、再建国民運動本部が主管してソウル、各道、市郡に食生活改善委員会を置いて各官公署、学校、公共団体を総動員して節米運動を展開した。その中で、麺類の消費が増えたことはもとより、低価格の小麦粉を原料とする製菓業も成立した。東洋製菓工業（一九五六）、クラウン製菓（一九六〇）、三養食品（一九六一）、ロッテ工業（一九六五、後に農心）、ロッテ製菓（一九六七）が続々と設立され、菓子、パン、麺類を生産し、ソウルフードともいえるインスタントラーメン、サンド、チョコパイなどが生産され始めた。

このように、食糧の生産増大と消費の合理化で食糧不足を打開しようとしたが、食糧自給化は達成できるどころか、その自給率は下がりつつあった。また、一九六一年に小麦粉の大量供給のために、海外小麦の導入を増し、小麦粉の工場別生産責任制度を設けて実施した。これが穀物からの栄養摂取においても従来の米中心の食生活を大きく変える要因ともなったことはいうまでもない。

農林当局としても当然、稲作へのインセンティヴ提供の強化を図り、一九六七年一月に農業基本法を制定し、高米価政策を農政の基調の一つとして推進した。農業用水開発、農業機械化、種子更新、耕地整理などを通じて農業生産力を高めようとする努力が続けられた。とりわけ、ソウル大学農学部の許《ホ》文会《ムンフェ》教授は、フィリピンの国際稲研究所（IRRI）で一九六五年に開発されてその多収性から「奇跡の稲」と呼ばれたＩＲ８を導入し、耐低温性が優れたインディカ種 Taichung Native 1（TN1）や収穫時期が早いジャポニカ種 Yukara と交配して雑種開発に成功し、一九七一年にこれを「統一稲」（IR667）と名づけた。[6] その育成・普及には農村振興庁が当り、一九七七年には全国平均一〇〇〇㎡当り四九四kgの収穫を達成して世界水準に到達して米の自給化が可能となり、一九七八年には全国水田の七六％で統一稲を栽培して一〇〇〇㎡当り平均生産量が五〇〇kgに近接したのである。その結果、日本と朝鮮・韓国の米作生産性は両地域とも向上傾向を示しながら、その格差が戦前から戦後まで続き、韓国の土地生産性が日本の半分に過ぎなかったものが、一九六〇年代から韓国のほうが急速に上

昇し、一九七〇年代後半にはその格差が解消され、ほぼ同様の水準を示している。〈7〉

こうして、戦後食糧不足に対して韓国政府は供給と需要の両面から強くコミットし、戦時期の食糧管理制度を平時期にも引き続き運営した。その中で、統一米がシンボルとなる食糧自給化の進展を見るに至ったのである。

2　食生活の変化と食品産業の成長

こうした韓国版「緑の革命」(green revolution)を通じて米穀需給ギャップは改善されたものの、麦類、雑穀、豆類などは大量の海外輸入に頼らざるを得なかったことも事実である。ここで注意すべきなのは、食糧以外の野菜、肉類、酪農製品、魚介からの熱量摂取がその比率を増やしたことである。これらの比率は増えつつ、韓国人の栄養摂取方式が洋風化し、これが韓国人の身長と体重の増加に大きく反映されたことはいうまでもない。そこで、図2の国民一人一日当り食品別供給エネルギーを見ると、朝鮮戦争期より一九九〇年代後半にかけて増えていき、その後は熱量全体としてはフラットな状態になっていたものの、その中身は大きく変わったのである。とりわけ、一九七〇年代の食糧自給化政策の重点が置かれた米はその消費量が急減し、その代わりに麦類のそれが増えて、もはや主食とは言い難くなっている。

ここで、食生活の洋風化を促す事例として韓牛を取り上げてみよう。朝鮮戦争によって甚大な被

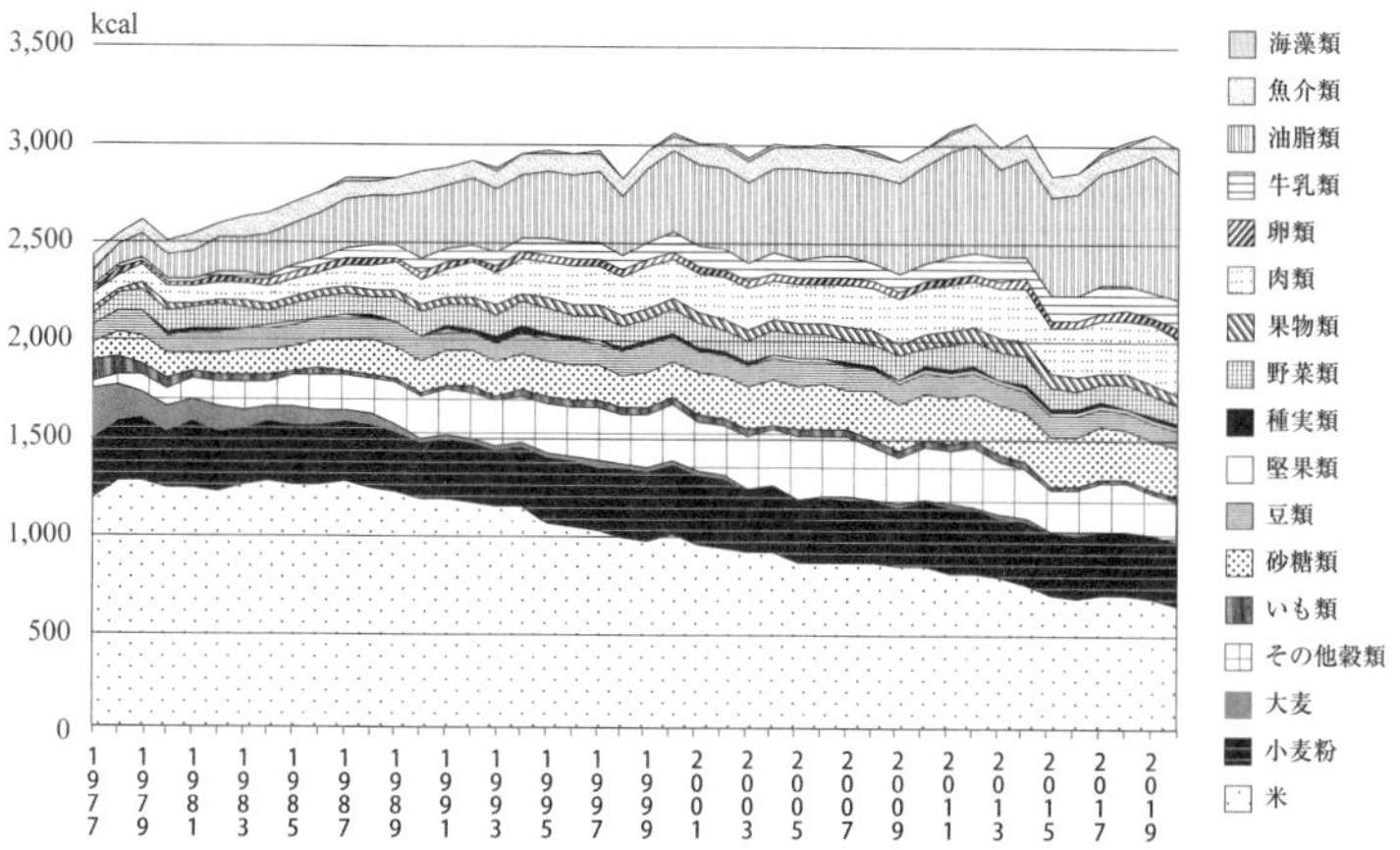

図2　韓国における1人1日当り食品別供給エネルギー
資料：韓国農村経済研究院編『食品需給表』各年度版

害をうけると、畜産復興五ヵ年計画が実施され、一九六二年度の畜牛は農牛一二五万四〇〇〇頭、肉牛八六一頭、乳牛二四〇六頭に達した。軍事政権の下で畜産経営の現代化が推進される中、増殖技術でも人工授精が適用され、出産率を引き上げて畜牛の増殖を実現できた[8]。一九六〇年代後半からは農民の所得増大の意欲と政府の勧めによって肥育牛も多数生産された。所得上昇に伴って肉類への需要が増える一方で、農業にとっても牛耕用犂に代わる動力耕耘機が普及したのである。一九九〇年代に入ると、飼育の目標でも畜牛の重量化というより肉質の高級化を重視し、畜産当局はAberdeen Angus、Hereford、Brahman、Charolaisといった肉牛との交雑（F1）による肉用化事業を中止し、韓牛の肉用化改良を純種改良に限定した。従来の役畜の韓牛は食肉用へ完全に変えられたのである。

　さらに、乳牛の普及も行われ、酪農奨励一〇ヵ年計画（一九六二～一九七一年）によってホルスタイン種が増え、ソウル牛乳協同組合を中心に牛乳生産が急増した。[9] 生活水準の向上のため、拡大する牛乳および乳加工製品市場への新規参入が次々と現れた。一九六三年に大韓食品（→獅子乳業）、一九六四年に南陽乳業、一九六六年に建国畜産食品、一九六七年に大一洋行（→ビングレ）、一九六九年に韓国酪農加工（→毎日乳業）、韓国ヤクルト、一九七一年に延世牛乳、一九七三年に西洲産業が登場して新製品を開発してこれを市場占有の梃子としながら、企業間競争を展開した。[10]

当然、肉加工産業もソーセージ、ハムや各種肉類の缶詰を中心に成長した。一九六〇年代の魚肉混合ソーセージが一九八〇年代には豚肉を中心とするソーセージに変えられており、製造と流通の両面でイノベーションが生じて成長している。[11] その結果、一九七〇年代から八〇年代にかけて穀物の消費が減って、その代わりに肉類、牛乳、バター、チーズ、鶏卵、水産物がより多く消費されることとなった。

製菓会社などによってサイダー、コーラなどの炭酸飲料や、フルーツジュースが販売される一方、酒造業でも大きな変化が生じた。焼酎酒造においては韓国政府は食糧不足を勘案し、一九六四年に在来式焼酎の製造時に穀物使用を禁止し、在来式焼酎は淘汰せざるを得ず、さらに酒精共販制の導入や酒類製造場統廃合を決めて、一九七六〜七七年には焼酎会社は酒精式一二社へと圧縮された。戦前の昭和麒麟麦酒と朝鮮麦酒は一九五二年に払い下げられ、それぞれ東洋麦酒と朝鮮麦酒として再編され、両社独占体制の下で麦酒の出庫量を伸ばして一九七〇年代末には全酒税の六〇％を超えた。その代わりに、韓国伝統的な濁酒と薬酒の消費は米の使用が禁じられ、品質が低下したこともあり、市場では

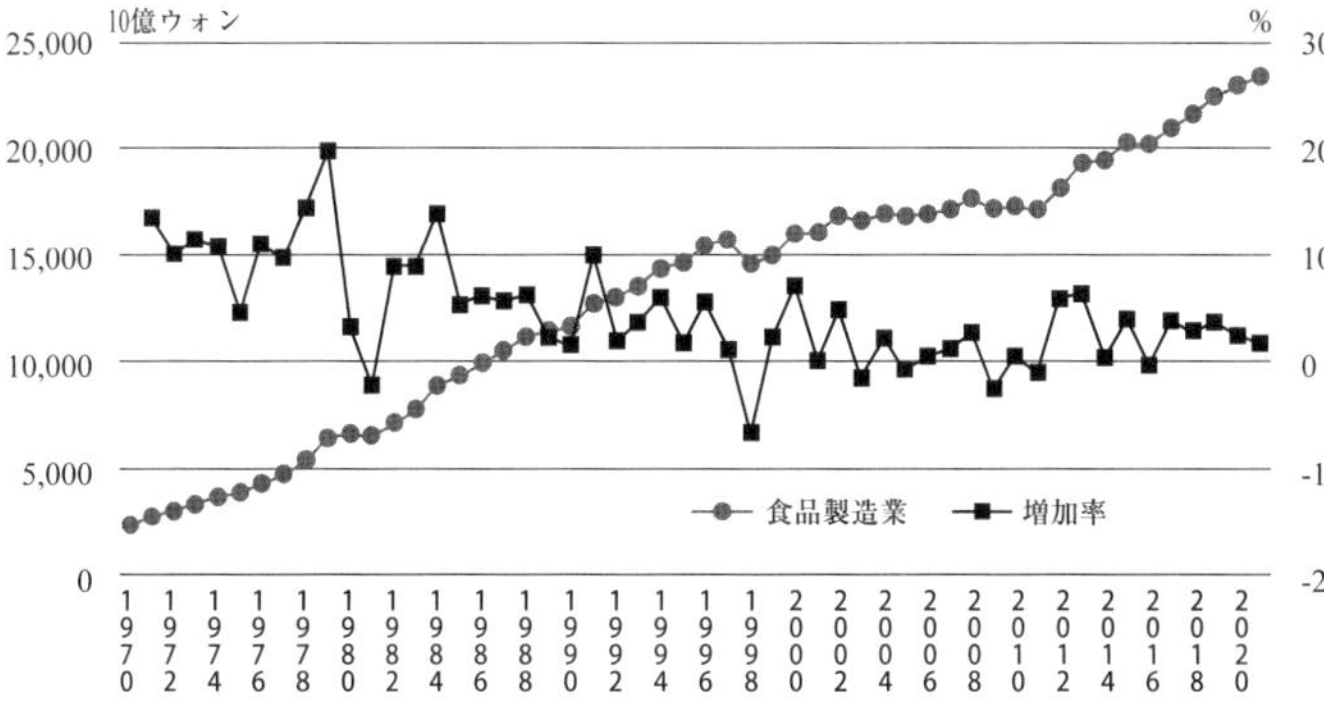

図3　食品製造業の実質付加価値額と増加率（2015年基準）
資料：KOSIS（https://kosis.kr）

極めてマイナーな酒類となっている。

簡便食として韓国でもレトルト食品が作られたが、その始まりは軍用戦闘食糧であった。ベトナム戦争での経験からレトルト式戦争食糧一型が開発されて、これが民需用にも適用され、一九八一年に「三分カレー」がオットギによって生産され、ジャージャー麺、ハンバーグ、ミートボールなどがおもなレトルト食品となった。その後、韓国ならではの参鶏湯《サムゲタン》、ユッケジャン（牛肉の辛味スープ）、部隊《プデ》チゲ（ソーセージなどの加工肉とラーメンが入った辛い鍋）、キムチチゲ、テンジャンチゲ（味噌チゲ）などといった鍋類の食品も開発され、大衆化されつつある。さらに、高齢化の進行に伴って健康な老後生活に対する関心が高まり、それに応じて「健康機能食品に関する法律」（一九八八）が制定され、国民健康増進のための健康食品が開発されてその消費も増えている。そこで、図3の実質付加価値額に注目してみよう。国民経済計算上の集計であるため、第一次産業に属する新鮮農畜水産食品は含まないものの、第二次産業としての食品加工業によって生産状況が把握できるという利点を持つ。アジア通貨危機やリーマンショックといった大きな景気後退のため、一時的停滞があるものの、一貫して成長し続けている。国民所得水準の向上、レジャーの増加、食事の簡便化などに応じて加工食品の消費はよりいっそう拡大するだろう。

このように、韓国の食生活は穀物中心から離脱し、肉類や油脂などを多く摂取し、栄養摂取のバランスが取れたものに変えられた。外食が増加したことはもとより、内食でも素材からの調理過程を多く省略したものになりつつある。このような食生活の多様化・高品質化を支えたのがグローバル的なフードシステムの展開であった。

3 K-FOODの浮上と食品輸出

高成長の中、海外からのフードシステムが構築され、韓国食はもはやグローバル・フードシステムから離れて成立できなくなった。栄養素の自給率に注目すれば、食糧自給化政策によって一九七〇年には栄養素八〇%以上を自国内で調達できたけれども、二〇二〇年には熱量全体が約三〇%を示す中、蛋白質は約四〇%、脂肪は二〇%までに低下し、食料安全保障すら懸念されるほどとなった〔12〕。農林水産食品の貿易構造に注目する限り、大量の食料が海外から韓国へ輸入されている反面、韓国から海外へ輸出される食料が相対的に少なく、毎年多額の貿易赤字を出し続けている〔13〕。

この傾向は今後も続くのだろうが、半導体、自動車、船舶などといった製造業の産品において比較

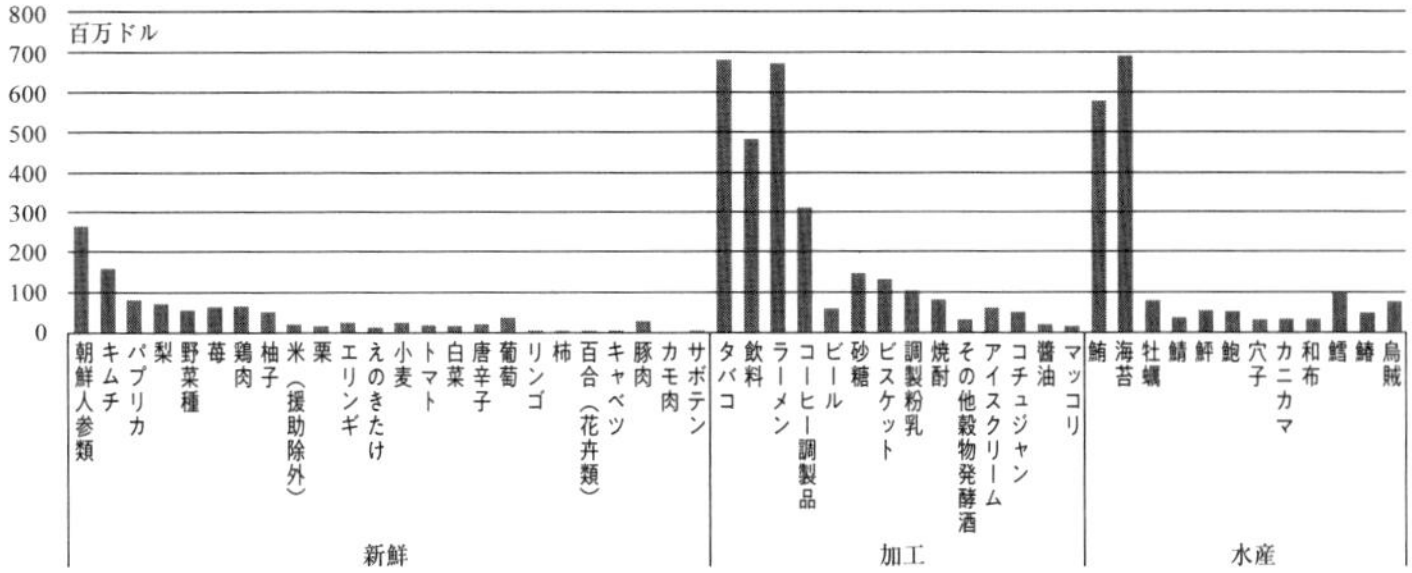

図4　主要管理品目輸出実績（2021年）

資料：農林畜産食品部・韓国農水産食品流通公社編『農林水産食品輸出入動向および統計』

優位を持ち、外貨を獲得する韓国としては止むを得ない。それによって食品の貿易による収支赤字をカバーしているので、国民経済としては負担にはならないものの、輸入の内訳を見れば、牛肉、豚肉などの肉類が最大品目であって、二〇二〇年に五八億二九一〇万ドルを記録し、その次が三八億六一一〇万ドルの穀物であった。そのほか、主要品目は魚類、果実類、甲殻類、酒類、野菜類、飼料、糖類、コーヒー類などであった。国家別にはアメリカを最大輸入国として一〇五億五三五〇万ドルを輸入しており、その次の輸入国は中国六四億九〇六〇万ドル、オーストラリア三二億二〇七〇万ドル、ロシア二五億一六九〇万ドル、ベトナム二三億八五三〇万ドルなどであった。

　こうして、輸入食品はおもに食材としての性格を持つ非加工食品が主要品目であったのに対し、輸出食品の場合、その性格を異にし、加工食品の比重が大きくなっていた。二〇二〇年に農林畜産食品のうち、新鮮食品一二億五〇七万ドル、加工食品四五億三三八三万ドルであるほか、水産食品一〇億七六五九万ドルであった。図4の個別品目の輸出額（二〇二一）をみれば、

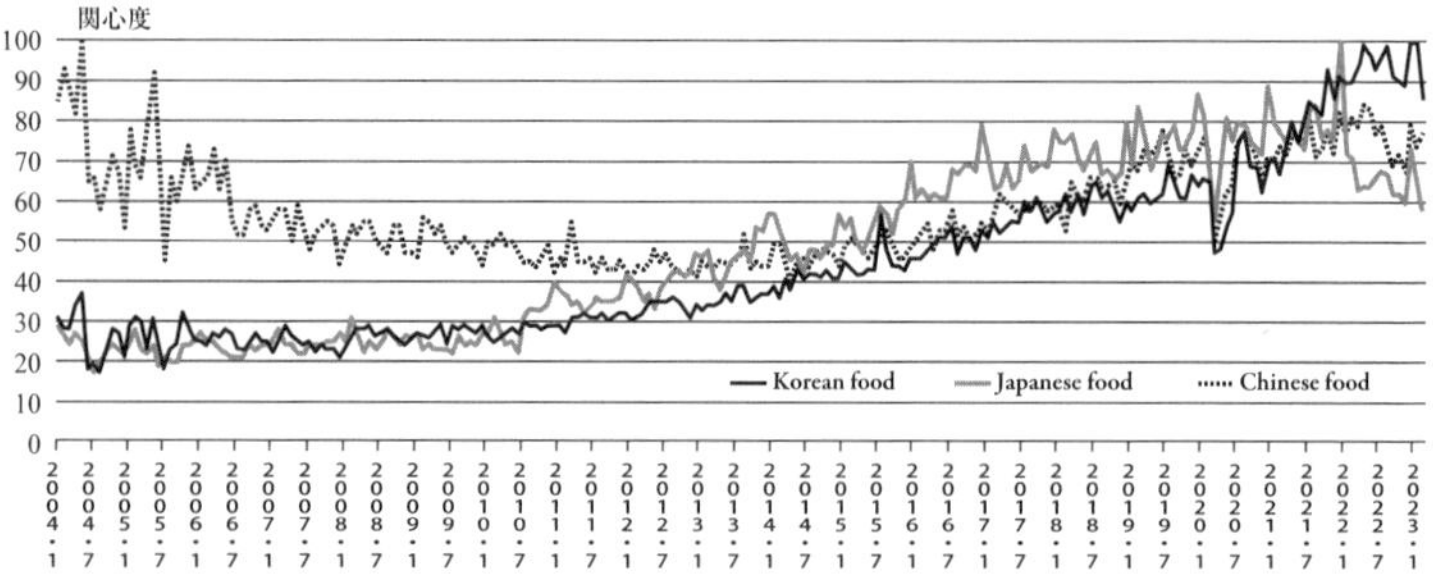

図５　東アジア食のグローバル検索トレンド

資料：https://trends.google.com/trends/　（2023 年 2 月 17 日）
注：チャートで最も高いポイントを 100 とする検索の関心度を示している。

一億ドル以上の輸出額を記録した食品が朝鮮人参類、キムチ、タバコ、飲料、ラーメン、コーヒー調製品、砂糖、ビスケット、調製粉乳、鮪、海苔といった一一品目に達した。なかでも、加工品の飲料、ラーメン、水産品の海苔が急劇に増えていた。飲料は外出の増加とともに、健康飲料に対する関心が増えて高実績を達成しており、ラーメン、ソース類、米加工食品などは家庭簡便食として韓流の拡散とコロナ禍によってその需要が増えて、高い増加ぶりを記録した。海苔は調味海苔、スナック海苔に対する需要が増え続け、六・九億ドルを達成し、最大の輸出品目となった。

そうした中、日本中心の輸出から輸出国の多様化が著しくなり、中国、アメリカ、新南方（おもにＡＳＥＡＮ）が新しい市場として浮上した[14]。主要な輸出先がアメリカを除いて地理的に近く文化的同質性の強い近隣国である。二〇二一年になると、一億ドル以上の輸出国は一九ヵ国に達する中、最大輸出増加の国家が中国となって、新鮮・加工・水産食品の輸出好調によって輸出額は三〇・七％増加した。中国は政府の消費奨励政策とＫ－

ＦＯＯＤ人気の増加に従って輸入国として浮上し、海苔、明太子、朝鮮人参類、飲料などが輸送増加を牽引した。日本は外食需要の萎縮や水産物需要の減少にもかかわらず、ラーメン、キムチ、ソース類、酢など家庭食料の輸出好調によって輸出額は増加した。[15] アメリカは物流状況の悪化にもかかわらず、韓流人気を中心としてインスタント食、健康食品、伝統食品の輸出好調とともに増加した。

このような韓国食に対する海外需要が増加した背景にはＫ－ＰＯＰや韓流ドラマといった韓流の影響があった。図5を見れば、グーグルにおける韓国食の検索が増えていることがわかる。さらに、コロナ禍を経験しながら、簡便食が家庭内で消費される傾向が著しくなっただけでなく、海外での韓国食レストランが増えて、韓国食が身近な食事になっている。それを支えられるほど、有機栽培などを強調できる品質向上があったことはいうまでもない。また、輸出支援政策があることも無視できない。政府機関たる農林畜産食品部が農林水産食品の輸出支援政策を樹立し、その事業を韓国農水産食品流通公社（aT）が執行している。輸出支援事業としては大きく次のような六つの支援事業が取り上げられる。①輸出情報提供およびコンサルティング、②輸出品目の育成・発掘、③安全性と品質管理の支援、④通関および物流支援、⑤現地流通網の開拓、⑥輸出支援資金融資である。[16] 年々予算規模は変わるものの、補助と融資などを含めて五〇〇〇億ウォンに相当する。[17]

こうして、農水産食品の輸出が増えつつ、二〇二二年には一二〇億ドルといった最大の実績を記録した。政策実行者の韓国農水産食品流通公社によれば、輸出増加は韓流の人気を活用してＫ－コンテンツ・マーケティング、「キムチの日」の制定、グローバル・Ｅ・コマース・プラットフォームへのモールの開設、オンライン韓国食品館の運営などといったオンライン・マーケティングを強化する一方で、国際食品博覧会の開催と参加・販促や消費者体験の広報などといった対面マーケティングを本格的に再開し、海外におけるＫ－ＦＯＯＤの消費を促したことが効果的だったと分析されている〈18〉。それだけでなく韓食振興院が中心となって韓国食の世界化を目標として韓国食産業を調査研究するとともに、海外優秀韓食堂指定や料理体験を通じて韓国食の味を広報する一方、教育支援などによる韓食の安全性の育成に力を入れている〈19〉。

おわりに

戦後、韓国は食糧危機に直面したものの、統治に当るべき米軍政庁は適した対策を講じることができず、自由市場による食糧配分を試みたが、これがさらなる深刻な状況をもたらすと、第二次大戦以来の食糧需給統制を再び始めざるを得なかった。いちおう韓国政府が樹立されて、増産とともに市場による食糧配分の可能性が開かれたが、朝鮮戦争の勃発がより深刻な食糧危機の顕在化をもたらした。そこで、韓国政府は軍用食糧の確保にプライオリティを置いた食料統制を行いつつ、小麦をはじめとする援助食糧を受けて農業生産力の復興を図った。この努力が一九六〇年代の朴正熙大統領によっても受け継がれ、食糧自給化政策として具体化し、統一米の開発を見るに至った。当時韓国人の食生活にとって最も重要な米穀の土地生産性が向上し、その自給化が実現されたのである。

とはいえ、援助食糧であった小麦や砂糖に基づく製粉業と製糖業が成立し、製菓、パン、麵類の生産が拡大し、米中心の食生活を変える動力となった。このプロセスを政府の混食政策が加速化した。さらに、所得水準の向上、農機械の導入が生産財としての韓牛の性格を失わせ、肉牛としての飼育が拡大し、それに養豚、養鶏も加えられ、企業型専業者が登場し、肉類や鶏卵の供給が増加した。その一方で、牛乳供給を目的とする乳牛飼育も増えて、一九六〇年代にはソウル牛乳の独占市場に企業の参入が続き、原乳の供給過剰をきっかけとして乳製品の製造技術の導入や各社の製品開発が続き、酪農業とともに、乳製品加工業が成立した。これらの食品の消費が年々増えたのはいうまでもなく、フードシステムの付加価値を高める外食産業と食品加工業も成長した。それによって、内食でも素材から調理過程を大幅省略できるレトルト食品が多く登場した。

このような韓国食の多様化・高品質化を可能としたのは韓国の高成長であって、国内だけでなく海外から大量の食材を確保できるほどの外貨獲得ができたからである。日本内地労働者のために低廉な朝鮮米を供給するなど食糧供給地としての役割を果たしたが、戦後韓国の場合、海外から援助食糧、次には輸入食料を調達して、国内国民のための栄養分を確保し、それを韓国食として高付加価値化していったのである。そのため、食料貿易は赤字であったものの、比較優位のある製造品を輸出して獲得した外貨で補っていた。韓国産食品でも、韓流の登場とともに、加工品を中心として海外需要が拡大し、それを食品輸出支援や韓食振興を通じて韓国政府は促したのである。その結果、韓国の食はK－FOODという名で一つの流行となっている。

以上のように、朝鮮を食料供給地として位置づけたフードシステムが戦後再編されると、韓国食はむしろ大量の食材を海外より輸入し、それを素材として調理し、付加価値を高めていき、これがグローバル的に一つの独自な文化コードを持つＫ－ＦＯＯＤとして再認識されつつある。

注

〈1〉朝鮮銀行調査部『朝鮮年鑑』一九四九年度版、一―二頁。
〈2〉韓国産業銀行調査部　一九五五『韓国産業経済十年史』、六四頁。農水産部　一九七八『韓国糧政史』、二二七―二二八頁。
〈3〉韓国産業銀行調査部　一九五五『韓国産業経済十年史』、六四―六九頁。
〈4〉農水産部　一九七八『韓国糧政史』、三五五―三五九頁。
〈5〉「米の絶対不足量どうやって埋めるの?」『京郷新聞』一九六三年一月四日。
〈6〉金寅煥　一九七八『韓国の緑色革命』農業振興庁。韓国農村経済研究院　二〇〇三『韓国農業・農村一〇〇年史　下』農林部。
〈7〉林采成［二〇一九］。韓国産業銀行調査部　一九五五『韓国産業経済十年史』。農林部『農林統計年報』各年度版。農林部『農林統計年報　糧穀編』各年度版。農林水産部『農林水産統計年報』各年度版。
〈8〉農水産部・韓国畜産団体連合会　一九七五『畜産年鑑』、六五頁。農村振興庁畜産技術研究所　二〇〇二『畜産研究五〇年史』、九〇―九三頁、一〇一―一〇五頁。
〈9〉「乳牛千頭・うさぎ五千匹導入」『東亜日報』一九六二年一月一〇日。「酪農経営者　優先乳牛斡旋要領　発表」

『京郷新聞』一九六三年三月二三日。

〈10〉「財界短信」『毎日経済』一九七四年三月一三日。農水産部・韓国畜産団体連合会　一九七五『畜産年鑑』、一二三―一二五頁。毎日乳業十年史編纂委員会　一九八三『毎日乳業十年史、一九七一―一九八一』毎日乳業株式会社。「〈牛乳加工業限界は無し〉南陽・ビングレ」『畜産新聞』二〇一七年四月七日など。

〈11〉ホ・スンオ、ギム・ギョンラン、チョ・ナムジュン『韓国農業成長史――農業研究五〇年の足跡と農業成長』二〇一二年四月二五日、一〇―一一頁。

〈12〉韓国農村経済研究院編『食品需給表』各年度版。

〈13〉農林畜産食品部・韓国農水産食品流通公社編『農林水産食品輸出入動向および統計』各年度版。統計の資料上、非食品を含む。

〈14〉農林畜産食品部・韓国農水産食品流通公社編『農林水産食品輸出入動向および統計』各年度版。新南方は東南アジアと南アジアである。

〈15〉農食品輸出情報（https://www.kati.net/statistics/dashBoard.do）。

〈16〉農林畜産食品部・韓国農水産食品流通公社『農食品 輸出支援事業ガイドブック』二〇二二年度版、二二頁。

〈17〉「二〇一七 農食品輸出支援政策方向」『韓国農漁民新聞』二〇一七年一月一三日。

〈18〉「二〇二二年 農水産食品 輸出 一二〇億ドル達成、史上 最大実績 更新！」韓国農水産食品流通公社、二〇二三年一月五日。

〈19〉韓食振興院 二〇二〇『韓食振興院一〇年史 二〇一〇―二〇二〇』。

参考文献

林采成　二〇〇五『戦時経済と鉄道運営――「植民地」朝鮮から「分断」韓国への歴史的経路を探る』東京大学出版会
林采成　二〇一九『飲食朝鮮――帝国の中の「食」経済史』名古屋大学出版会

第8章　韓国食文化の変遷　過去と現在、そして、未来

鄭《チョン》　恵京《ヘギョン》

1　食文化と社会

二一世紀、グローバル化〈1〉時代における多様な文化の中でも、食の文化が持つ意味は大きい。現代において、食は、地域の食べ物や民族の食べ物として地域や民族を象徴する文化表象であるだけでなく、経済的、文化的戦略商品になっている。自国の伝統文化のなかでも、食の文化は、民族の生活文化を最もよく表すものだ。韓国は、五〇〇〇年に及ぶ伝統的な食の文化の歴史を持つ国だが、現在、韓国の食の文化は、伝統と現代が共存し、伝統的な食の危機に直面していると考えられる。そして、韓国料理は、K－FOODという名で、グローバル・フードとして脚光を浴びている。

韓国社会は、一九六〇年代初めから急速な経済成長を遂げており、一九八〇年代後半以降、政治的

変化とともに社会全般にわたって経済的に安定した基盤を築いてきた。このような時代に、韓国人にとって食というのは、もはや飢えたお腹を満たすための手段としての意味を持たなくなった。人々は、食べ物そのものを楽しみ、満腹感よりは味覚的快楽により大きな価値を置く傾向を示している。食べ物の量よりは質を考えて食べ物を消費する時代になってすでに久しい。言い換えれば、人々は食を通じた生存の保障より、味、栄養、そして味覚を思い、文化を消費する時代になった。

反面、韓国現代社会は、食の不安が深刻化する時代を迎えている。食品安全性が確保されない食材から、安価な食品の輸入増加、巨大外食企業進出による多国籍食品が外食市場を支配している。また、経済的豊かさにより、食べ物があふれている一方で、深刻な栄養不良が存在する。栄養過剰と欠乏が併存する栄養二極化現象が深刻だ。現在、高齢者や子供のような栄養弱者グループや低所得階層で主に現れる栄養欠乏率は二〇%に達し、栄養過剰による肥満も三〇%以上に達しているが、主に低所得階層での発病率がさらに高い（国民健康栄養調査二〇二〇）。これに、外見を重視する社会的風潮によるダイエットで、栄養欠乏および拒食症のような摂食障害問題も深刻なのが実情だ。このように、食べ物が不安な時代に、食の文化もやはり乱れていると考えられる。国籍不明の食べ物が氾濫し、西欧のグルメの真似から始まり、「モッバン（食べる《モッダ》の「モッ」と放送《バンソン》の「バン」をあわせた造語）」「クッバン（「クック（cook）」と放送《バンソン》の「バン」をあわせた造語）」という、メディアにおけるグルメブームまで、現在の韓国社会における食の文化は混沌の様相を呈している。

したがって、これまで韓国社会で起きた各種・大小の社会・経済的変化が、食文化の様相にどのように反映されたかとともに、現在の韓国社会の食を巡る様々な過渡期的混乱について考察する必要がある。このため、韓国の伝統的な食生活が持つ社会・文化的価値と、現在の韓国の食文化が持つ関係性を理解しなければならない。急速に現代化およびグローバル化する社会において、個人は食文化の伝統をどのように理解し、実践するのか。現代人の食生活は伝統的な食生活とどのような面でつながり、そして、変化、受容しているのか、そして、このような食生活の内容と絶えず相互作用を繰り返す社会の姿はどのようなものなのかを探ってみようと思う。以上の目的で、現在の韓国社会の食の文化に与えられた意味と、食の文化の変遷過程を考え、韓食（ハンシク、韓国料理）の未来価値を提案する。

2　現代におけるアノミー的食文化

現在の韓国社会において、食は、人々の社会生活になくてはならない重要な一部分となっている。多様な社会構成員の多様な生活様式を象徴する、すなわち、自我アイデンティティを表現する手段として、多様な意味の実践を媒介するようになった。世界でラーメンを最も多く消費する国になり、子供たちの最も好きな食べ物は、断然、ピザやハンバーガーであり、西欧料理の象徴であるチキンとビール《メックジュ》の組み合わせが定番となり「チメック（チキンとビール）」という言葉も生まれている。また、肥満でもないのに、ダイエット食品を選んで食べる韓国の多数の女性がいて、数多くの健康補助食品の消費増加現象が見られる一方で、麦ご飯におろぬき大根のキムチ、そして、テンジャン（韓国味噌）チゲは、依然として中年の大人たちにとって幸せなソウルフードとして存在する。

このように食は、特定の社会構成員と意味のレベルでつながり、また消費されることが分かる。この時代を生きる人々の食の消費を説明することは文化を理解することによって可能となる。人々が食べ物の生産と消費を通じてどのような意味を生産・再生産するのかを究明することが必要だ。例えば、我が民族の主食である「米」を見てみよう。一九七〇年以降、米の増産がなされるまで、韓国人はいつも米不足に苛まれた。実際、一九〇一年、外国の米が国内に初めて入ってきた時、巷では、「子供に外国産米を食べさせると、両親も見紛うようになる」という噂が流れたほどだ。しかし、現在は米があり余っていて、米消費の増大のための多様な政策がとられており、二〇二三年現在、一人当りの一年間の米消費量は五五キロ程度だ。

新しい美食の時代

二〇〇〇年代以降、韓国では美食を求める現象が目立っている。もちろん、朝鮮時代にも士大夫《サデブ》（支配階層）の味覚志向があった。以後、経済的に豊かになった一九八〇年代にも新しい美食の対象として洗練された西洋料理を追求する傾向が一部階層に存在した。しかし、このような少数階層の好みとしての問題ではなく、社会全般的な現象として、味覚が一つの新しいトレンドとして韓国社会に現れている。味覚を社会学的に考え始めたのは二〇世紀に入ってからだと見られ、特に味覚が社会的地位を形成する潜在要因という点は、社会学者のアリアスとブルデューの観点だと思われる［キャロラン 二〇一二］。これによると、味覚は社会を秩序づけ、人々を集団として組織化し、したがって、階級と個人が持つアイデンティティの核心を成す。

特に、社会学者ピエール・ブルデューは、食と消費、階級文化との関係において、芸術、文学、映画、食のようなものが階級差を生み出し、維持する重要な手段であると見た。また「文化資本」という用語を使い、上流階級と結合した流行、すなわち、高級文化は、高価な文化的産物とつながっているとした。その例として、古いワインやキャビアなどを挙げている。このような現象は、すでに韓国社会における飲食消費の志向と結び付いた形でも現れている。韓国社会でもお盆やお正月になると数千万ウォン（数百万円）もするワインが贈られ、ワインアカデミーで高級ワイン文化を学び、高級料理にお金を使うことが上層階級に入っていくための必須条件となった。

食べ物選好度の階層・階級的分化を、韓国社会を対象に調査、分析、研究したキム・ソンオプ［二〇一二］によると、食を選ぶとき考慮する主要な属性である安全性、好み、味、機能性の選好度を多重対応分析した結果、教育水準による好みの分化レベルが階級や所得に比べてより大きいことが明らかになり、この時、教育水準を共有する集団が似たような食習慣や好みを形成し、これに基づいて文化資本を再形成する可能性が高いと見た。

韓国社会において、美食と味覚、さらには嗜好の問題は、もはや文化階級の問題として台頭しているということだ。世界的に高価なワインが消費され始めたのは、もうかなり前のことであり、あるホテルでは一人当たり五〇万ウォン（約五万円）を超えるフランスのミシュラン三つ星レストランが開業している。

現在、韓食はＫ－ＦＯＯＤという名で、世界的に最高の評価を得ている。二〇二二年ニューヨークのミシュランガイド推薦飲食店六四ヵ所のうち九ヵ所が韓国料理レストランだ。これまでの、ご飯とスープとおかずという日常的なイメージ、あるいは、ヤンニョムチキン（甘辛いソースで味付けされたフライドチキン）などで主に刻印されてきた韓食は、今やモダン韓食の服を着て驚くほど進化している。まさに世界の外食舞台で旋風を巻き起こしている。

「食のアノミー」現象

現在の韓国の食文化を一言で定義するのは難しい。しかし、現在、韓国人の食文化は、非規範的かつ深刻な状態だと診断される。このような韓国の深刻な食の問題は、混沌、すなわち、アノミーanomie状態だと見ることができる。「食のアノミー」は、不安や危険を意味するとも言えるが、韓国的状況における食の不安・危険社会は、食糧保障と食品安全問題の側面で研究されている［キム・チョルギュほか　二〇一二］。このような社会学的議論とは異なり、ここでは食のアノミーをあくまでも文化的概念の枠組みのなかで探ろうと思う。

社会学で「アノミーanomie」は、フランスの古典社会学者デュルケームの有名な概念で、「無規範」状態を指す。一九世紀末、伝統的な農業社会から分業が進んで産業社会に変化したが、人々の生活と考え方はまだ産業社会にふさわしい新しい道徳的秩序を備えておらず、彷徨と混乱のなかで自殺が増える現象を見て「アノミー的自殺」と呼んだことに由来する。すなわち、文化の変化が経済の変化に追いつけない一種の「文化的遅滞 cultural lag」現象、または、社会全体の変化において、部門別スピードの差にともなう過渡期的混乱状態を指す。

このようなアノミーの概念は、フランスの社会学者フィッシュラーによって食の文化に適用された[Fischler 1988]。彼は、中国、フランス、メキシコなど由緒ある国または文明圏域の料理慣習がそれなりのメニュー構成原理、調味原理、料理体系を持っていると主張する。さらに、そのような食べ物と、食べることを支持する伝統的な思惟様式は、たとえ、科学的でなく、単純な二分法的思考様式〈2〉に基づいた不分明なものであっても、その柔軟性と弾力性を通じて、食生活に対する秩序・規範を付与してきたと見た。また、そのようなレベルで食と関連した不安を制御し、日常的に食べることの有用性を確保するという前提から出発する。これは、言い換えれば、文明化されたところであれば、どこでも食べることと関連した社会的規則や様式があるということだ。

ところが、現代の食システムの構造的・イデオロギー的特性は、食と食べることの逆説的性格〈3〉を可視化する効果を持つ[Fischler 1988: 288-290]。いわゆる「現代アイデンティティの動揺」。すなわち、現代社会は食べ物を規制し、それに対して安心させる規則を崩壊させ、味覚ーアノミー(gastro-anomie)状態を招く料理法の危機を生むということだ。例えば、いわゆる食べ物と関連した医師、栄養学者、漢方医などの専門家集団ごとに、こんな食べ物が良い、という風に、互いに異なる、時には対立する処方と助言をだすということだ。最近、韓国社会の食の健康と関連したテレビ番組に、多様な専門家グループが出演し、それぞれ異なる情報を与えるのもその典型的な事例だと考えられる。

このような食のアノミー的状態の要因に、家族や共同体の扶養ネットワークが以前より弱くなった現代の個人が、一種の文化的真空状態におかれるようになったことがあげられる。そして、そこでは自分たちの食に対してますます孤独に、一人でより多くの決定を下さなければならなくなる。すなわち、食に対する伝統的な不安管理様式がこれ以上作動しない社会であり、まだ新しい秩序と管理様式は作られていない状態だ。

「モッバン」、「クッバン」現象

韓国社会で、食と関連した番組の爆発的な増加現象が目立っている。これは二〇一一年のメディア法によって始まった総合編成チャンネルの開局とともに顕著に表れている。現在、総合編成を支配する主な番組は、ドラマや芸能娯楽というよりは、食と関連した番組といってもいいほどだ。かつては、食と関連した番組は主婦を対象にした料理番組が主流だった。しかし、最近の食関連番組は、麺や唐辛子などの食品を歴史的視点からながめる歴史ドキュメンタリーを始め、世界各国の有名な料理を訪ねていくという味紀行番組、そして、芸能人が料理し、食べ物について蘊蓄を語る番組まで非常に多様だ。某総合編成放送局の「◯◯ファイル」から始まった食品告発番組が人気となるなど、放送のレベルは日増しに高まっている。さらに、「モッバン」すなわち食の放送という言葉、あるいは「暴風《ポクプン》吸入《フビップ》」といった、出演者がおいしそうに食べる行為を意味する新造語も誕生している。何より食と関連して、健康問題を扱う医師、韓方医、栄養学者のような専門家グループが登場し、食を扱う番組は危険水位に達している。ネギ、ニンニク、ショウガからブロッコリー、魚類など、いかなる食材でも健康と関連づけて、検討なしに万病に効く食品として紹介されている。また、このような健康に関する食の番組は放送直後、同じ専門家が出演する健康食品を販売するホームショッピング番組につながる。

「モッバン」から始まった食に対する関心は、今や「クッバン」に変わっている。クッバンはクッキングする、すなわち料理番組という意味だ。他人が食べるのを見たり、単においしいお店を訪ねていくのではなく、有名シェフや料理とは縁のなかった、主に芸能人が出てきて料理をする。このような「クッバン」が最近主流となり、いろいろなメディアで増加傾向にある。料理で人気を集めたシェフたちは芸能人に劣らない人気を博している。

このような現象についてはまだ判断を留保している状態だが、政治や経済社会現象のような巨大言説よりは各自の個人的な志向が重視される新しい時代の特徴が反映されたものと見られる。また、一時的な流行から始まったが、今後の韓国社会において料理は他の分野と同様に一つの嗜好として定着する可能性が高く、すでに一部では定着している。

3 韓国食文化の変遷過程

五〇〇〇年の、悠久の歴史を持つ伝統的な食生活は、なぜ伝統として定着せず、最近は西洋料理、日本料理などと、国籍不明のフュージョン料理の中で、アイデンティティが曖昧になっているのか。また、なぜ食のアノミー状態にまできているのか。これは伝統文化の危機という、韓国社会の全般的な状況と関連深いが、食の文化の変化過程を通じても明らかになっている。

ここでは、韓国食生活の変化過程を朝鮮時代以降から手短に見ていく。まず、朝鮮時代になって現在のようなご飯、スープを中心とする韓食伝統が確立した。朝鮮後期になって身分社会が次第に崩壊し、富の所有如何によって食生活の形が決定された。一八七六年開港とともに近代化が及ぼした影響はかなり大きかった。洋食がこの時代から伝来し始め、コーヒーや洋菓子のような食品が紹介され、伝統的な食生活が開放され、多様な形の食生活がなされた。日本による植民地時代には和食および日本式の食習慣が伝来したりもしたが、苛酷な植民地収奪政策でほとんどの農民の食生活は草根木皮で延命するなど窮乏していた。

このような食生活状況は解放以降から次第に良くなり始めるが、一九六二年、経済開発計画が始まった当時も春の端境期（ポリコゲ（麦峠）といい、春三〜四月頃に食料収穫期の狭間にあたる）が存在する困難な食生活だった。すなわち、食品供給面で食糧の絶対的不足に苦しまなければならなかった朝鮮後期、開港期、植民地期には、ご飯と肉のおかずは、上流階級だけが食べられたため、ほとんどの人々にとっては憧れの対象で、富と権力を象徴する食べ物だった。その後、所得水準が向上し、食生活は急激に変わる。特に、食品産業の発達は食生活の多様化をうながした。この期間に進んだ都市化および産業化は外食の増加をもたらしたが、特にハンバーガーやピザ、チキンのような外国ファーストフード外食業が急成長するようになる。一九八〇年代後半、世界の食品多国籍企業であるコカコーラ、マクドナルド、ケンタッキー・フライドチキン（KFC）、ネスレなどが韓国に進出し、韓国の食文化に決定的な影響を及ぼすことになる。

このような過程で、食生活は、飢えを解決するという、基本的な生理的欲求を満たすレベルを越え、健康追求の手段と見られ始めた。一九六〇年代から一九七〇年代半ばまでの、たくさん、よく食べるのが健康に良いとされる「量」中心の食事から、一九七〇年代以降は、増加し始めた慢性疾患の増加とともに、健康のための「質」中心の食事に変わるようになった。そして、九〇年代を過ぎて、二〇〇〇年以後には味覚、すなわち、味を追求する個人的な志向を重視するいわゆる味覚の時代が開かれるようになる。

しかし、このような変化の過程で注意すべき点は、韓国の食の文化に及ぼした外国の影響を見過ごすことができないということだ。このような傾向は、もちろん古代社会から食生活交流の側面で存在してきたが、植民地時代における日本の影響と解放以降の米国の影響は非常に大きかった。しかし、日本の場合、三六年という期間であったにもかかわらず、日本人に対する民族感情や敵対感によって食生活に及ぼす影響は小さかった〔鄭惠京、イ・ジョンヘ 一九九六〕。現代の韓国社会における日本料理店の増加がもたらす波及効果よりその影響が小さかったと見ることができるのは、興味深いところだ。

一方、解放後、米国が韓国の食文化に及ぼした影響は非常に大きかった。特に、現代の西欧食生活の代名詞と呼ばれるパン食が韓国社会で定着したのは、米国の影響と見ることができる。最初のパン食の出現は西欧社会、そして西欧食への憧れとして現れた。実際、トーストとコーヒーの組み合わせの朝食が流行り、これは一時上流階級の食事パターンとして定着し、過去のご飯と肉汁に取って代わったりもした。ところが、このようなパン食、すなわち小麦粉の消費増加が定着した重要な原因は、解放後導入され始めた小麦を中心とした莫大なアメリカの余剰農産物のためであり、それが私たちの伝統的食生活を変えた決定的な契機になった。急に豊かになった小麦粉は、米を中心とした伝統的な食生活を変えた。特に、それまで貴重な食材として、真末《ジンマル》と呼ばれていた小麦粉で作った麺の料理が普及し、パン食が拡がった。そして、このことが結局ハンバーガーやピザ、コーラなど西欧式の食生活へのスムーズな適応を生んだ。「たくさん粉食しよう」という粉食スローガンは国が介入した政策だった。不足していた米を補うためのやむを得ない選択だったが、食生活改善という名目で小麦が米より優れているというスローガンに栄養学者たちも動員された（図1）。

このような変遷過程を経て、今に至った現代韓国人の食生活の特徴を見てみよう。伝統食の摂取減少、主食の変化、食生活の西欧化および食の多様性が挙げられる。急激な食生活の変化の中で、特に韓国の伝統的な食の文化及び伝統料理が食事全体に占める割合が次第に減少している。典型的なご飯、

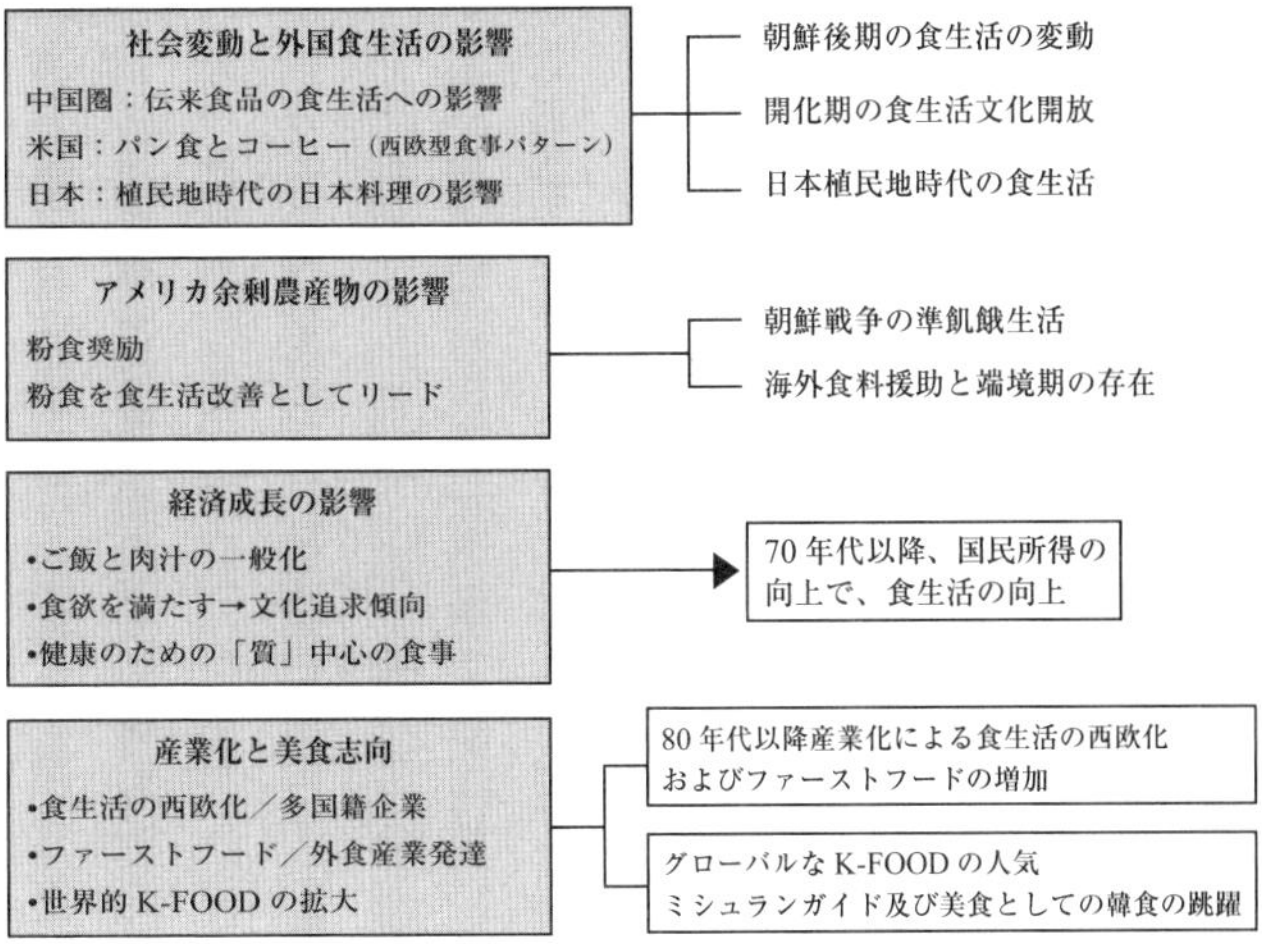

図１　韓国食生活文化の変遷

汁物、キムチの観念が希薄になってきており、その内容からして西欧化の傾向を示すことでもある。家庭の献立でも外国食品が頻繁に登場するようになり、実際の韓国料理の範囲をどこまでとするかについての研究［ペク・ヒョン二〇一二］では、韓国人常用料理五一二種に対し、韓国料理かどうかを調査した結果、常用料理の約五二％である二六六種を、対象者（九〇％以上）が韓国料理だと認識していた。つまり、残りの半分は外国料理だと見ているということだ。

すなわち、私たちの食卓の上から次第に私たちの伝統料理が消えつつあり、その代わり、非伝統食、西欧型食事が増加している。また、インスタント食品の利用や外食の頻度も増加している。これは交通、運送、保存、加工法などの発達で他地域で生産された食品を簡単に市場で購入でき、情報の発達と教育、外国食経験のある人々が増加したことが背景にある。忙しい現代人たちが食事時間を短縮したり家事労働を減らすために、外食やインスタント食品をより多く利用する。最近のコロナ禍もインスタント食品の利用増加に一役買った。

以上のような過去一〇〇年余りを振り返ってみると、朝鮮末期の社会・経済的変動、開化期に推進された近代化の過程、そして日本による植民地時代の窮乏した食生活、解放後の西欧文物および制度の流入、朝鮮戦争以降の経済開発など、急激な社会・経済的変動が食の文化に影響を及ぼしたところが非常に大きかった。このような急激な社会変動は、伝統社会から現代社会への転換過程であり、この過程で各種社会的変革と価値観の変化により伝統的な食文化は消え、「食のアノミー」状態に至る。この過程で、伝統が変化の障害と見なされ、非合理、非効率という名目で意図的な破壊も一部進行した。

4 韓国食文化の未来

現代の韓国の食生活の形は、開港後一世紀の間、特に解放後の五〇年余りの間に、新しい食品受容の幅が顕著に広がり、大きく変化した。このような変化に影響を及ぼした要因としては、人口及び経済力の変化、農業技術の革新、食品産業の発達、外食産業の発達、外来文化の流入、医学、栄養学など健康関連分野の発展にともなう情報量の増加、国民の意識構造及び家族制度の変化などが挙げられる。このような変化により、米を中心とする食生活から、米の消費量が減少し、伝統食品消費量が減少する食生活の西欧化および多様化が急速に進んでいる。この背景には、過去三〇年間の急激な産業化があり、急激な産業発達にともなう好みの変化は、次第に、食卓で加工食品が占める割合を増加させ、これによる食品産業市場の拡大は、究極的に多国籍食品企業の国内進出を招くことになった。

一方、二〇〇〇年以降、韓国社会の食文化はさらに多角化する。西欧社会の長い伝統だった美食文化が一部階層で現れ、これは味と好みの問題として、若い階層における新しい食文化を作り出すことになった。最近、これを反映するかのように、モッパンやクッバンなどにメディアが掌握され、美食の大衆化現象が強力に現れている。その上、主に個人の領域だった食の分野の政策として、「韓食のグローバル化」と「食生活教育」に政府レベルでの介入がなされるなど、新しい食の文化の転換点を迎えていると考えられる。

一方、栄養摂取の実態面でも栄養不良の問題、すなわち、栄養不足と過剰摂取という問題が共に存在している。食生活の重要性に対する認識不足で、不規則な食生活と西欧式食生活の割合が増加するにつれ、栄養バランスの悪さが拡大し、生活習慣病が急速に増えている。特に、子供及び青少年の満足度の低い給食状況、朝食欠食問題、家庭食の減少および一人で食事する孤食問題などが社会問題化しているため、食生活は、現在、健康だとは言い難い深刻な状況だ。

結論的に、現代韓国の食生活の形は、開港後一世紀の間、特に解放以来の五〇年間、新しい食品受容の幅が著しく拡大したことで大きく変化し、特に、二〇〇〇年以降、新しい味と嗜好の追求と、美食大衆化という複雑な形に転化している。このような急激な外観上の変化にもかかわらず、韓国人の食生活は伝統的な思考と行動と、非伝統的食生活のそれが深く融合しており、文化的側面から見ると、韓国人の食生活行動は、修正の形式（A→A'）で行われてきたと見られる。そして、食生活の特異性のため、これからも典型的な欧米型の食生活様式に変化（A→B）はしないものと見られる。

注

〈1〉ここで、グローバル化とは、globalizationを意味し、国際化、または、世界化と類似した概念だと見ることができる。

〈2〉例えば、韓国の冷たい食べ物、熱い食べ物、または陰と陽に分類する、科学的に完全に解明できていない伝統的な食の説明方式を意味する。

〈3〉第一に、快感と不快感の逆説で、食べ物は味覚的満足／満足感など良い感じを与えることもできるが、不快感から苦しみまで多様な感じを生むこともありうるということ、第二に、健康と病気の逆説で食べ物は薬になったり毒になったりするということ、第三に、生と死の逆説で、食べ物は生命維持に絶対必要だが、他の有機体の死と消滅をともなうということ。

参考文献

キム・ソンオプ　二〇一二「食の消費様式の社会的文化、機会の格差か、生活様式の違いか（먹거리소비양식의 사회적 문화, 기회의 격차인가 생활양식의 차이인가）」批判社会学大会発表文

キム・チョルギュ、ユン・ビョンソン、キム・フンジュ　二〇一二「食の危険社会の構造と東学――食糧保障と食品安全問題を中心に（먹거리 위험사회의 구조와 동학 – 식량보장과 식품안전문제를 중심으로）」『経済と社会（경제와 사회）』冬号（通巻第九六号）、一二―四二頁
ミンツ、シドニー　一九九八『食べ物の味、自由の味（음식의 맛、자유의 맛）』チョ・ビョンジュン訳、ジホ、二六三頁
パク・サンミ　二〇〇三「味と好みのアイデンティティと脱境界（맛과 취향의 정체성과 경계 넘기）」『現象と認識（현상과 인식）』秋号、五四―七〇頁
裵永東　二〇〇八「文化境界が弱まる今日の食文化（문화경계가 약화되는 오늘날의 음식문화）」『実践民俗学研究（실천민속학연구）』一、八三―一〇六頁
ペク・ヒヨン　二〇一二「韓国料理関連専門家の韓国人常用食品と食品に対する認識（한식관련전문가들의 한국인 상용음식과 식품에 대한 인식）」『韓国栄養学会誌（한국영양학회지）』四五巻六号、五六二―五七六頁
ブルデュー、ピエール　二〇〇五『ディスタンクシオン――文化と志向の社会学（구별짓기 – 문화와 취향의 사회학）』チェ・ジョンチョル訳、セムルキョル
食生活改善国民運動本部　一九八三～二〇〇八『食生活改善運動二五年史（식생활개선운동 25년사）』、二二一―二二七頁
尹瑞石　一九九九『食生活文化の歴史（식생활문화의 역사）』シングァン出版社
李盛雨　一九九二『韓国古食文献集成（한국고식문헌집성）』古料理書（Ⅰ、Ⅱ、Ⅲ、Ⅳ）、スハック社
李盛雨　一九九七『韓国食品文化史（한국식품문화사）』キョムン社
鄭惠京　二〇〇四「生活様式変化による食生活文化の変遷（생활양식변화에 따른 식생활문화의 변천）」食品関連学会春季連合シンポジウム

鄭惠京、イ・ジョンヘ　一九九六『ソウルの食文化（서울의 음식문화）』ソウル学研究所
鄭惠京　二〇一三『千年韓食見聞録（천년한식견문록）』パプリカ
鄭惠京　二〇二一『発酵食の人文学（발효음식인문학）』ヘルスレター
ビアズワース、アラン&テレサ・ケール　二〇一〇『メニューの社会学（메뉴의 사회학）』パク・ヒョンシン、チョン・ホンジュ訳、ハヌル
キャロラン、マイケル　二〇一二『食と農業の社会学（먹거리와 농업의 사회학）』キム・チョルギュほか訳、タビ
Fischler, C. 1980, "Food habits, social change and the nature / culture dilemma." Social Science Information, 19, 6: 937–953.
ホァン・ユンジェ　二〇二〇『食品需給の最近の動向と示唆点（식품수급의 최근 동향과 시사점）』韓国農村経済研究院
Fischler, C. 1988, "Food, self and identity." Social Science Information, 27, 2: 275–292.

コラム

韓国の多文化家庭の児童・青少年の食生活と健康状態

宋《ソン》　受珍《スジン》

国際結婚家庭の増加

青少年期は成長・発達学業のためにバランスの取れた栄養素や食品を摂取することと健康的な生活習慣を維持することが非常に重要な時期である。この時期の栄養と健康行動は、今後成人期だけでなく生涯全般にわたり影響を与える。韓国女性家族部（Ministry of Gender Equality and Family）が発表した『二〇二三年青少年統計』によると、二〇二三年現在、韓国の児童・青少年（九〜二四歳）人口は七九一万三〇〇〇人余りで総人口の一五・三％であり、少子化現象により今後も減少し続けると予想される（図1、上）。また、二〇二二年現在の多文化家庭の児童・生徒（小・中・高校生を含む）の数は一六万九〇〇〇人余りで、全体の三・二％を占めている（図1、下）。多文化家庭とは韓国人と外国籍者との婚姻家庭を指す。韓国全体の児童・生徒数は持続的に減少している一方、多文化家庭の児童・生徒の数は持続的に増加していて、二〇一三年に比べてその数は三倍以上増加している。このように韓国社会において多文化家庭の数が増加するにつれて、多文化家庭の栄養健康状態は韓国社会構成員全体の健康レベルに影響を与える可能性がある。特に、多文化家庭の児童・青少年は、将来の韓国社会において重要な構成員であるため、彼らの食生活健康増進のための

〈人口の推移〉

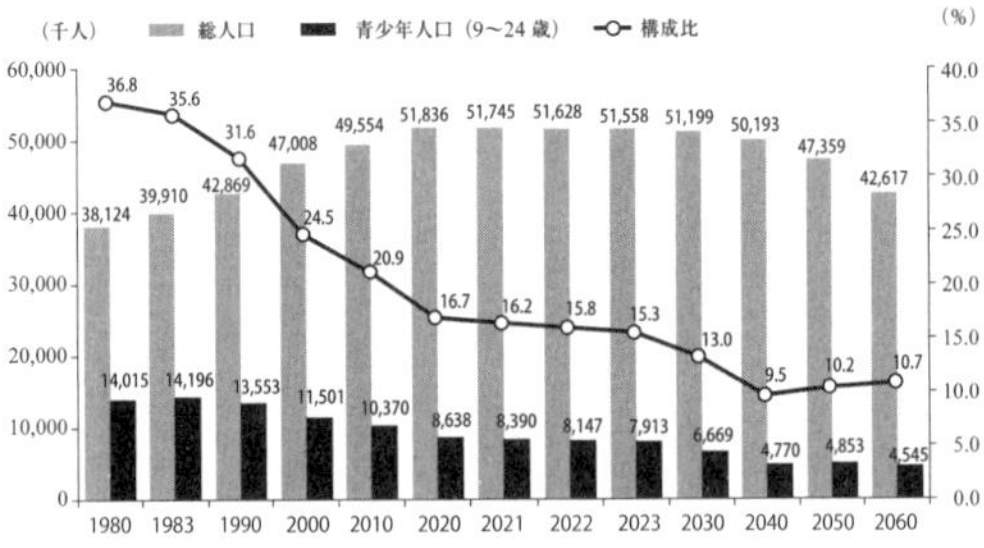

資料：統計庁『将来人口推計』

〈多文化家庭の児童・生徒〉

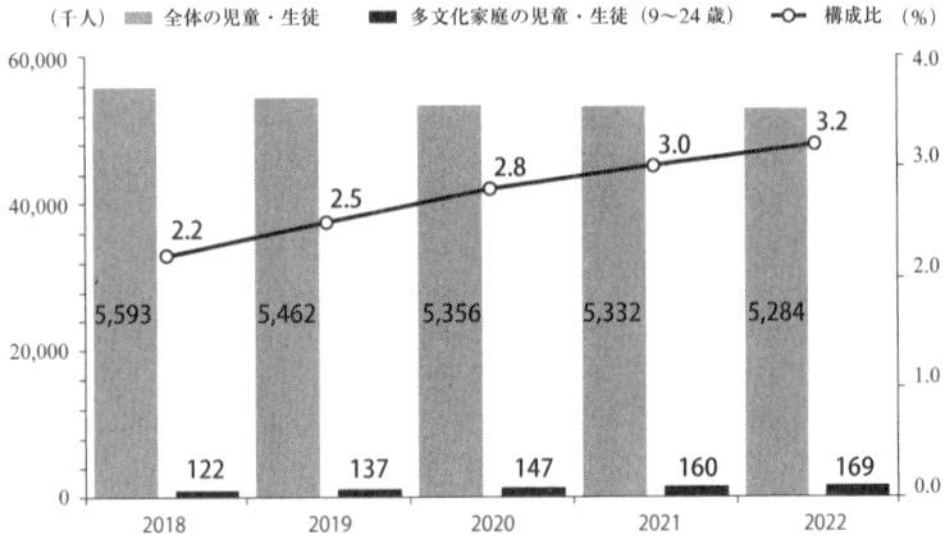

資料：韓国教育開発院・教育部『教育基本統計調査』

図１　韓国の青少年人口の推移および多文化家庭の児童・生徒数

努力は必須である。

青少年健康実態調査

韓国の疾病管理庁（Korea Disease Control and Prevention Agency）は、中学校一年生から高校三年生までの生徒を対象に、健康行動を把握するために「青少年健康実態調査（Korea Youth Risk Behavior Survey）」を実施している。この調査は二〇〇五年から始まり、毎年約八〇〇校、六万人余りの青少年を対象にオンライン調査を通じて青少年の食生活や生活習慣、身長、体重などのデータを収集している。

二〇一七〜二〇一九年の青少年健康実態調査資料を分析した結果、多文化家庭の青少年（計二四五九人）のうち、一七・九％が過去七日間、朝食を一日も食べていなかったと回答し（図2・左）、過去一週間の間一日一回以上果物を摂取した生徒は一八・七％にとどまった。牛乳を毎日摂取していると回答した生徒の割合は二五・六％で、ファーストフード、炭酸飲料、加糖飲料などの食品を週に三回以上摂取した生徒の割合はそれぞれ一八・五％、三三・二％、四四・四％だった。過去七日間、身体活動を五日以上行った生徒の割合は九・五％、一日も身体活動を行っていない生徒の割合は四九・四％で、普段ストレスを多く感じていると答えた生徒の割合は四〇・四％だった。多文化家庭の生徒の体重状態を

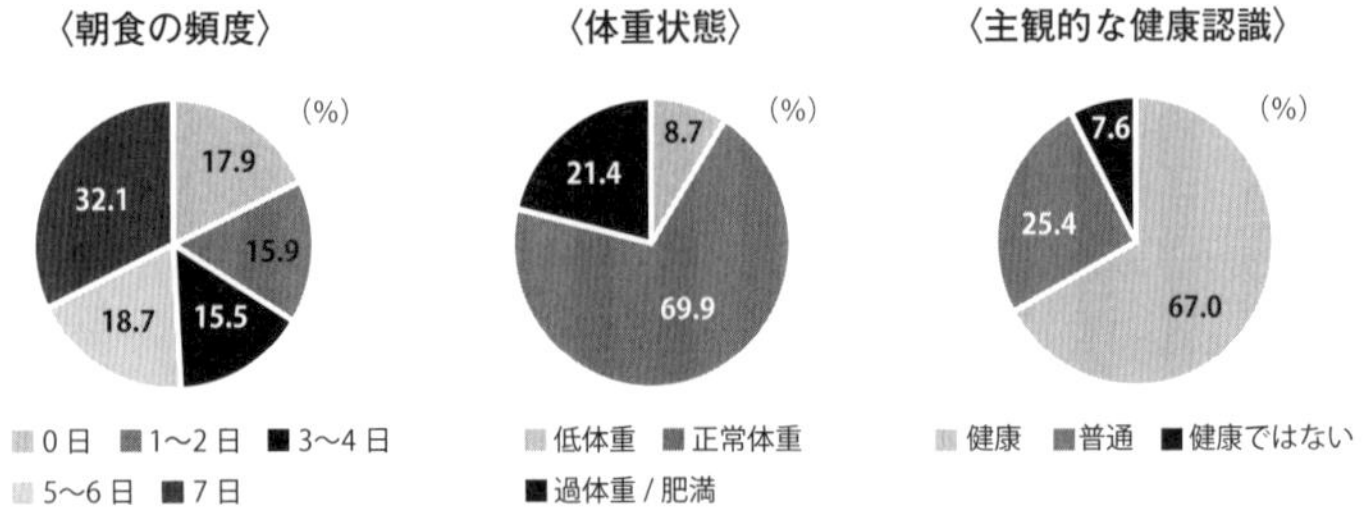

図2　国際結婚家庭の青少年の食生活および健康行動

評価した結果、過体重または肥満が二一・四％、低体重が八・七％だった（図2・中）。また、多文化家庭の生徒の健康感（主観的な健康意識）を見てみると、自分の健康状態を「普通である」と認識している割合が二五・四％、「健康ではない」と認識している割合が七・六％だった（図2・右）。

このような多文化家庭の青少年の食生活健康行動を非多文化家庭の青少年と比較してみると、多文化家庭の青少年の方が果物の摂取頻度が低く、加糖飲料やファーストフードの摂取頻度は高く、身体活動の頻度は低いことが分かった。また、非多文化家庭の青少年に比べ、多文化家庭の青少年は低体重の有病リスクが一・六倍、肥満の有病リスクが一・二倍高く、自分自身が健康ではない方だと認識している割合も高かった。それだけでなく、多文化家庭の青少年の非健康的な食行動、例えば、朝食の欠食、頻繁な炭酸飲料の摂取、果物の摂取不足は、彼らの過体重／肥満のリスクを高め、否定的な健康認識をもつという結果をもたらした。

この他にも、これまでの研究を通じて、多文化家庭の青少年が経験している精神的健康、口腔健康、学校生活適応や学業に関する問題も報告されている。この調査を通して、多文化家庭の青少年が栄養健康の面で問題を抱えていることが確認され、多文化家庭の青少年と非多文化家庭の青少年の間に健康格差が存在していると見做すことができる。

効果的な栄養改善行動を

青少年期の健康的な食生活は、生涯にわたる健康行動や疾病予防に影響を与える可能性があるという点で、多文化家庭の児童・青少年の食生活が望ましい形で営まれることが更に強調されるべきである。多文化家庭の家族が経験する言語と食文化の違い、栄養知識の不足、低いソーシャル・ステータスなどが彼らの食生活に影響を与えていると言われている。特に、これまでの研究で結婚移民女性は言語の障壁、韓国の食生活に対する理解不足適応の難しさ、アンバランスな食事摂取、低い栄養知識などにより、様々な栄養問題を抱えていると報告されている。彼女たちが家庭内で主に食事を準備し食生活を管理する役割を担うことで、結婚移民女性がその子供たちの食生活に密接な影響を与えていることが予想される。このため、結婚移民女性を対象に地域社会栄養教育プログラムが設けられている。

これに比べ、韓国の多文化家庭の児童・青少年を対象とした栄養事業は充分とは言えない状況だ。多文化家庭の児童・青少年の規則的な朝食摂取と健康的な食品選択のための食生活教育相談、健康体重維持と健康認識改善のための栄養介入プログラムなどが求められる。また、多文化家庭の児童・青少年が主に生活している家庭や学校が、健康的な食環境の形成に努めることで、正しい食生活を営めるよう誘導することができるだろう。

多文化家庭の児童・青少年の身体的、精神的、社会的健康発達のための多角的な努力が必要であり、家庭、学校、地域社会を通じた効果的な栄養改善活動が行われるべきであると思われる。

参考文献

韓国 女性家族部　二〇二三『二〇二三青少年統計（2023 청소년 통계）』

ソン・スジン、ソン・ヒョジュン　二〇一九「韓国の多文化家族（国際結婚家庭）青少年の体重状態と関連した食生活生活習慣要因分析：二〇一七―二〇一八年 青少年健康形態調査資料を活用して（우리나라 다문화가족 청소년의 체중 상태와 관련한 식생활 및 생활습관 요인 분석 : 2017−2018 년 청소년 건강행태조사 자료를 활용하여）」『大韓地域社会栄養学会誌（대한지역사회영양학회지）』二四（六）、四六五―四七五頁

ソン・スジン　二〇二〇「多文化家族（国際結婚家庭）青少年と非国際結婚家庭の児童・生徒の食生活生

活習慣形態と体重状態の比較：二〇一七～二〇一八年青少年健康行動調査 資料の分析（다문화가족 청소년과 비다문화가족 청소년의 식생활 및 생활습관 행태와 체중 상태 비교：2017−2018 년 청소년건강행태조사 자료 분석）」『韓国生活科学会誌（한국생활과학회지）』二九（一）、一〇五―一一七頁
ホ・ウォルヨン、ソン・スジン 二〇二二「韓国多文化家族（国際結婚家庭）青少年の健康認識と関連した食行動の分析：二〇一七～二〇一九年青少年健康行動調査資料をもとに（한국 다문화가족 청소년의 건강인식과 관련한 식행동 분석：2017 ~ 2019 청소년건강행태조사 자료를 바탕으로）」『大韓地域社会栄養学会誌（대한지역사회영양학회지）』二七（三）、一九二―二〇四頁

総括　朝鮮半島の食の中核にあるもの

守屋《もりや》亜記子《あきこ》

はじめに

一九八一年の「食の文化シンポジウム'81　東アジアの食の文化」の総括において、稀代のSF作家小松左京氏は、東アジアという地域的枠組みの中で行われたこのシンポジウムに、これまで自身が関わった他の国際シンポジウムとは異なり、「一種の気楽さ、親しさというか、はじめからかなり大きなバックグラウンドが、お互いにわかり合っているということが感じられ」たと述べている［石毛編一九八二］。確かに、古代以来日本は東アジアの諸地域と相互に交流し、その結果、中国大陸や朝鮮半島から実に多くの食文化が日本にもたらされた。

日本と朝鮮半島との相互交流は、歴史的にみれば気楽さや親しさとはほど遠い時代もあった。しかしながら、古代より食文化を構成する要素の多くが中国大陸から伝来したことから両地域の食文化にはいくつもの共通点があり、そのため互いの食に他の地域の食にはない近しさや親しさが感じられるのである。

北朝鮮とは未だ国交樹立には至っていないが、一九六五年の国交正常化以来、日韓両国は歴史、領土問題をめぐる政治・外交的影響を受けて、国家間では親疎の関係を繰り返し、国民感情も揺れ動いた。しかしながら近年、人々の往来はかつてないほど活発になっている。日韓間の往来者数は、日韓国交正常化が実現した一九六五年は二万人余りに過ぎなかったが（主に公務、商用）、二〇一八年には一〇〇〇万人を上回った。二〇一二年に李明博《イミョンバク》大統領（当時）による竹島（韓国では独島）上陸をきっかけに関係は最悪となったが、韓流ドラマやK－POPグループの人気とともに韓国文化への関心は高まり、現在は第四次韓流ブームの只中にある。韓流ブームを追い風にK－FOODと呼ばれる韓国産食品は、今や欧州や中南米、東南アジアにまで販路を拡大している。

韓国に限っていえば、この四〇年の間に両国の人々が互いの食文化に触れる機会は飛躍的に増えた。多くの日本人が新大久保や鶴橋などコリアンタウンで韓国の食に舌鼓を打ち、SNSで最新の食情報に触れる。YouTubeを見て、気軽に本場の味を家庭で作り味わうこともできる時代である。

しかし、だからといって生活に根差したリアルな食を知っているとは限らない。メディアの伝える食は一部に過ぎず、『食事の文明論』［石毛　一九八二］において石毛直道氏が指摘しているように、食は性と同様、人間の生活の最も奥まったところにあり、その実相に触れるのは容易ではない。

一九八一年のシンポジウム総括において小松左京氏は、「知ることによって食生活の交流が開かれる」ことを指摘した［石毛編 一九八二］。日本と朝鮮半島、両地域の研究者や実務家、一般の人々が直に交流し、互いの食文化について知ることは、東アジア食文化圏のもつ独自性や普遍性を考える上で重要であり、交流を通して互いの食生活はいっそう豊かになる。

本稿では二〇二二年の「食の文化フォーラム」（以下、フォーラム）の総括として、「交流」をキーワードに東アジアおよび朝鮮半島の食文化研究を概観し、さらにある私塾で行われた朝鮮料理の調理実習について取り上げる。また、この四〇年余りの間に韓国の食の何が変わり、何が変わらなかったのか、グローバル化が進んでもなお維持されている食の伝統について述べることにする。

1　東アジアおよび朝鮮半島の食文化に関する先行研究

日本において東アジアの食文化研究は、歴史学の分野から始まった。先駆者は篠田統《おさむ》氏である。生化学の研究者（理学博士）であり、戦後、食物史を中心とする人文科学の研究に転じ、食の社会・文化的側面から東アジアの食物史の構築に取り組んだ。その成果は『中国食物史』『中国食経叢書』等にまとめられた。

篠田氏亡き後、東アジアの食文化研究は石毛氏によって引き継がれた。一九八〇年から五年間にわたり国立民族学博物館で行われた「東アジアの食事文化の研究」（研究代表：石毛直道、一九八二年より

「東アジアの食事文化の比較研究」と改称）では、日本人研究者のほか在日コリアン二世の鄭大聲《チョンデソン》氏や韓国から尹瑞石《ユンソソク》氏（中央大学校、当時）も加わり、学際的な共同研究が行われた。その目的は、東アジアにおける食品加工技術、調理法、食器、食事作法、食事に関する観念などを比較研究し、それにより日本の食事文化の系譜論的研究の基礎を固めることにあった。五年間の研究成果は、『論集 東アジアの食事文化』〔石毛編 一九八五〕にまとめられた。

　朝倉敏夫氏が述べているように、韓国における食文化研究は、李盛雨《イソンウ》氏（一九二八〜九二）、黄慧性《ファンヘソン》氏（一九二〇〜二〇〇六）、尹瑞石氏（一九二三〜）、姜仁姫《カンインヒ》氏（一九一九〜二〇〇一）が中心となり始まった。いわば食文化研究の第一世代である。このうち李盛雨氏と黄慧性氏は、一九八一年のシンポジウム登壇者である。

　李盛雨氏はソウル大学校農科大学農化学学科卒業後、国立慶北大学校等に勤務し、その後大阪府立大学、京都大学で学んだ。日本滞在中、篠田統氏の薫陶を受け、石毛氏と知己を得る。一九八一年のシンポジウムへの登壇が契機となり、帰国後、親しい研究者を集めて食文化の研究会を始める。その後、韓国栄養食糧学会、韓国食文化学会（現在の韓国食生活文化学会）、韓国茶文化学会、東アジア食生活学会をつぎつぎと設立した。

　黄慧性氏は朝鮮王朝宮廷料理研究の第一人者であり、朝鮮王朝宮中飲食第二代技能保有者である（初代は韓熙順《ハンヒスン》尚宮）。公州女学校卒業後、京都女子専門学校（現在の京都女子大学）に進学し家事科で学んだ。帰国後、淑明女子専門学校（現在の淑明女子大学校）に助教授として勤務する傍ら、朝鮮王朝最後の厨房尚宮韓熙順から宮廷料理を学ぶ。それまで口伝であった宮廷料理を計量、数値化し、これを体系化した。石毛氏との共著『韓国の食』〔一九九五、新版二〇〇五〕では、石毛氏と対談する形で、宮中飲食のみならず韓国の食文化についてわかりやすく解説しており、今なお韓国の食文化を学ぶ上で最良の入門書となっている。

尹瑞石氏は京畿女子高等学校卒業後、東京女子高等師範学校（現在のお茶の水女子大学）で学ぶ。一九六一年から中央大学校家政大学教授となり一九八四年六月から九月まで国立民族学博物館にて「東アジアの食事文化の比較研究」に共同研究員として関わる。日本語訳された『韓国食生活文化の歴史』〔二〇〇五〕は、朝鮮半島の食の歴史について詳細に知ることのできる良書である。

姜仁姫氏は培花女子高等学校卒業後、帝国女子専門学校（現在の相模女子大学）で学び、帰国後は公州師範学校家政科、明知大学校家政学科教授などを歴任する。食生活史に関する研究のほか、伝統飲食に関する研究も行った。『韓国食生活史』〔二〇〇〇〕は朝鮮半島の食文化の通史であり、とくに日本による植民地時代や解放後の食生活についての記述は一読の価値がある。

現在、韓国には学会名に「食生活」を冠する学会が二つある。韓国食生活文化学会と東アジア食生活学会である。年に一度の合同学術大会には、日本のみならず世界各地域の研究者や実務家を招き、幅広い視点から食に関する現代的課題について取り上げるなど活発に活動している。どちらかといえば家政学、食品学などの研究者の比率が高いなかで、周永河《チュヨンハ》氏や鄭惠京《チョンヘギョン》氏、丁《チョン》ラナ氏など人文・社会科学系の研究者が、食文化の学際的研究を牽引している。

第一世代の研究者は、いずれも日本語が堪能で日本語の文献を読みこなすことができた。日本での生活経験もあり、日本の自然環境や文化を踏まえた食文化比較研究が可能であった。

一九九〇年以降になると、それまでの総論的、通史的研究から各論的な研究へと移った。食文化史研究の時間軸が近代以降に移り、北朝鮮や中国、旧ソ連圏へと研究対象地域が拡大した。また、グローバル化の進行にともない食文化の動態的研究が進んだ。

歴史学からのアプローチとしては、周永河氏の『食卓の上の韓国史』〔二〇一三、邦訳二〇二一〕、鄭惠京氏の『野菜の人文学』〔二〇一七〕、『肉の人文学』〔二〇一九〕がある。二〇世紀の韓国の食の変遷については、韓福眞《ハンボクチン》氏の『私たちの生活一〇〇年・飲食』〔二〇〇一〕に詳しい。また、朝鮮王朝宮廷料理および韓国伝統料理に関しては韓福麗《ハンボンリョ》氏、韓福眞氏、丁ラナ氏などが中心となり研究がすすめられた〔黄慧性ほか 二〇一〇〕。

一九九〇年以降の研究を牽引してきた研究者たちに共通するのは、味の素食の文化センターによるシンポジウムやフォーラムと接点があることである。韓福麗氏、韓福眞氏は母である黄慧性氏に同行し、一九八一年のシンポジウムを裏方として支え、その後も石毛氏をはじめとする日本人研究者と親交を深めた。鄭惠京氏は大学院在籍中に「食の文化フォーラム」について知り、いつか参加してみたいと憧れたという。周永河氏は、一九八五年一〇月一六日に行われた韓国食文化学会学術大会で、石毛氏の発表に接したことが研究の原動力になったそうである。

以上見てきたように、長年にわたる研究者の交流は日韓の食文化研究の進展に少なからぬ影響を与えてきた。また、四〇年以上にわたり食文化に関する学際的研究の場として「食の文化フォーラム」が果たした役割は大きく、専門分野を超えて研究者が交流し、自由な討論の場があったからこそ、こうした交流が可能であったことを特に記しておきたい。

2 朝鮮料理の調理実習を通した交流

日本で初めて朝鮮料理の調理実習を行ったのは、栄養と料理学園（現在の女子栄養大学）である。一九三三（昭和八）年、ともに医師である香川昇三・綾夫妻は予防医学の見地から、家庭における栄養学の普及、実践を目的に小石川駕籠町（現在の文京区本駒込）に家庭食養研究会を設立した。高等女学校を卒業した女性を対象に「おいしい料理に栄養をのせる」べく、理論と実践を両輪にした教育を行った。当時の授業科目には、栄養学、食品学、生理学のほか、日本料理、西洋料理、中国料理といった科目が並ぶ。調理実習には一流の料理人を招き、「曰く言いがたい料理人の秘伝の味」を計量し、その技を数値化して教授した。

家庭食養研究会は一九三七（昭和一二）年に栄養と料理学園と改称し、学生も全国から集まってくるようになる。当時、高等女学校や料理学校では日本料理、西洋料理、中国料理が正規科目として教授されていたが、朝鮮料理が教えられることはなかった。

当時の学園の講義録である月刊誌『栄養と料理』によれば、一九三八年から一九四一年までの三年

表1　1945年以前の『栄養と料理』に掲載された「朝鮮料理」一覧

発行年	掲載巻号	講師	タイトル*1	料理*2
1938 （昭和13）	第4巻第12号	方信榮	朝鮮料理・薬食	薬食（薬飯・滋養飯）
1939 （昭和14）	第5巻第1号	方信榮	朝鮮料理の朝昼晩	白菜湯（白菜のおつゆ） 海苔焼（焼き海苔） 生菜（野菜の酢の物） 生鮮クイ（魚の焼物） 大根チャンアツチ（大根と肉の煮込） コンナムル（大豆もやしの煮物） ミルサム（おやつ） 漬物 小豆御飯
	第5巻第2号	方信榮	神仙炉	神仙炉（寄せ鍋）
	第5巻第3号	方信榮	朝鮮のお食事朝・昼・晩（承前）	ミオクツク（若布の吸い物） ナムル（野菜の和え物） シグムチナムル（ほうれん草の和え物） スツグチユウナムル（モヤシの和え物） コキクイ（牛肉の焼き物） チヤンサンチョック（牛肉の醤油煮詰め） 醤浸菜（白菜の醤油漬）
	第5巻第5号	方信榮	朝鮮のお食事朝・昼・晩（承前）	円子湯（肉団子の吸い物） 雑菜（五目和え） 豆腐ジカエイ（豆腐の味噌煮） 生鮮煎油魚（魚の油焼き） 玉葱煎油魚（玉葱の油焼き） 肝煎油魚（牛肝の油焼き） 胡瓜チム（胡瓜の肉詰め） 醤浸菜（白菜の醤油漬）
1940 （昭和15）	第6巻第3号	劉福徳	朝鮮料理 春の楽しい日曜日のお昼献立	まぜ御飯 汁 酢のもの 水果
1941 （昭和16）	第7巻第11号	上田フサ	朝鮮の食生活とその料理	胡瓜の汁（オイムルンク） 若鶏丸煮（エングチム） 芥子鮮（ゲザセン） 九節板（クゼルバン） 豆腐□*3骨（ヅブゼンユル）

『栄養と料理』第4巻第12号、第5巻第1号、第5巻第2号、第5巻第3号、第5巻第5号、第6巻第3号、第7巻第11号より筆者作成。

注 ＊1「タイトル」は原則として新字体および現代仮名遣いに直してある。

＊2「料理」は原則として新字体および現代仮名遣いに直してある。

＊3 原文では、王偏に亶という文字があてられている。しかし、これは誤字で、正しくは頭にかぶる鉄製の笠を指す「氈」の文字であると思われる。鉄製の笠を鍋として用いたことからこの字があてられたと考えられている。

間に、計七回朝鮮料理の調理実習が行われた（表1）。講師は、梨花女子専門学校（現在の梨花女子大学校、以下梨花女専とする）家事科長であった方信榮《バンシンヨン》（一八九〇〜一九七七）、劉福徳《ユボクトク》（梨花女専研究生）、上田フサ（一九一〇〜二〇〇〇）の三名である。一九三八年に梨花女専家事科から学園に留学生が来ていたことから、方信榮が学園を訪問したものと推測される。

方信榮は、一九二五（大正一四）年に日本に留学し、日本の栄養学の祖ともいえる佐伯矩《さいきただす》が設立した栄養学校で栄養学を修めた。また、朝鮮初の近代的料理書である『朝鮮料理製法』の著者であり、朝鮮料理の製法を調理科学の観点から数値化した朝鮮料理のスペシャリストである。上田フサは、一九一〇年に京城に生まれ、京城第二公立高等女学校を卒業後、一九三八年に栄養と料理学園に入学した。卒業後二年間は学園で助手を務め、一九四一年より朝鮮総督府京畿道衛生課で技師（栄養士）として勤務する傍ら、梨花女専非常勤講師として教壇に立ち、日本料理を教授した。方信榮が調理実習を行った当時、上田は学生として在籍しており、おそらくそれが縁となり梨花女専で教えることになったものと推察される。

栄養と料理学園で、方信榮は一九三八年〜一九三九年に合計五回の調理実習を行った。実習内容を見ると、行事食（薬食）や饗応食（神仙炉）のほか家庭の日常の献立、さらにはデザートに至るまでバラエティに富んでいる。

実習で使用された材料や調味料を、一九三七年に出版された『朝鮮料理製法 増補八版』と比較すると、全く同じ材料を用いた料理がある一方で、日本では入手しにくいものは省いているなど違いが見られる。また、魚介類は日本近海で漁獲されるもので代用する一方、牛の肝臓や胃袋などの内臓肉については他の食材で代用することはなく、『朝鮮料理製法』と同じ材料を使用している。当時、一般の日本の家庭では内臓肉を日常的に使用することはなかったが、学園ではフランス料理などにおいてこれらの食材を使用していたため入手しやすく、学生も扱い慣れていたことから使用されたのであろう。

調味の点では、朝鮮料理はトウガラシの辛さが特徴的であるが、実習ではトウガラシやコチュジャン（唐辛子味噌）の使用量を減らしており、辛さに慣れていない日本人向けに食べやすくしたことが窺える。

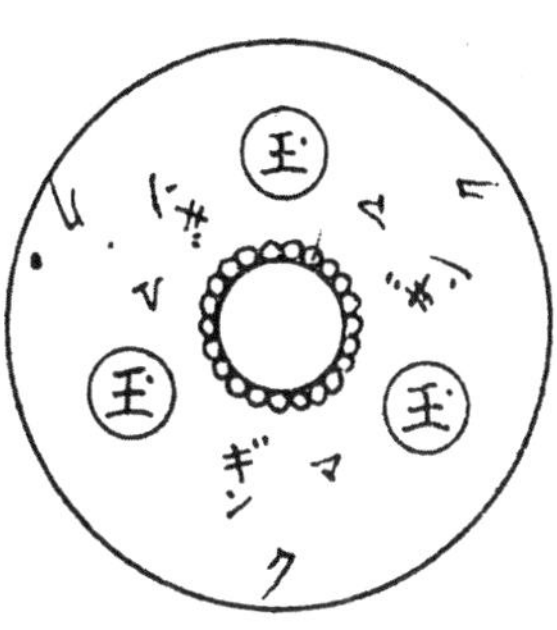

図１　神仙炉の具材の盛りつけ方
『栄養と料理』第5巻第2号

注）「玉」は卵、「ギン」は銀杏、「ク」はクルミ、「マ」は松の実を指す

調理法や手順、調理上のポイントへの言及は、『朝鮮料理製法』の記述に比べ懇切丁寧である。外国の料理を調理する際、最も重要なのは材料の下準備や切り方など基本的なことがらである。例えば神仙炉の作り方では、ひとつのかたまり肉から、最も柔らかいところで肉団子を、次に柔らかい部分で鍋底に敷く肉片を切り出し、残りの肉から筋のないところを選んでノビアニ（焼き肉）を作り、残った筋やくず肉に下味をつけてスープをとるなど、肉の扱いについて丁寧に説明されている。日本に

写真1　神仙炉
『栄養と料理』第5巻第2号

写真2　朝鮮の昼食
『栄養と料理』第5巻第3号

比べ早くから肉食文化が発達した朝鮮半島の専門家ならではの配慮である。

盛りつけについてはイラストを用いて日本人にもわかりやすく説明している（図1）。また、白黒ではあるが料理や配膳の写真も掲載されており、これを見ると、神仙炉の鍋や朝鮮の箸と匙のセットは現地のものを使用している（写真1、2）。方信榮が調理実習のために現地から持ち込んだものか、日本で調達したものかは不明だが、現地の食の姿をありのまま伝えようとしたことが窺える。

こうした方信榮による朝鮮料理の実習を、学生たちはどのように受け止めたのであろうか。『栄養と料理』では学生自らが記者となり、調理実習の詳細を記事にしている。また、文中や巻末の「あとがき」には彼女らの感想が記されており、学生の受け止めを知る手がかりとなる。

例えば、醤《ジャン》キムチ（醤油ベースの漬け汁で漬けたキムチ）を習った回では、「朝鮮の漬物は豊富で、手法も凝って美味しゅうございます」と述べ、牛肉に代表されるように動物性たんぱく質の使用頻度が高い点などを挙げ、「一般の食べ物もなかなか栄養豊富で私共日本人の見倣うべき点が多い」と指摘している。

こうした調理実習により、当初は「朝鮮の食べ物と云えば（中略）漬物を思い浮かべる」程度であった学生たちも「実習の回数を重ねるに従って、いよいよ舌に馴れ美味しく感ぜられる様になりました」と述べるに至る。「冬ののどかな午後、方先生御指導の下に、このお料理（＝神仙炉、筆者加筆）を実習し、一同楽しくお鍋をかこみましたが、豊富な材料、複雑な味、まことに結構でございました」という記述からは、初めて学ぶ朝鮮料理を学生たちが好意的に受け止めていたことが窺える。

また、日本の国民病である脚気が、朝鮮には非常に少ないことから、朝鮮料理を「栄養料理」として積極的に評価し、白米偏重と動物性たんぱく質摂取量の圧倒的少なさによる栄養の偏りが問題となっていた日本の食生活にとり、よき手本として捉えていた。

上田フサは、朝鮮総督府に栄養士として着任後、『栄養と料理』に朝鮮料理を紹介するにあたり、「その国の真の食生活を知る事はその土地外のものにとりまして誠に難しい」とし、一般に紹介されている朝鮮料理や饗応料理はハレの日の食であって日常の食ではないこと、その土地の食は気候風土や文化と深く関わっており、現地の人々の生活に深く入り込まなければ十分に理解することはできないと述べる。上田の指摘は、食を文化として捉える際の重要な点をついており、その慧眼には感服する。

日本での留学経験を持ち、日本の食文化を知る方信榮による調理実習は、学生たちにとって学びの時間であると共に、朝鮮の人と交流し文化について知る貴重な機会でもあった。知ることにより開かれた交流が、学生たちのその後の食生活にもたらしたものの大きさを想う。

3　四一年間の韓国社会および食文化の変化

日本において高度経済成長期を機に食の欧米化、簡便化、外部化、多様化が進み、伝統的食文化が大きく転換したのと同様、韓国においても経済発展にともない所得水準が上がり、食の欧米化や食産業の発展により食文化は大きく変貌した。経済についていえば、一人当りの名目GDPは朝鮮戦争休戦直後の一九五三年は六六ドルであったが、一九八〇年に一、八六九ドルで世界五九位、二〇二〇年には三一、九五四ドル（日本：三九、八九〇ドル）と、この四一年で約一七倍になった。二〇二七年には韓国が日本を抜くとの試算もある。ここではこの四一年間の韓国社会および食文化の変化について振り返ってみたい。

『食品需給表二〇一九』〔韓国農村経済研究院　二〇二〇〕によると、過去四〇年間、コメを含む穀物の摂取は大幅に減少し、肉類、乳・乳製品、砂糖、脂肪の摂取量は増加した。一人当りのエネルギー供給量は二四八五kcalから三〇九八kcalへと増加し、たんぱく質は一一・八%から一四・七%へ、油脂は一三・一%から三四・六%へと増加した。

こうした食生活の変化は、食料の海外への依存によって支えられている。カロリーベースの食料自給率は、一九八〇年の六九・六%から二〇二〇年には四五・八%まで低下した。日本に比べれば高いものの（日本：二〇二〇年三八%）、今後も食料の海外依存は高まると見込まれている。

写真３　全羅北道南原市大山面雲橋里にて
1987年2月26日　撮影：大村次郷

まず主食であるコメの消費量についてみてみる。一九六〇年代、韓国は深刻なコメ不足の状態にあり、コメの自給は国の最優先課題であった。一九六九年には「無米日」（粉食奨励の日）を施行し、週二日、一一時から一七時まではコメを原料とする食物の販売を禁止した。一九七一年、インディカ種と耐寒性のあるジャポニカ種、台湾の在来種を交配させた新品種「統一稲」が開発されると単位面積当りの生産量が従来の稲より四〇%増加した。その後、一九七五年に自給率一〇〇%を達成、一九七七年には余剰米をインドネシアに輸出するまでになり、「無米日」は廃止された。

一九八〇年のコメを含む年間一人当りの穀物消費

量は一八五kgで、一日のエネルギー供給量の実に七五%を占めていた。少ない副食で大量の穀物を食べる、それが四十数年前の食卓であった（写真3）。一九八一年以降、継続的にコメの消費量は減少した。農林畜産食品部によれば一九八一年には年間一人当りのコメ消費量は一三二・四kgであったが、毎年一・二kg程度減少し二〇二一年は五六・九kgと過去最低となった（日本は一九八一年七八・九kgから二〇二〇年五〇・八kg：農林水産省）。全北中央ニュースデジタル版（二〇二二年二月二日）では「一日に茶碗一杯も食べない——米の消費量歴代最少」との見出しでこれを報じている。また、高品質米への嗜好も高まり、量より質を重視する傾向にある。コメ消費量減少の一方で、パック飯の市場規模は二〇一一年の一二九〇億ウォン（一〇〇ウォン≒約一〇円）から二〇二一年には四五〇〇億ウォンへと拡大しており、日本同様、米消費から飯消費へという消費形態の変化が進む。もはや電気炊飯器を持たず、家族それぞれの好みのパック飯をストックしておき、各自が電子レンジで温めて食べる家庭すらある。

主食であるコメの消費量が減少し食卓における相対的地位が下がったのに対し、副食は多様化し、主食に比べてその相対的地位は上がったといえる。ことに肉の消費量は格段に増えた。牛・豚・鶏を含む肉類全体の年間一人当りの消費量は一九八〇年の一三・九kgから二〇一九年には六八・一kgにまで増えた。肉に対する価値観にも変化が見られる。かつては、上流階級では肉といえば牛肉を指し、ブタは雑食で汚いから豚肉は食べないという人もいた。今でも牛肉は最も価値ある肉として認識されているが、豚肉は最も親しみのある肉として日常の食卓に上る。

参考までに野菜類の年間一人当りの消費量は一九八〇年が一二〇・六kg、二〇一九年は一四四・九kg（一日当り約四〇〇g）と増加している。一方日本は、健康日本21（第二次）の定める野菜摂取目標三五〇gに対し、二〇一九年の実際の摂取量（平均値）は二八〇・五gに過ぎず、韓国に比べてかなり少ない。

食の欧米化、多様化は、伝統食キムチの消費にも影響を与えている。一九七〇年代、珍島にフィールドワークに入った文化人類学者伊藤亜人は、村に住み込んでの調査にあたり長老による面接を受け、キムチをよく食べることが確認されるや否や調査が許されたという［伊藤 二〇〇六］。当時、伊藤が住み込んだ村では、普段の食事はご飯とキムチと味噌汁で、たまに塩辛や魚が出るときがあるくらいだったそうである。キムチが食べられれば、村の生活に問題なしと判断されたのであろう。

伝統食キムチの食生活における位置も変化しつつある。「キムチは冬の間の半ば糧食」という諺もあるように、新鮮な野菜が手に入りにくくなる冬期、キムチは韓国人の食事を支える中心的な食べ物であった。しかし、近年キムチの消費量は減少の一途をたどっている。『二〇一八年度キムチ産業動向』［Park ほか 二〇一九］によると、二〇一〇年以降、キムチの消費量は年平均一・三％減少している。一九八〇年代は年間一人当り五〇kg消費されていたが、二〇一八年には二六・一kgにまで減った。キムチ宗主国である韓国は、世界一のキムチ輸入国でもある。輸入キムチや市販キムチの販売が拡大する一方、手作りのキムチは減少しつつある。

経済発展と共に食が豊かになるにつれて、かつての救荒食が特別な味覚として受け止められるという、いわば食の価値の転換が見られるようになった。例えばどんぐりのムックである。ムックとは、どんぐりやそば、緑豆のでんぷんを糊化させ固めた料理で、とくにどんぐりで作ったムックは救荒食として人々の命を支えてきた。どんぐりを拾い集め、殻を除去し、丁寧にあくを抜く作業は重労働で手間暇がかかる。それだけに、今ではどんぐりのムックは別味（特別な料理）のように受け止められており、もはや救荒食であったことなど忘れ去られたかのようである。

食に関する知識のなかには消えつつあるものも見られる。例えば、食用となる野生植物に関する知識である。筆者はかつて安東《アンドン》にある高齢者福祉施設でフィールドワークを行った際、入所者の高齢女性の山菜採りに同行したことがある。ほんの一時間ばかりの間に、彼女が食用と見做《みな》した野生植物は約二五種類におよび、その薬効についても詳細に把握していた。それは、植民地時代、朝鮮戦争と食糧難の時代を生き延びた世代ならではの知識であり、経験に裏打ちされた伝統知ともいえるものである。現在でも、春になるとナズナやヨモギ、ヤブカンゾウなどの山菜がスーパーや市場に並び、食卓を賑わす。しかしながら、それを買い求め食す世代には、多種多様な食用野生植物を識別する知識はもはやないに等しい。

行事食については新しい変化が見られる。例えば、正月の雑煮である。韓国では伝統的に雑煮を、北朝鮮では、開城のように、雪だるまのような形の愛らしい餅（チョレンイトック）を入れた雑煮もあるが、多くの地域でマンドゥ（餃子）を入れたスープを食べる。うるち米で作った餅を鶏や牛など肉ベースのスープに入れた雑煮は、各家庭に代々伝わる味である。ところが最近では、家に代々伝わる雑煮ではなく、有名店のマンドゥスープを取り寄せて新年を祝う家もある。家庭や地域で維持されてきた伝統食の越境が進んでいる。

また、新しい行事食も登場している。『東アジアの食の文化』〔石毛編 一九八一〕では、日中韓の年中行事と食について表にまとめているが（本書巻末の「資料」に再録）、これを見ると、朝鮮半島の行事食として、元旦の餅汁（雑煮）、一月一五日の上元《サンウォル》には耳明酒《ジミョンジュ》や五穀飯、薬食《ヤッシッ》、三月三日上巳《サンサ》の花煎《ファジョン》、秋夕《チュソク》（中秋の名月、旧暦八月一五日）の松餅《ソンピョン》（松葉を敷いて蒸した餅）やサトイモのスープ、冬至の団子を入れた小豆粥などが伝統的な行事食として挙げられている。この中には、正月の雑煮や上元の五穀飯など今日もなお食べられている行事食がある一方、二月一四日のバレンタインデーのチョコレート、ハロウィーンのカボチャパイなど外来のイベントに伴う食も見られる。若い世代ほど伝統的な行事食には関心が薄く、イベント関連の新しい行事食のほうが受け入れられている。

正月や秋夕には祖先祭祀を行うため、多くの親族が集うのが習わしである。しかしながら新型コロナウイルスの感染拡大に伴い、政府はひと家族当り一度に集うことのできる人数を制限した。それにより、例えば老夫婦が住む実家に長男一家が行く場合、老夫婦にとっての息子である長男と孫を行かせ、長男の嫁は行かない、というケースが見られた。

現在ではこうした制限はないものの、人数制限を機に、老夫婦側が「わざわざ来なくてもよい」などと言い、年中行事に親族が集う風景にも変化が見られるようになっている。正月や秋夕など親族が大勢集まる行事では嫁の負担は大きく、それだけにこうした年中行事は嫁にとって気の重いものである。人数制限は、嫁の立場にある女性たちがこうした負担から解放される格好のきっかけにもなった。

かつては儒教の男女有別の教えが生活の様々な場面に表れており、「男子厨房に入らず」の習慣があった。日本でも出版され大きな反響を呼んだ小説『82年生まれ、キム・ジヨン』〔チョ・ナムジュ 二〇一八〕には、主人公の祖母が末っ子の男の孫と姉たちとを食で差別する場面が登場する。儒教による男女有別の考え方が長期間にわたり主人公を傷つけ、最後は心を病んでしまう。

儒教の伝統が色濃く残る慶尚北道安東市では、一九九〇年代後半に至っても男は台所に入ってはならないと厳しく家庭でしつけられていた。筆者が安東で日本語教師をしていた一九九〇年代後半でさえ、安東出身の男子学生は、我が家で日本食パーティーを開いた際、決してキッチンに足を踏み入れることはなかった。現在では、若い世代ほど躊躇することなく厨房に入って料理をする傾向にある。

韓国の食文化の特徴の一つに、食の共同性がある。食事をするとは時空間を共有することであり、韓国人はなによりも食の共同性を重視する。二〇一三年、「キムジャン（越冬用のキムチを大量に漬け込む行事）」がユネスコの無形文化遺産に登録されたが、ユネスコが評価したのは、「隣人との分かち合いの精神を実践し、連帯感やアイデンティティーを高めた」という点であった。

韓国人にとって食事は誰かと共に分かち合うものである。そのため長らく韓国では個食が受け入れられてこなかった。かつて日本を訪れる韓国人が最も驚いたのは、日本人が一人で食事をしている姿であった。食堂で一人食事をする姿を見ると、「一緒に食事をする友達も家族もいないのか」とかわいそうに見えるのだという。

しかし、近年、韓国には「혼밥（ホンパプ）」「혼술（ホンスル）」という一人飯や一人酒のスタイルが生まれ、若い世代は個食に抵抗がなくなりつつある。気楽に個食を楽しむ背景には人間関係の変化、価値観の変化があるともいわれる。

韓国人にとって食の分かち合いは情の分かち合いである。取り箸や取り皿を用いず、じかに箸・匙で食べる食事体系を梅棹忠夫氏は「電流型」と名付けた。これに対して取り分けを前提とする日本の食事体系は「絶縁型」であるという［梅棹ほか　一九八〇］。テーブルに置いたテンジャンチゲを入れたトゥッペギと呼ばれる土鍋に、テーブルを囲んだ人々が各々の匙を突っ込んで食べる様子はまさしく電流型であり、こうした場に身を置くと、食の時空間の共有こそが彼らにとっての食の本来的意味であることを実感する。

食卓を囲む人々が食を介して接触し、互いの関係性を確認し、情を深めるのが韓国の食の特徴である。しかし、新型コロナウイルス感染症拡大に伴い、こうした「電流型」の食事体系は「絶縁型」への変更を迫られている。感染防止の目的で国は取り分けを推奨しており、今後韓国の食事体系がどのように変化するのか注目される。

4　四一年間変わらなかった食文化

この四一年間変化しなかった食文化としては、食具、食器、食礼、献立構成、通過儀礼や年中行事などのハレの日の食、発酵調味料（味噌・醤油・コチュジャン・魚醤）や塩辛など発酵食品の利用、薬食同源の考え方、儒教の教え（長幼有序、男女有別など）の食の場への反映が挙げられる。

東アジア食文化圏に共通する食文化として箸の使用が挙げられるが、朝鮮半島の独自性として箸と匙をセットで用いる点が挙げられる。箸と匙は、匙箸（수저：スジョ）といってセットで用いる。匙で飯、汁物、キムチの漬け汁をすくい、箸で副食をつまむ。匙箸は伝統的には個人に属し、女性は自らの匙箸を美しい刺繍を施した袋に入れて嫁入りした。かつては王室や上流階級では銀製、庶民は真鍮を用いたが、現在はステンレス製が主流となっている。また、結婚時に数人分のセットを購入し、家族で共用することが増えた。

献立の基本は日本と同じく、飯を主食とする飯床の場合、飯、汁物、キムチを基本とし、お菜で構成される。飯と汁を入れる器、キムチやお菜、調味料は楪子（チョプシ）という皿に盛りつける。宮中や上流階級では冬は銀器、夏は陶磁器を用いた。現在、家庭では陶磁器、食堂などではステンレスが用いられることが多い。元来、飯の器は汁の器より大きかったが、飯の消費量の減少に伴い容量が逆転し、飯の器は汁の器よりも小さくなった。

食の欧米化が進んでもなお食具に変化はなく、また食具とセットで用いられる食器にも変化は見られない。

次に、食礼についてみてみよう。朝鮮半島では食器は持ち上げずにテーブルに置いたまま食事をする。食器を持ち上げることはマナーに反する。年長者と食事をともにする際には、年長者が食具を手にするまでは食事を始めない。年長者と酒を酌み交わす際には、年少者は杯を両手で受け、年長者の正面を避けて杯を手で隠すように横を向いて飲み干す。こうしたシーンは韓国ドラマにもしばしば登場する。

味噌・醬油・コチュジャンは、韓国料理に欠かせない伝統的発酵調味料である。これらの調味料はひとまとめに「醬」と呼ばれる。また、魚醬や塩辛の種類は日本とは比べものにならないほど豊かで、キムチや料理に使われ、味わいに奥行きを出している。

「醬の味が変わると家が滅びる」という諺もあるように、かつては発酵調味料の仕込みとその管理は家運を左右するほど重要な家事であった。現在は市販品を用いることが多いが、韓国料理の味付けに欠かせないものであることに変わりない。伝統的な製法で作る職人は農林畜産食品部により「大韓民国食品名人」（伝統食品の製造・加工・調理分野における優秀な技能保有者）に指定され、伝統的食品の保存、継承に一役買っている。

基本的な献立構成は、飯、汁物、キムチという基本セットに、複数の副食がつくというものである。日本の場合、必ずしも汁物と漬物がなくても食事が成り立つが、韓国では汁物とキムチがないと食事は成り立たない。インスタントラーメン（麺＋汁）とキムチという簡単な献立であっても必要な要素は揃っており食事の体をなす。日本同様、食卓の欧米化、多様化、簡便化が進んではいるものの、概ね伝統的な献立構成は維持されているといってよい。

キムチは、消費量こそ減ったものの依然として伝統食としての地位にあるといえる。家庭での食事や外食はもちろんのこと、幼稚園や小学校の給食、大学の学食のメニューにもキムチは欠かせない。家庭においても、子どもにキムチを食べさせる努力がなされるなど、家庭や学校、地域、社会全体で技術の伝承、嗜好の継承が取り組まれている。

ハレの日の食としては、祖先祭祀や通過儀礼の食のほか正月や秋夕、三伏《サンボッ》（夏至の日以降庚の日が三回めぐる期間、酷暑の期間）などの年中行事の食がある。祖先祭祀の供え物（祭儒）は伝統的には家庭で女性が準備するが、近年では業者に発注する家庭も見られる。結婚式や子どもの一歳の誕生日、還暦祝いなどの通過儀礼は式場で行うことが多い。誕生日に白飯とわかめスープを食べる伝統は現在も受け継がれている。行事食のなかでも、正月の雑煮や秋夕の松餅、冬至の小豆粥、テボルム（小正月）の五穀飯などは比較的家庭で継承されている。また、三伏の参鶏湯《サムゲタン》や補身湯《ポシンタン》（犬肉のスープ）は、主に外食産業が継承の一翼を担っている。

韓国では伝統的に薬食同源の考え方が日常生活に根付いており、食べるものは薬との意識が浸透している。とりわけ子どもを持つ母親にその傾向が強く見られる。二〇〇〇年代にＭＳＧ（グルタミン酸ナトリウム）への批判が高まり、現在でもインスタントラーメンのパッケージには「ＭＳＧ無添加」との文字が見られるが、全体的に食品添加物への抵抗感は日本に比べ強い。学校給食には環境保全を考慮し栽培された「親環境農産物」である有機農産物が積極的に使われている。

経済成長、核家族化、価値観の多様化などを背景に日常生活における儒教の教えの表出も変化しつつあるが、食の場では依然として見られる。人気Ｋ－ＰＯＰグループ防弾少年団（ＢＴＳ）が下積み時代に通った食堂では、メンバーのうち年長者は上座、年少者は下座が指定席だったという。時代の最先端を行くアイドルグループも食においては伝統的な儒教の規範の下にあるということである。

国立民族学博物館における朝鮮半島の展示リニューアルに際し行われた国際シンポジウム「日本における韓国文化の表象」において、朝倉は、「韓国社会の現代文化は（中略）諸々の伝統文化がシンクレスティックな状況で、ある種の正統性を付与される対象として再構成されている」とし、「伝統」を過去の残滓ではなく、現在もなお活動中の文化的な力として「意味ある過去」と規定すると「伝統」こそが韓国社会の現代文化ということになると述べている［朝倉編 二〇〇〇］。

食文化についても同様に考えれば、「伝統」は現在の食文化の中にあり、過去・現在・未来をつなげる輪のようなものとして捉えられる。そのように考えると、今後、さらにグローバル化が進み、食文化の混淆や脱文化状況が進んだとしても、朝鮮半島の食の中核には、東アジア食文化圏に共通する要素と朝鮮半島独自の伝統的要素が残り続けるのではないか。朝鮮半島の食の未来に東アジア食文化圏の食の未来を重ね、希望と願いを込めて総括を終えたい。

参考文献

【日本語】

1．書籍

朝倉敏夫編　二〇〇〇『日本における韓国文化の表象（国立民族学博物館調査報告書一四）』国立民族学博物館

石毛直道　一九八二『食事の文明論』中央公論社
石毛直道編　一九八一『東アジアの食の文化』平凡社
石毛直道編　一九八五『論集 東アジアの食事文化』平凡社
伊藤亜人　二〇〇六『韓国夢幻——文化人類学者が見た七〇年代の情景』新宿書房
梅棹忠夫ほか　一九八〇『食事の文化——世界の民族』朝日新聞社
姜仁姫　二〇〇〇『韓国食生活史——原始から現代まで』玄順恵訳　藤原書店
周永河　二〇二一『食卓の上の韓国史——おいしいメニューでたどる20世紀食文化史』丁田隆訳　慶應義塾大学出版会
チョ・ナムジュ　二〇一八『82年生まれ、キム・ジヨン』斎藤真理子訳　筑摩書房
黄慧性、石毛直道　二〇〇五『新版 韓国の食』平凡社
尹瑞石　二〇〇五『韓国食生活文化の歴史』佐々木道雄訳　明石書店

2．論文

守屋亜記子　二〇二一「家庭食養研究会・栄養と料理学園・女子栄養学園における栄養学の実践としての調理教育——朝鮮料理を中心に」『立命館食科学研究第四号　朝倉敏夫教授退任記念論文集』

3．雑誌

栄養と料理社　一九三八『栄養と料理』第四巻第一二号
栄養と料理社　一九三九『栄養と料理』第五巻第一号
栄養と料理社　一九三九『栄養と料理』第五巻第二号
栄養と料理社　一九三九『栄養と料理』第五巻第三号
栄養と料理社　一九三九『栄養と料理』第五巻第五号

栄養と料理社　一九四〇『栄養と料理』第六巻第三号
栄養と料理社　一九四一『栄養と料理』第七巻第一一号

【韓国語】
Park Seong hoon ほか　二〇一九『2018 년도 김치산업동향（二〇一八年度キムチ産業動向）』世界キムチ研究所
方信榮　一九三七『朝鮮料理製法』漢城図書株式会社
鄭惠京　二〇一七『채소의 인문학（野菜の人文学）』タビ
鄭惠京　二〇一九『고기의 인문학（肉の人文学）』タビ
韓国農村経済研究院　二〇二〇『식품수급표 2019（食品需給表二〇一九）』
韓福眞　二〇〇一『우리 생활 100 년・음식（私たちの生活一〇〇年・飲食）』玄岩社
黄慧性ほか　二〇一〇『3대가 쓴 한국의 전통음식（三代が書いた韓国の伝統飲食）』教文社

【参考ＵＲＬ】
〈日本〉
外務省　大韓民国 https://www.mofa.go.jp/mofaj/area/korea/（最終閲覧二〇二一年九月一日）
　北朝鮮 https://www.mofa.go.jp/mofaj/area/n_korea/（最終閲覧二〇二一年九月一日）
厚生労働省　健康日本21（第二次） https://www.mhlw.go.jp/stf/seisakunitsuite/bunya/kenkou_iryou/kenkou/kenkounippon21.html（最終閲覧二〇二一年九月一日）
中日新聞 web 版　世界の街「ソウル　ＢＴＳ食堂の指定席」二〇二一年九月二八日 https://www.chunichi.co.jp/article/338005?rct=world_town（最終閲覧二〇二二年一〇月一日）

〈韓国〉
外交部　https://www.mofa.go.kr/www/wpge/m_21507/contents.do（最終閲覧二〇二二年九月一日）
全北中央ニュースデジタル版　二〇二一年二月二日「하루 밥 한공기도 안먹는다 쌀 소비량 역대 최저（一日に茶碗一杯も食べない――米の消費量歴代最少）」　http://www.jjn.co.kr/news/articleView.html?idxno=844558（最終閲覧二〇二二年九月一日）
統計庁　http://kostat.go.kr/assist/synap/preview/skin/miri.html?fn=e0a9434929116521115094 8&rs=/assist/synap/preview（最終閲覧二〇二二年九月一日）
統一部　https://www.unikorea.go.kr/unikorea/business/NKDefectorsPolicy/status/lately/（最終閲覧二〇二二年九月一日）

資料

朝鮮半島地図

ロシア
会寧
(フェリヨン)
咸鏡北道《ハムギョンブクト》
清津(チョンジン)
恵山
(ヘサン)
中華人民共和国
両江道《リャガンド》
江界
(カンゲ)
慈江道《チャガンド》
新義州
(シンウィジュ)
平安北道《ピョンアンブクト》
咸興
(ハムフン)
咸鏡南道《ハムギョンナムド》
平安南道《ピョンアンナムド》
朝鮮民主主義人民共和国
南浦
(ナムポ)
平壌
(ピョンヤン)
東朝鮮湾
(トンチョソンマン)
西朝鮮湾
(ソチョソンマン)
元山
(ウォンサン)
黄海北道《ファンヘブクト》
江原道《カンウォンド》
沙里院(サリウォン)
黄海南道《ファンヘナムド》
板門店
(パンムンジョム)
軍事休戦ライン
京畿道《キョンギド》
春川
(チュンチョン)
江陵(カンヌン)
ソウル
江原道《カンウォンド》
海州(ヘジュ)
水原
(スウォン)
仁川(インチョン)
忠清北道《チュンチョンブクト》
清州
(チョンジュ)
慶尚北道《キョンサンブクト》
富川(プチョン)
扶余
(プヨ)
大韓民国
忠清南道《チュンチョンナムド》
大田(テジョン)
安東(アンドン)
群山(クンサン)
黄海
慶州(キョンジュ)
大邱(テグ)
全州(チョンジュ)
全羅北道《チョルラブクト》
日本海
慶尚南道《キョンサンナムド》
光州(クァンジュ)
釜山(プサン)
晋州(チンジュ)
全羅南道《チョルラナムド》
木浦(モッポ)
朝鮮海峡
(チョソンヘヒョプ)
日本
順天(スンチョン)
麗水(ヨス)
済州(チェジュ)
済州道《チェジュド》
済州島(チェジュド)
0
200km

韓国・北朝鮮の基礎データ（朝鮮民主主義人民共和国の人口以外は、すべて二〇二二年度のデータ）

	大韓民国	朝鮮民主主義人民共和国
面積	約10万平方キロメートル（朝鮮半島全体の45％、日本の約4分の1）	12万余平方キロメートル（朝鮮半島全体の55％、日本の約33％）
人口	約5171万人（韓国統計庁）	約2578万人（二〇二〇年国連統計部）
首都	ソウル	平壌（ピョンヤン）
公用語	韓国語	朝鮮語
宗教	仏教（約七六二万人） プロテスタント（約九六八万人） カトリック（約三八九万人）	仏教徒連盟、キリスト教徒連盟等の団体があるとされるが、信者数等は不明
出生率	〇・七八（日本：一・二六）	
高齢化率	一七・五％（日本：二九・〇％）	
平均世帯人員	二・二人（日本：二・二五人）	
韓国に入国した脱北者数	九〇年代後半～北朝鮮の食糧事情悪化を契機に増加。二〇〇七年に一万人を超え、二〇一〇年一一月には二万人、二〇一六年一一月には三万人を超えた。	

＊外務省の基礎データおよび韓国統一省、韓国統計庁データ、ＫＯＳＩＳ国家統計ポータル、総務省統計局データ、内閣府「令和5年版高齢社会白書（全体版）（ＰＤＦ版）」より筆者作成

年中行事と食（年中行事のほとんどは太陰暦のもとでおこなわれているが、ここでは太陽暦になおして示した。）

	1月
朝鮮半島	一日　歳首、慎日／茶礼（祖先をまつり、料理を供える）、歳饌（正月料理）、歳酒（正月酒）、白餅を入れた餅汁や餃子を入れた汁を食べる 五日　甑餅を食べ、一家の安泰をはかる 一五日　上元／耳明酒（これを飲むと、一年間よい知らせが耳に入るとされる）を飲み、五穀米（米、麦、大豆、小豆、粟で作った飯）、陳菜（越冬用の乾燥野菜で作ったナムル）、薬食などを食べる かつては五穀飯を近隣に分けた 嚼癤といい、早朝に腫果（栗、クルミ、ギンナン、松の実などをかじる）をおこない、歯が丈夫になることを祈る　上元に麵を食べると長生きするという
中国大陸	一日　元旦／湯年糕（雑煮）、年糕（餅）、切糕、餃子、饅頭、餛飩を食べる。米飯を食べると病気にかかるといい、正月五日は炊事をしない 参考：米飯は犯に通ずる。栗、鯉は利に通じ、また離に通ずる。魚、芋は富貴有余に通ずる 七日　人日　七種菜羹を食べる 参考：一日占鶏、二日占狗、三日占猪、四日占羊、五日占牛、六日占馬、七日占人、八日占穀、九日占果、一〇日占茶 一五日　上元節、元宵節　元宵（団子）を食べる 参考：上元―天官の生日（一月一五日）、中元―地官の生日（七月一五日）、下元―水官の生日（十月一五日）、中国の三大応節食品―元宵、粽、月餅 二五日　填倉、倉庫神の祭　穀物商の行事。御馳走を食べる
日本	一日　元旦／屠蘇酒を飲み、雑煮、おせち料理を食べる 七日　人日の節句、若菜節、七草、七日正月／七草粥を食べる 参考：五節句（五節供）は、人日（一月七日）、上巳（三月三日）、端午（五月五日）、七夕（七月七日）、重陽（九月九日） 一一日　鏡開き／鏡餅を割り、雑煮、汁粉を作って食べる 一五日　上元、小正月、望粥の節句／小豆粥（一五日粥）を食べる

2月	3月	4月	5月
一日　中和節、風神祭、奴婢日、清掃日 午前中に掃除をすませ、年餅、よもぎ餅、松片（餅）などを食べる	三日　上巳、三辰日、重三／花菜（ファチェ）を飲み、つつじ餅、花煎（餅）、花麵、水麵などを食べる 三一日　餞春／餞春の宴をはる	六日頃　寒食／冬至から一〇五日目、果物、酒、餅などを持って墓参をし、冷たい御飯を食べる 八日　浴仏日、仏誕日、初八日／普通の御馳走のほか、欅餅、蒸し鯛、鶏料理を食べる	五日　重午節、天中節、端午／よもぎ餅、蒸片を食べる
一日　中和節／太陽糕（小麦粉の団子）を食べる 三日　立春、咬春／春餅、生大根を食べる	三日　竜擡頭／竜鱗餅、竜鬚麵を食べる。針仕事をしない	五日頃　清明節 八日　浴仏会／玫瑰餅、藤蓮餅、阿弥飯などを食べる	五日　端午節、天中節、端陽、蒲節、女児節、重五／菖蒲を飾り、粽を食べる　蒲酒、五毒酒を飲み、五毒餅、玫瑰餅を食べる 参考：屈原の故事 五毒―蛇、ヒキガエル、ムカデ、サソリ、トカゲ
三日　節分、追儺／豆まきをし、煎った大豆を食べる 四日頃　立春	三日　上巳の節句、重三／白酒を飲み、草餅（よもぎ餅）を食べる 二一日頃　春分	八日　浴仏会、灌仏会／甘茶を飲む	五日　端午の節句、重五／菖蒲を飾り、粽、柏餅を食べる

	6月	7月	
朝鮮半島	一五日 流頭 厄払いに清流で洗髪し、流頭宴をひらく。新しい小麦粉で作った流頭麵、水団乾団、連餅などを祖先に供え、食べると長生きするという 三伏 夏至から数えて三度目の庚の日（初伏）、四度目（中伏）、立秋後、初めての庚の日（末伏） 犬肉のスープ、ユッケジャン、参鶏湯などを食べる	七日 七夕 一五日 白中節／肉の入った辛いスープを飲み、夏負けを防ぐ	九日 重陽節、重九節／菊花酒、花菜を飲み、菊花煎（菊花の餅）、曽餅を食べる
中国大陸	六日 麵を食べると良いことがある	一日 開鬼門／五味碗（五味―魚、肉、鶏、鴨、菜）を門前に供える 七日 乞巧節、七夕節／瓜、果物、酒などを庭に飾り、天の川を見ながら七夕粿を食べる 一五日 中元節、鬼節、盂蘭盆会／墓参をし、饅頭、肉、魚の料理を食べる 三〇日 閉鬼門、地蔵節	九日 重陽節、登高節、重九／一家揃って山に登り、菊花酒を飲み、重陽糕、烤羊肉を食べる
日本	一日 賜氷節、氷の朔日、氷室の節句／歯固めと称し、アラレ、カキモチなどを食べる 二一日頃 夏至	七日 七夕の節句／七夕を飾り、ソウメンを食べる 土用丑 鰻を食べる 一五日 中元、盂蘭盆会	九日 重陽の節句、重九／菊花酒を飲み、菊飯を食べる

	9月	10月	11月	12月
	一五日　秋夕、嘉俳節／新稲酒を飲み、松片（餅）、干し肉、蒸し鶏、里芋またはずいきのスープ、果物などを食べる		三日　関天節／濁酒を飲み、豆餅、牛頭または豚頭の肉を食べる	二二日頃　冬至／米粉で作った団子を入れた赤小豆粥を食べる。赤小豆粥を門扉にまいて凶事を追い払う 三〇日　除夕、除夜 三一日　守歳／海苔で包んだ御飯、混ぜ御飯を食べる
	一五日　中秋節／西瓜、月餅（団月餅）などを供え、円満を祈る 参考：月餅は団々円々、福禄寿全の意あり			八日　臘八節／臘八粥を作り、知人に贈る 二二日頃　冬至／ワンタンを食べる 参考：「冬至餛飩夏至麵」南方では冬節円というモチ米の紅白の団子を食べる 二三日　送竈／飴を竈神に供える（天帝に竈神が要らぬことを話さぬようにするため） 三一日　除夕、大年夜／守歳酒を飲み、年飯（団円飯）を食べ、夜明かしをする
	一五日　中秋の名月、芋名月／月見団子、里芋を食べる 二三日頃　秋分	亥の日　亥の子祭／玄猪餅、亥の子餅（大豆、小豆、ササゲ、胡麻、栗、柿、飴などで作る）を食べる	一五日　七五三／千歳飴	二二日頃　冬至／カボチャを食べる 三一日　大晦日／年越そば（みそかそば）を食べ、夜を明かす

＊一九八一年三月二七日配布資料（編集＝田中静一・太田泰弘、石毛直道編『食の文化シンポジウム'81 東アジアの食の文化』一九八一、所収）を元に守屋亜記子加筆

年中行事参考資料

朝鮮半島

洪錫謨、金邁淳、柳得恭〔姜在彦（訳注）〕 一九七一『朝鮮歳時記』（東洋文庫一九三）平凡社

任東権 一九六九『朝鮮の民族』（民族民芸双書四五）岩崎美術社

李杜鉉、張籌根、李光奎〔崔吉城（訳）〕 一九七七『韓国民族学概説』学生社

趙重玉 一九七五『私の韓国料理』柴田書店

金鎮植ほか 一九七九『朝鮮料理』柴田書店

中国大陸

敦崇〔小野勝年（訳）〕 一九六七『燕京歳時記——北京年中行事記』（東洋文庫八三）平凡社

守屋美津雄 一九六三『中国古歳時記の研究』帝国書院

直江広治 一九六七『中国の民族学』（民族民芸双書一三）岩崎美術社

大島徳弥 一九六九『百味繚乱——中国・味の歳時記』文化服装学院出版局

篠田統 一九七四『中国食物史』柴田書店

日本

貝原好古、貝原益軒 一六八七（貞亨四年）『日本歳時記』

大森志郎（解説） 一九七二『日本歳時記』（生活の古典双書一）八坂書房

速水春暁斎 一八〇六（文化三年）『諸国図会年中行事大成』

儀礼文化研究所（編） 一九七八『諸国図会年中行事大成』桜楓社

速水春暁斎 一八三二（天保三年）『大日本年中行事大全』

儀礼文化研究所（編） 一九七九『大日本年中行事大全』桜楓社

西角井正慶 一九五八『年中行事辞典』東京堂

社会思想社（編） 一九六九『日本生活歳時記』社会思想社

鈴木棠三 一九七七『日本年中行事辞典』角川書店

三省堂（編） 一九八〇『日本の行事祭り事典』三省堂

儀礼文化研究所（編） 一九八一『日本歳時辞典——まつりと行事』桜楓社

池田弥三郎ほか 一九七四『日本の行事料理』タイムライフブックス

朝鮮半島の食文化・社会、日本の社会に関する年表

西暦	朝鮮半島の食文化に関わる出来事	朝鮮半島の社会	日本の社会
1392		李成桂、朝鮮王朝建国	
1592~1598		壬辰・丁酉倭乱（文禄・慶長の役）	文禄・慶長の役
1607		朝鮮通信使始まる	朝鮮通信使始まる
1863			長崎に西洋料理店開店
1868			明治維新 築地ホテル館竣工、フランス料理提供 この頃から牛鍋屋の開業相次ぐ
1876		日朝修好条規により開国	日朝修好条規
1882	中国人、ホットク、マンドゥなど販売、中国野菜栽培	壬午事変	日本で最初の家庭料理の料理学校「赤堀割烹教場」創立
1886	尹致昊、李夏榮、自宅にて西洋料理でパーティー開催	梨花学堂（現梨花女子大学校）開校	
1887	日本のたくあん、油揚げ、魚の練り製品など人気 日本式高級料亭開業 日本の菓子店開店		
1890	コーヒー、紅茶、宮中に紹介 高級料亭「明月館」開店		第一回帝国議会

西暦	朝鮮半島の食文化に関わる出来事	朝鮮半島の社会	日本の社会
1892	西洋リンゴ、モモ、ナシなど栽培開始		
1895	『西遊見聞』（西洋料理の種類、食具、食習慣などについて）刊行		日清講和条約
1896	高宗（第二六代国王）、ロシア公館にて西洋料理を食す		
1897		国号を大韓帝国に変更	
1900	日本人に搾乳業許可下りる		
1901	ビール、宮中に入る 高宗五〇歳の誕生日に宮中にて西洋料理で宴会		
1902	孫澤ホテル（西洋式ホテル）開館、初のコーヒー店		
1903	改良豚、ヨークシャー導入 西洋肉牛導入		
1904	中国人、ソウル市内に麺料理店や高級中国料理店開店		日露戦争開戦
1905	山田醤油（現モンゴ醤油）工場設立	日韓保護条約	日韓保護条約
1906	三越百貨店（現新世界百貨店）開店		
1909			うま味調味料「味の素」販売開始
1910	この頃、サイダー伝来	日本、大韓帝国併合、朝鮮総督府設置 国号を朝鮮に変更 梨花学堂、大学と家事科設置	日本、大韓帝国併合、朝鮮総督府設置

1913	方信榮、初の近代的料理書『朝鮮料理製法』出版		
1914	最初の近代的ホテル、朝鮮ホテル開業		第一次世界大戦参戦
1915	朝鮮畜産創業		
1918			米騒動
1919	中国人、春雨工場設立	三・一運動	
1920	ごま油、えごま油、綿実油など食用油の工場生産開始 平壌に製糖工場設置 愛知産業会社蘭谷機械工場にて牛乳生産 養豚によりハム、ソーセージ生産 日本式うどん、海苔巻き流行	第一次産米増殖計画	国際連盟加盟 国立栄養研究所開設 東京・神楽坂に公設の簡易食堂設置
1922	日本式醤油、味噌工場増加		
1923			関東大震災
1924	眞泉醸造商会（現眞露）、眞露出荷 愛友会（現韓国調理師協会中央会）設立		大衆食堂の元祖、須田町食堂開店
1926		大韓帝国第二代皇帝・純宗死去 第二次産米増殖計画	
1929	ホテル増加による調理師不足 和信百貨店開店 （株）鈴木商店、駐在員一名置く 初代社長第二代鈴木三郎助訪問	朝鮮博覧会開催	
1930	穀産工場にてでんぷん、グルコース、コーン油生産		昭和恐慌

西暦	朝鮮半島の食文化に関わる出来事	朝鮮半島の社会	日本の社会
1931	（株）鈴木商店、南大門近くに朝鮮事務所開設、現地の人々（日本人以外）にPR		柳条湖事件・満州事変
1933	味の素社、朝鮮全土に販売網完成		国際連盟脱退
1934	精米の機械化比率増加 小麦粉生産量増加 昭和キリンビール、朝鮮ビール創業		
1937	京城牛乳同業組合設立		日中戦争勃発
1939		第三次産米増殖計画	第二次世界大戦開戦
1940	ヘテ製菓設立、キャラメル、キャンディー生産	朝鮮総督府、創氏改名強要（皇民化政策）	日独伊三国同盟調印 食料の切符配給制
1943	韓国陶磁器設立 味の素社、朝鮮事務所閉鎖		さつま芋、ジャガイモの大増産運動
1944			雑炊食堂誕生
1945	モンゴ醤油に商号変更し、醤油出荷 ヘテ、キャラメル生産 羊羹販売毎日食品工業、醤類生産 サンミダン製菓（現サンリプ食品）設立	第二次世界大戦終結、解放	第二次世界大戦終結
1946	サンシ醤油（現センピョ）生産開始		日本国憲法公布
1947	クラウン製菓設立		食品衛生法公布
1948		大韓民国、朝鮮民主主義人民共和国成立	
1949			ユニセフ給食実施

1950～1953	七星サイダー出荷 調理師連合会設立	朝鮮戦争	朝鮮戦争による特需景気
1951	食堂にプルコギ登場	政府、釜山に移転	サンフランシスコ平和条約・日米安全保障条約調印
1952	斗山、OBビール設立 大韓製粉設立		
1953	第一製糖創業、国内初の砂糖生産 ユニセフ給食実施	朝鮮戦争休戦協定締結	テレビ放送開始
1954			学校給食法公布
1956	味元株式会社設立、発酵調味料味元生産	韓国栄養学会設立	国際連合加盟
1958			日清「チキンラーメン」発売
1960年代～1970年代	キンパプ（海苔巻き）流行		池田勇人内閣、所得倍増・高度経済成長政策発表（一九六〇年）
1961		韓国で朴正煕陸軍少将らによる軍事クーデター発生	
1963	米価高騰 粉食と麦の混食奨励 糧穀消費制限処置 昼食にコメ料理販売禁止、糧穀を原料とする醸造、調味料等の製造禁止（コメのマッコリ生産禁止） インスタントラーメン発売 味元の大量生産開始 第一製糖、味風生産	朴正煕、大統領就任	

西暦	朝鮮半島の食文化に関わる出来事	朝鮮半島の社会	日本の社会
1965	「一家に一つの味元」、家庭の必需品に	日韓基本条約および日韓請求権協定等の関連協定調印	日韓基本条約および日韓請求権協定等の関連協定調印 松下電器産業が家庭用電子レンジを発売
1966	醤油と酒類の基準規格を制定、公布		
1968	コカ・コーラ国内初生産および販売 国内初スーパーマーケット、オープン 有害食品浄化促進大会		市販用レトルト食品「ボンカレー」発売
1969	粉食奨励の日施行 「無米日」施行、毎週水、土曜日、一一時〜一七時はコメを原料とする食物販売禁止（一九七七年廃止） 不良食品特別取締実施 三養ラーメン、ベトナムにインスタントラーメン一五〇万ドル輸出		
1970	糧穀管理基金法制定、公布 インスタントコーヒー、国内初生産、販売		日本万国博覧会開催 日航機「よど号」ハイジャック ファミリーレストランすかいらーく国内一号店開店
1971	ソウル地域でヤクルト販売 稲の新品種「統一稲」開発 国際食品規格委員会（CODEX）加入 農心、セウカン（えびせん）初出荷		マクドナルド国内一号店開店 日清「カップヌードル」発売
1972	国内初のカップラーメン初出荷		沖縄、日本復帰
1973			第一次オイルショック

1974	世界初チョコパイ生産 混食粉食奨励運動積極推進	朴正熙大統領狙撃事件	セブン-イレブン国内一号店開店 経済成長率が戦後初のマイナス
1975	CJ（第一製糖）、味の素社のほんだしを手本にダシダ発売		
1976			米飯給食開始
1977	統一稲開発後、一九七五年にコメの自給率は一〇〇%を超え、主要穀物の自給を達成、余剰米七万トンをインドネシアに貸与 コメ消費推進のため、無米日廃止 小麦粉のマッコリ生産中断、コメのマッコリ生産開始 国内初のレトルト食品開発 ヤクルト、一日販売本数一〇〇万本突破		
1978	干ばつによるトウガラシ凶作、価格高騰によりトウガラシ騒動起きる		新東京国際空港（成田空港）開港
1979	ロッテリア国内一号店開店	朴正熙大統領暗殺	第二次オイルショック
1980	混食集中取り締まり	光州事件、全斗煥政権発足	
1981	オットゥギ、国内初のレトルト食品「三分料理」出荷 MBC「今日の料理」、KBS「家庭料理」放送開始 学校給食法公布		
1982	国内初のコンビニ、ロッテセブン開店		
1985	東洋最大規模を誇る可楽農水産物総合卸売市場開場		

西暦	朝鮮半島の食文化に関わる出来事	朝鮮半島の社会	日本の社会
1986	国内初、缶コーヒー発売 フランチャイズパン店パリクロワッサン設立		
1987		盧泰愚大統領候補、民主化宣言	
1988	マクドナルド国内一号店開店	盧泰愚政権発足 ソウルオリンピック開催	
1989	二四時間営業のコンビニ、セブンイレブン初出店 牛肉油脂ショック（三養ラーメン油脂ショック）		消費税導入
1991		韓国・北朝鮮が国際連合に同時加盟	牛肉・オレンジ輸入自由化
1993	国内初の大型割引マート、イーマート開店 ウルグアイラウンド妥結（牛・豚肉、トウガラシ等農畜産物一四種の輸入自由化決定）	金泳三政権発足	
1994	輸入農水産物、原産地表示義務化	金日成国家主席、死去	
1990年代後半		北朝鮮、食糧事情悪化	
1996	CJ、パック入りご飯、ヘッパン初出荷		O157による集団食中毒発生 スターバックス国内一号店開店
1997	O157事件	アジア通貨危機	

1998	大韓航空のビビンバ、世界最高の機内食賞受賞	金大中政権発足 日韓パートナーシップ宣言 日本の大衆文化の段階的開放 金正日、国防委員長就任	日韓パートナーシップ宣言
1999	スターバックス国内一号店開店 遺伝子組換え食品（GMO）が議論に		
2000		南北首脳会談開催、南北共同宣言署名	
2002		日韓共催サッカーワールドカップ開催	日韓共催サッカーワールドカップ開催 小泉純一郎首相、日本の首相として初めて訪朝
2003	宮廷料理をテーマにしたドラマ「大長今」大ヒット、ドラマの東アジアへの輸出とともに韓国伝統料理への関心高まる	盧武鉉政権発足	韓国ドラマ「冬のソナタ」放送開始 第一次韓流ブームへ 食品安全基本法公布
2004	Well Beeing（豊かな暮らしを追求）症候群、食品と融合しトレンドに。健康ブームとともにスローフード、環境にやさしい食品、天然素材食品、ベジタリアン、健康食品等流行 二〇〇三年から一年間にファストフード店各ブランド一〇％急減		韓国ドラマ「宮廷女官チャングムの誓い（大長今）」放送開始
2005			食育基本法公布、栄養教諭制度創設
2007	栄養教諭制度開始	北朝鮮、洪水・凶作により食糧事情悪化	
2008	「韓食グローバル化」を宣言、韓食財団（現韓食振興院）設立	李明博政権発足	
2010～			第二次韓流ブーム K-POP人気

西暦	朝鮮半島の食文化に関わる出来事	朝鮮半島の社会	日本の社会
2011		金正日、死去	東日本大震災
2012		李明博大統領、竹島（独島）上陸	ヘイトスピーチ頻発
2013	韓国「キムチとキムジャン文化」がユネスコ無形文化遺産に	朴槿恵政権発足	「和食：日本人の伝統的な食文化」がユネスコ無形文化遺産に
2016			第三次韓流ブーム
2017		文在寅政権発足	BTS、チーズタッカルビ人気
2018		日韓往来者数一〇〇〇万人突破	日韓往来者数一〇〇〇万人突破
2020	「キムチの日（11月22日）」制定	新型コロナ感染症の流行	新型コロナ感染症緊急事態宣言の発出 韓国ドラマ「愛の不時着」配信開始 「第四次韓流ブーム」新語・流行語大賞にノミネート
2022	北朝鮮「平壌冷麺の風習」がユネスコ無形文化遺産に	尹錫悦政権発足	
2023			「韓国キムチの日（11月22日）」記念日登録

＊『韓国食文化読本』（朝倉敏夫・林史樹・守屋亜記子、二〇一五）、「朝鮮半島をめぐる動向：解説と年表」（山本健太郎、『調査と情報』一〇四一、二〇一九）、『우리 생활一〇〇년・음식（私たちの生活一〇〇年・飲食）』（韓福眞、二〇〇一）、『日本の食文化史年表』（江原絢子・東四柳祥子、二〇一一）より守屋亜記子作成。

あとがき――守屋亜記子

コーディネーターを任され、真っ先に読んだのが『食の文化シンポジウム'81　東アジアの食の文化』であった。基調講演で石毛直道氏は、「東アジアの食の文化の研究というものがこれから始まろうとしている」「われわれはようやくスタートラインに立った」と述べた。そこで、二〇二二年度の「食の文化フォーラム」は一九八一年のシンポジウムの発展形として位置づけ、東アジアの食文化研究の現在地を確認することを目的とし、全三回のセッションの骨格を作ったのであった。

今回、会場とオンラインのハイブリッド形式での開催となったことで、韓国人研究者および実務家の現地からの登壇が可能になった。一九八一年のシンポジウムでは登壇者は圧倒的に男性が多かったが、今回は女性が過半数を占めた。いずれの方も、歴史ある「食の文化フォーラム」に登壇することを「光栄だ」として快く引き受けて下さった。

本書には総合討論を収めなかったが、参加したフォーラムメンバーには、東アジアという枠にとらわれず、各自の研究対象地域や専門領域に引きつけて、広い視野から学際的討論を導いていただいた。四〇年にわたりフォーラムで磨かれてきたこうした刺激的な討論は、韓国側の登壇者に肯定的かつ新鮮に受け止められたようである。

第二回セッション終了後、原田信男氏より、最終回に向けてコメントをいただいた。「朝鮮半島が話題の中心だが、やはり東アジアに目を向けるべきである。漢字文化圏ということを考えればベトナムも重要であり、その比較の上で、タイやラオス、インドネシアなどを視野に収めるべき」との指摘である。

黄河文明（雑穀、乳、金属器を特徴とする食文化）は朝鮮半島北部、長江文明（米、魚、ブタを特徴とする食文化）は南部の基層に横たわる。こうした基層の上に、だしの文化、うま味の文化等が重なっているが、朝鮮半島では肉のだし文化が、日本では魚介類のだし文化が発達した。果たして日本と朝鮮半島の食文化における歴史的分岐点はどこにあるのか。また、魚醬のように東南アジアにも共通する食文化もある。食文化の要素ごとに地域的マトリックスを作り、俯瞰的に比較することにより、自ずと東アジアにおける食文化の位置と意義が見えてくるのではないか。これらの意義ある論点を総合討論で取り上げきれなかったことは、コーディネーターである私の責任であり、この場をお借りしてお詫びしたい。

フォーラムの成果をまとめてみると、取り上げられなかったテーマ――例えば食具と食器との関係や食の思想など――も多く、心残りではある。考古学や調理科学の分野から、朝鮮半島の食文化を取り上げてみたくもあった。これらのテーマについては、いつの日にか機会を設けて討議してみたい。

今回のフォーラムは同時通訳によって進行された。国際会議の成否は同時通訳にかかっているとも言われるが、今回この大役を引き受けて下さったのは、徐明辰《ソミョンジン》氏と潘聖仁《パンソンイン》氏である。日韓首脳会談やNHK・BSニュースの同時通訳をはじめ、数多くの国際会議やシンポジウム等でご活躍のお二人にフォーラムの活発な討論を支えていただいた。流れるような日本語は同時通訳であることを忘れさせるほどであった。お二人には本書掲載論文の日本語訳でもお世話になった。この場をお借りして御礼申し上げる。周永河先生の翻訳原稿をチェックしてくださった丁田隆先生にも御礼申し上げる。「食の文化フォーラム」四一年の歴史上、初めてとなるオンラインで海外の研究者、実務家を迎えてのフォーラムは、味の素食の文化センター事務局による全面的なバックアップがあったからこそ開催できた。理事長はじめ事務局の皆さんの有形無形のサポートに心より御礼申し上げる。

　四一年目のフォーラムをまとめた本書は平凡社から出版されることになった。『食の文化シンポジウム’81　東アジアの食の文化』『論集　東アジアの食事文化』『韓国の食』など、東アジアおよび朝鮮半島の食文化に関する優れた書物を世に送り出してきた出版社にお引き受けいただいたことを光栄に思う。

　最後に、四〇年余りにわたりフォーラムを作り上げてきた先達に対し、改めて感謝したい。装いも新たに出版される本書が、さまざまな世代の多くの方に読んでいただけることを心から願っている。

執筆者紹介

■編者

守屋亜記子（もりや あきこ）

女子栄養大学栄養学部准教授。一九六八年、長野県生まれ。明治大学大学院法学研究科博士前期課程修了（法学修士）。滋賀県立大学大学院人間文化学研究科博士前期課程修了（人間文化学修士）、国立大学法人総合研究大学院大学文化科学研究科地域文化学専攻修了（文学博士）、川崎医療福祉大学特任准教授を経て二〇一一年より現職。専門分野は韓国の食文化研究。著書に『キムチ百科――韓国伝統のキムチ１００』（韓福麗著、翻訳、平凡社、二〇〇五）、主な共著に『日本の食の近未来』（熊倉功夫編、思文閣出版、二〇一三）、『韓国食文化読本』（国立民族学博物館、二〇一五）など。

■著者（執筆順）

池谷和信（いけや かずのぶ）

国立民族学博物館人類文明誌研究部教授、総合研究大学院大学教授。一九五八年、静岡県生まれ。東北大学大学院理学研究科博士課程単位取得退学。博士（理学）。北海道大学助手を経て現職。専門分野は人類学、地理学、生き物文化誌学。主な著書に、『人間にとってスイカとは何か』（臨川書店、二〇一四）、『山菜採りの社会誌』（東北大学出版会、二〇〇三）、『国家のなかでの狩猟採集民』（国立民族学博物館、二〇〇二）、フォーラム人間の食 第一巻『食の文明論――ホモ・サピエンス史から探る』（編著、農山漁村文化協会、二〇二一）、『アイヌのビーズ――美と祈りの二万年』（平凡社、二〇二二）、『トナカイの大地、クジラの海の民族誌――ツンドラに生きるロシアの先住民チュクチ』（明石書店、二〇二二）など。

丁ラナ（チョン らな）

社団法人宮中飲食研究院、（株）ＣＪ食品研究所研究員、慶《キョン》熙《ヒ》大学校ホテル観光学部教授。一九七四年、アメリカ生まれ。University of Illinois Urbana-Champaign で食品栄養学を専攻。韓国延世大学一般大学院食品栄養学科給食経営専攻で、修士、博士号取得。辻学園調理技術専門学校調理師学科を卒業。国家重要無形文化財第三八号朝鮮王朝宮廷料理技能保有者、故・黄《ファン》慧《ヘ》性《ソン》教授の孫娘で、宮廷料理技能を伝授、現在は技能履修者として活動する。専門分野は調理及び給食経営のうち、韓国料理、食文化、交差文化研究。著書に『三代が書いた韓国の伝統料理』（共著、教文社、二〇一〇）、『水刺日記』（宮中飲食研究院、二〇一八）など。

周 永河（チュ ヨンハ）

韓国学中央研究院韓国学大学院教授兼蔵書閣館長。一九六二年、

慶尚南道・馬山市生まれ。一九九八年、中国中央民族大学社会学及人類学学院にて民族学博士号を取得。二〇〇一年より現職。鹿児島大学人文学科客員研究員、カナダのブリティッシュコロンビア大学ビジティングスカラーを経験。専門分野は東アジア食の人類学及び民俗学。著書に、『食卓の上の韓国史——おいしいメニューでたどる20世紀食文化史』(丁田隆訳、慶應義塾大学出版会、二〇二一)、『韓国人はなぜこのように食べるか——食事スタイルからみる韓国食文化史』(二〇一八)、『朝鮮の美食家たち』(二〇一九)、『百年食史——大韓帝国の西洋式晩餐からKフードまで』(二〇二〇)など。

韓　福眞(ハン　ボクチン)

青江文化産業大学碩座教授。一九五二年、ソウル生まれ。国家重要無形文化財第三八号朝鮮王朝宮廷料理技能保有者、故・黄慧性教授の三女。幼少期より母親から宮廷料理を教えられ、「朝鮮王朝宮中料理」の履修者であり、国家技術資格「調理技能匠」。日本調理師専門学校教授、韓国翰林情報産業大学教授、日本国立民族学博物館客員教授を歴任し、外食産業や食品会社の諮問活動を行う。韓国全州大学韓国料理調理学教授を務めた。著書に『伝統飲食』、「朝鮮時代の宮中食文化」、『私たちの生活一〇〇年・飲食』、『朝鮮無雙新式料理製法』、『朝鮮王朝宮中料理』、『韓国飲食文化コンテンツ』、『韓国の伝統飲食』、『韓国人の醬』など。

李　昭姈(イ　ソヨン)

社団法人宮中飲食研究院の学芸研究室長。一九七四年、ソウル生まれ。国家重要無形文化財第三八号朝鮮王朝宮廷料理の履修者。中央大学校食品栄養学専攻で学士、修士号を取得した後、韓国学中央研究院韓国学大学院で民俗学専攻の博士過程を修了。二〇〇二年から宮中飲食研究院で宮廷料理、古調理書、伝統料理などの伝授講座で助教および講師を担当。さまざまな大学で韓国料理文化史、調理文献研究などの講義を行う。宮廷料理と古調理書の料理に関する論文と著書を発表している。

石毛直道(いしげ　なおみち)

国立民族学博物館・総合研究大学院大学名誉教授。一九三七年、千葉県生まれ。京都大学大学院文学研究科修士課程中退。博士(農学)。甲南大学文学部助教授、国立民族学博物館教授・国立民族学博物館館長を経て現職。専門分野は文化人類学、食事文化・比較文化。主な著書に『食事の文明論』(中公新書、一九八二)、『ハオチー!鉄の胃袋中国漫遊』(平凡社、一九八四)、『食卓文明論——チャブ台はどこへ消えた?』(中公叢書、二〇〇五)、『石毛直道自選著作集』(全一二巻)(ドメス出版、二〇一三)、『日本の食文化史——旧石器時代から現代まで』(岩波書店、二〇一五)など。

李　愛欄(イ　エラン)

社団法人自由統一文化院院長、ヌンラ・バッサン代表、(株)

ヌンラ代表取締役。一九六四年、平壌生まれ。元北朝鮮科学技術委員会 国家品質監督員、敬仁《ギョンイン》女子大学校食品栄養調理学科兼任教授、信興《シンフン》大学校食品調理学科兼任教授、（社）北韓伝統飲食文化研究院院長を経て、現職。専門分野は食品学。主な著書に『北韓食客』（ウンジン・リビングハウス、二〇一二）、『北朝鮮の伝統飲食調査発掘研究』（二〇一二）、『隠された味、北朝鮮の伝統料理』（韓食財団、二〇一三）など。

裵 永東（ペ ヨンドン）

国立安東大学民族学科教授。一九六一年、安東生まれ。安東大学校博物館館長、安東大学民俗学研究所所長、実践民俗学会会長、慶尚北道文化財委員、文化財庁無形文化財委員、安東大学校大学院民族学科ＢＫ２１事業チーム長歴任を経て、現職。専門分野は飲食文化、農耕文化、地域文化。主な著書に『安東地域宗家料理の調理法と文化（一巻、二巻）』、『安東 虚白堂 金揚震 宗家』、『民族知識の人文学』など。

コウ静子（こうしずこ）

料理家、茶人、薬膳師。大阪府生まれ。料理家である母の薬膳の思想を取り入れた日々の食卓で薬膳や韓医学を身近に感じて育つ。韓医学博士であり韓医師、婦人科医の二人の従兄弟から薬膳や韓医学について学び、韓国の韓医学大学病院へ取材を行うなど造詣を深める。四季を通して、季節の花や薬草を料理やお茶、菓子に施し、自然の息遣いを感じながら暮らすことの豊かさを伝える。専門分野は料理、菓子、茶。主な著書に『症状別 不調のときに食べたいごはん』（家の光協会、二〇一四）、『季節に寄り添う韓国茶——心と身体を癒す花茶と薬草茶、そして菓子』（グラフィック社、二〇二〇）など。

李 愛俐娥（イ エリア）

早稲田大学地域・地域間研究機構客員上級研究員（研究院客員教授）。立命館大学国際関係学部卒業。京都大学大学院人間・環境学研究科博士課程修了。国立民族学博物館地域研究企画交流センター研究員、東京大学大学院情報学環現代韓国研究センター特任教授などを経て、現職。主な著書に『中央アジア少数民族社会の変貌——カザフスタンの朝鮮人を中心に』（昭和堂、二〇〇二）、『朝・中・ロの国境地帯をめぐる小地域主義戦略と超国境移動』（共著、図書出版イジョ、二〇二〇）『ロシアモスクワおよびサンクトペテルブルク地域の北朝鮮労働者』（共著、韓国統一研究院、二〇一八）『さらば愛しのピョンヤン』（編訳、趙明哲著、平凡社、二〇一二）など。

朝倉敏夫（あさくらとしお）

滋賀県平和祈念館館長・立命館大学ＢＫＣ社系研究機構上席研究員、国立民族学博物館名誉教授。一九五〇年、東京都生まれ。明治大学博士後期課程単位取得退学。国立民族学博物館教授、立命館大学食マネジメント学部教授を経て現職。専門分野は社会人類学、韓国社会論。主な著書に『日本の焼肉 韓国の刺身――食文化が〝ナイズ〟されるとき』（農山漁村文化協会、一九九四）、『世界の食文化：第一巻　韓国』（農山漁村文化協会、二〇〇五）、『食の文化フォーラム30　火と食』（ドメス出版、二〇一四）、『コリアン社会の変貌と越境』（臨川書店、二〇一五）、『食の人文学ノート 日韓比較の視点から』（花乱社、二〇二二）、など。

林　采成（イム チェソン）

立教大学経済学部教授。一九六九年、ソウル生まれ。ソウル大学校国際経済学科卒業、ソウル大学校農業経済学研究科修士課程修了、東京大学経済学研究科博士課程修了。経済学（博士）。韓国・現代経済研究院研究委員、韓国大統領諮問政策企画委員会専門委員、韓国・培材大学校外国語大学日本学科専任講師（後、助教授）、韓国・ソウル大学校日本研究所助教授（後、副教授）を経て、二〇一五年より現職。専門分野は経済学経済史。主な著書に『鉄道員と身体――帝国の労働衛生』（京都大学学術出版会、二〇一九）、『飲食朝鮮――帝国の中の「食」経済史』（名古屋大学出版会、二〇一九）、『企業類型と産業育成――東アジアの高成長史』（共編著、京都大学学術出版会、二〇二二）など。

鄭　惠京（チョン ヘギョン）

農食品部食品産業振興審議委員。湖西《ホソ》大学食品栄養学科名誉教授。一九七二年、ソウル生まれ。韓国食生活文化学会長、大韓家政学会会長、韓食イメージ委員会委員長、ソウル市「食」市民委員会委員／ソウル市未来遺産生活分科委員長を経て、現職。専門分野は栄養学、食文化。主な著書に、『ご飯の人文学』（タビ、二〇一五）、『朝鮮王室の食卓』（青い歴史、二〇一八）、『統一食堂開城ご膳』（ドゥルニョック、二〇二一）など。

宋　受珍（ソン スジン）

韓南大学校食品栄養学科 准教授。一九八四年、ソウル生まれ。ソウル大学校食品栄養学科で学士、博士号を取得。ミシガン州立大学研究員を経て現職。韓国成人における炭水化物及び脂肪酸摂取と代謝疾患の関連性、韓国成人における脂質異常症及び心血管疾患と関連した食事パターンの研究に従事。大韓地域社会栄養学会、国際協力理事。論文にShim JE, Lee Y, Song S. Trends in dietary intake and food sources of long-chain polyunsaturated fatty acids among Korean adults between 2007 and 2018. Epidemiol Health. 2023; 45. e2023069. Song S, Shim JE, Song Y. Association of added sugar intake with all-cause and cardiovascular disease mortality: a systematic review of cohort studies. Nutr Res Pract 2022; 16: S21-S36. など。

編集―――――小山茂樹（ブックポケット）
翻訳―――――徐明辰、潘聖仁
装幀―――――佐藤大介（sato design.）
装画―――――千海博美

本書収録の各章論考は、2022年度「食の文化フォーラム」における報告および討論を踏まえて書き下ろされたものである。第1回を2022年10月1日、第2回を10月2日、第3回と総合討論を2023年3月4日に開催し、会場（東京都浜松町）とオンラインのハイブリッド形式、日韓同時通訳で実施された。

食の文化フォーラム
朝鮮半島の食
――韓国・北朝鮮の食卓が映し出すもの

2024年2月21日　初版第1刷発行

編者―――――守屋亜記子
企画―――――公益財団法人 味の素食の文化センター
発行者――――下中順平
発行所――――株式会社平凡社
〒101-0051 東京都千代田区神田神保町 3-29
電話 03-3230-6573（営業）
印刷所――――株式会社東京印書館
製本所――――大口製本印刷株式会社

ISBN 978-4-582-83951-7
［平凡社ホームページ］https://www.heibonsha.co.jp/

【お問い合わせ】
本書の内容に関するお問い合わせは
小社お問い合わせフォームをご利用ください。
https://www.heibonsha.co.jp/contact/

「食の文化フォーラム」シリーズ　刊行の辞

公益財団法人　味の素食の文化センター
理事長　西井孝明

「食の文化フォーラム」とは、それぞれの専門性を深く探究し続けている第一人者が集まり、議論百出のセッションを通じて食にまつわるあらゆるテーマに迫ってきた歴史の集積です。食に関するテーマは「何を食べるか」にとどまらず、「どう食べるか」、さらに「なぜそれを食べるのか」「時代・地域による違いが生じる理由は何か」「人類と動物の差異はどこにあるか」など幅広く多岐にわたります。専門領域をまたがる学際的な討論であるからこそ「食の文化フォーラム」は、人類とは何か、社会はどうあるべきかなど、普遍的な価値や物事の本質に向き合い続けているのでしょう。

食文化の研究や討論は、食の持続可能性などを含めたこれからの食のあり方、人々の食を通した自己実現のあり方など、将来の幸福への道を探ることにもつながります。文化人類学、歴史学、社会学などの人文科学および社会科学と、生命科学や栄養学などの自然科学が交差を深めて食文化研究はさらに発展し、あるべき食の姿も見据えた絶え間ない探究が未来永劫続いていくものと確信しています。

「食の文化フォーラム」の前身であった一九八〇年の「食の文化シンポジウム」は、世に「食文化」という概念をもたらす大きなきっかけとなりました。以降、四〇年以上にわたり活動を継続してきた大勢の先達に敬意を表し、これまでの歴史も踏まえた「食の文化フォーラム」の新たな歩みを書籍として広くお伝えできることを光栄に思います。

本書が未来の社会と食文化研究に寄与することを期し、「食の文化フォーラム」のさらなる発展とともに、世界の人々の豊かで健康的な食生活の形成向上に貢献することができれば幸いです。

❖食の文化フォーラム❖

■第一期フォーラム

1 食のことば　柴田　武・石毛直道編
2 日本の風土と食　田村眞八郎・石毛直道編
3 調理の文化　杉田浩一・石毛直道編
4 醱酵と食の文化　小崎道雄・石毛直道編
5 食とからだ　豊川裕之・石毛直道編
6 外来の食の文化　熊倉功夫・石毛直道編
7 家庭の食事空間　山口昌伴・石毛直道編
8 食事作法の思想　井上忠司・石毛直道編
9 食の美学　熊倉功夫・石毛直道編
10 食の思想　熊倉功夫・石毛直道編
11 外食の文化　田村眞八郎・石毛直道編
12 国際化時代の食　田村眞八郎・石毛直道編
13 都市化と食　高田公理・石毛直道編
14 日本の食・100年〈のむ〉　熊倉功夫・石毛直道編
15 日本の食・100年〈つくる〉　杉田浩一・石毛直道編
16 日本の食・100年〈たべる〉　田村眞八郎・石毛直道編

■第二期フォーラム

17 飢餓　丸井英二編
18 食とジェンダー　竹井恵美子編
19 食と教育　江原絢子編
20 旅と食　神崎宣武編
21 食と大地　原田信男編
22 料理屋のコスモロジー　高田公理編
23 食と科学技術　舛重正一編
24 味覚と嗜好　伏木　亨編
25 食を育む水　疋田正博編
26 米と魚　佐藤洋一郎編
27 伝統食の未来　岩田三代編
28 「医食同源」——食とからだ・こころ　津金昌一郎編

■第三期フォーラム

29 食の経済　中嶋康博編
30 火と食　朝倉敏夫編
31 料理すること——その変容と社会性　森枝卓士編
32 宗教と食　南　直人編
33 野生から家畜へ　松井　章編
34 人間と作物——採集から栽培へ　江頭宏昌編
35 甘みの文化　山辺規子編
36 匂いの時代　伏木　亨編
37 「国民料理」の形成　西澤治彦編

■40周年記念〈フォーラム人間の食〉全3巻

食の文明論——ホモ・サピエンス史から探る　池谷和信編
食の現代社会論——科学と人間の狭間から　伏木　亨編
食の展望——持続可能な食をめざして　南　直人編